그림자의 짧은 역사

그림자의 짧은 역사

빅토르 I. 스토이치타 지음
이윤희 옮김

국립중앙도서관 출판시도서목록(CIP)

그림자의 짧은 역사 : 회화의 탄생에서 사진의 시대까지 / 빅토르 I. 스토이치타 지음 ; 이윤희 옮김. -- 서울 : 현실문화연구,
2006
p. ; cm

원서명: A short history of the shadow
원저자명: Stoichita, Victor I.
ISBN 89-87057-95-X 03900 : \15800

601-KDC4
701-DDC21 CIP2006000261

회화의 탄생에서 사진의 시대까지

그림자의 짧은 역사

빅토르 I. 스토이치타 지음
이윤희 옮김

현실문화연구

차 례

5. 사람과 그의 이중상

6. 사진의 시대와 그림자

7. 영원한 회귀의 그림자 속에서

서 문

고대 로마의 정치가이자 학자인 플리니우스Gaius Plinius Secundus는 《박물지Historia Naturalis》(XXXV, 14)에서, 우리는 회화의 기원에 대해 거의 아는 것이 없다고 했다. 그러나 한 가지는 확실하다. 회화는 선으로 윤곽을 그린 인간의 그림자에서 최초로 태어났다는 것이다. 서양에서 예술적 재현의 탄생이 '음화陰畵에' 있다는 것은 엄청난 중요성을 가진다. 회화가 처음 나타났을 때, 그것은 부재/존재라는 주제(신체의 부재와 그 투영된 형상의 존재)를 포함하고 있었던 것이다. 이러한 관계의 변증법은 미술의 역사 속에 산재해 있다.

플리니우스는 자신의 논문을 개괄하면서(기원후 1세기에), 회화적 이미지는 이미 그림자의 윤곽을 단순히 그려내는 것 이상이 되었고, 또한 그렇게 지속되어 왔다고 했다. 그림자는 삼차원(부피, 양각, 입체)을 암시하는 복잡한 재현의 영역으로 통합되었다는 것이다. 처음에는(《박물지》의 저자와 그와 같은 시대에 미술을 체험했던 사람들에게는) 그림자-이미지란 희미한 기억일 뿐이었으며, 반半신화적이고 반半역사적인 사실이었고, 알아야(혹은 인정해야) 하지만 언제나 파악되지 않는, 회화의 기원에 대한 표지였다. 예컨대, 플리니우스와 동시대인이었던 사람은, 만일 자신의 조상들만이 그러한 기원을 가졌다면 그 결과는 어떻겠느냐고 질문을 던졌다. 그 대답은 다음과 같다. "회화 예술은 햇빛 속에 드리워진 그림자의 윤곽을 따라 그리는 것으로 제한되어 왔다."(퀸틸리아누스Marcus Fabius Quintilianus, 《웅변교수론

Institutio Oratoria》, x, ii, 7).

여러 가지 기원에서 탄생한 이러한 최초의 이야기는 또 다른 이야기와 비교될 수 있다. 바로 서양의 인식론을 확립한 플라톤의 동굴의 신화다. 플라톤은 태고의 인간이 동굴에 갇혀 있었다고 상상한다(《국가Politeia》, 517~519). 그 태고의 인간은 자신이 갇힌 감옥의 안쪽을 바라볼 수 있을 뿐이다. 그 벽면에는 동굴 밖 실체의 그림자들이 투영되어 있고, 그는 외부의 존재가 있을 것이라고는 상상조차 못한다. 그는 몸을 돌려서 태양의 세계에 직면해야만 진정한 지식에 다가갈 수 있다.

플리니우스와 플라톤의 신화는 담론상으로는 소통하는 바가 없지만 해석상으로는 통하는 바가 있는, 대응되는 이야기다. 만일 두 신화가 함께 연구되었던 적이 없다면, 그 이유는 아마도 근본적으로는 그러한 연구의 지극히 모험적인 속성 때문일 것이다. 플라톤과 플리니우스는 서로 다른 내용 속에서 서로 다른 것을 말하고 있지만, 몇몇 요소들이 그들의 존재를 하나의 담화로 읽게끔 해준다. 그들은 기원에 관한 신화를 다루고 있으며(플리니우스는 예술의 신화를, 플라톤은 지식의 신화를 다룬다), 예술적 재현의 탄생에 관련된 신화와 인지적 재현의 탄생에 관련된 신화가 모두 투영이라는 모티프에 집중되고 있다. 이 최초의 투영은 어두운 지점, 즉 그림자를 말하는 것이다. 예술(진정한 예술)과 지식(진정한 지식)은 그림자의 초월이다.

그 기원들과의 관련(그림자와의 관련)이 서양의 재현의 역사를 특징짓는다. 이 책은 그 역사의 이정표들을 추적해 나가는 데 목표를 두고 있다. 이것은 부정적인 실체에 대한 연구이기 때문에, 지금까지 이에 관해 언급된 것이 거의 없다고 해도 그리 놀라서는 안 된다. 사실상 이 책이 일관된 방법으로 수행된 최초의 연구서다. 역사에 대한 우리의 관념(즉, 헤겔적인 관념)과 재현에 대한 우리의 관념(사실상 플라톤적인 관념)은 우리를 다양한 관점으로 *빛의 역사*[1]에 접근하게 해주고 또 그렇게 하도록 부추기지만, *그림자의 역사*의 가능성은 회피하도록 만든다. 헤겔Georg Wilhelm Friedrich Hegel은 이러한 모호함의 본성에 대해 간접적으로 기술했다.

> 그러나 사람은 존재를 마음속에 *그릴 때*, 또렷한 시각의 명확함으로서의 순수한 빛의 이미지 속에 있는 것으로 상상하고, 무無를 그릴 때는 순수한 어둠으로 생각한다. 그들의 구분은 바로 이렇게 친숙한 감각적인 차이와 연관되어 있다.
> 그러나 사실상, 바로 이러한 시각적인 것을 더 정확하게 상상한다면, 절대적 밝음 속에서는 절대적 어둠 속에서 보이는 만큼만 볼 수 있고, 밝음과 어둠은 등가의 것이며, 완전하게 볼 수 있다는 것은 완전하게 아무것도 보지 못하는 것과 같다는 것을 쉽게 감지할 수 있을 것이다. 순수 빛과 순수 어둠은 동일한 두 개의 공간이다. 사물은 명확한 빛과 어둠 속에서만 구분될 수 있고(빛은 어둠에 의해 확인되며, 따라서 그것은 어두워진 빛이고, 어둠은 빛에 의해 확인되며, 따라서 그것은 밝혀진 어둠이다), 이러한 이유 때문에, 오로지 어두워진 빛과 밝혀진 어둠만이 그 자신들 속에 차이의 계기를 가지고 있으며, 따라서 그것이 바로 *명확한* 존재라고 할 수 있는 것이다.[2]

결과적으로 그림자와 빛의 관계에 대한 연구가 충분히 정당화될 수 있었던 것은 오직 엄격한 헤겔적 관점에서였다. 회화적 재현의 관점에서는, 키아로스쿠로(chiaroscuro : 명암법)의 역사만이 승산이 있다고 말할 수 있다.[3] 이러한 견지에서 그림자만을 연구한다는 것은, 긍정적이고 절대적 특성을 지닌 존재인 빛의 적극적 재현을 빛-그림자의 변증법으로 보게 하는 것을 목표로 하는, 이중적인 도전을 수반하게 될 것이다. 그러나 그림자의 역사는 무無의 역사가 아니다. 그림자의 역사는 그림자의 기원에 관한 신화들이 드러내주는 문을 통해 서양 재현의 역사에 접근할 수 있는 하나의 방법인 것이다. 서로 다르지만 방향이 같은 두 이야기(플리니우스의 회화론과 플라톤의 인식론)로 그려지는 출발점에 따라, 이 책은 예술적 재현의 역사와 재현의 철학이 만나는 곳에 자리하고 있고, 또한 그것이 저자가 직면할 수밖에 없는 어려움들이다.

최근의 미술사 연구에서는 심층 접근의 필요성에 관심이 집중되고 있다.[4] 회화에서의 그림자의 과학적 투영과 그 상징성에 관해 우리에게 생각할 거리를 주는 초기 저작들이 있고 최근의 연구들도 있다.[5] 그러나 다른 모든 분야의 노력을 능가하는 듯 보이는 것이 바로 인류학인데, 그 이유는 우리들이 살고 있는 세기의 시작으로 거슬러 올라가 원시적 정신에 대한 그림자의 중요성을 이해하는 데 인류학이 가장 중요한 이바지를 했기 때문이다.[6] 그러나 논의의 초점이 복잡해질 위험을 감수하고서라도, 서양 문화에서 재현에 관한 담론의 중심에 있는 그림자에 대한 숙고의 자리를 마련하려는 진정한 시도는 여전히 보이지 않는다. 그 위험을 알고 있음에도, 저자는 이러한 임무에 착수했다. 격려를 해주고, 정보를 주었으며, 드러나는 쟁점들을 토론할 기회를 주었던 친구들과 동료들이 내게 도움을 주었다. 베취만Oskar

Bätschmann, 뵈르너-눈Astrid Börner-Nunn, 브링커Helmut Brinker, 바이넘Caroline Walker Bynum, 칸데아Matei Candea, 되팅어Christa Döttinger, 티에리 & 클레어 르냉Thierry & Claire Lenain, 디디에 & 그라치아 마르탱Didier & Grazia Martens, 세르기즈 & 카사 미할스키Serguisz & Kasa Michalski, 슈타이너Reinhard Steiner, 바실리우Anca Vasiliu, 발트만Susann Waldmann, 츠빙겐베르거Janette Zwingenberger 등이 그들이다. 쉘러Catherine Schaller와 페트로프스키Anita Petrovski, 레베르테라Loyse Revertera는 문헌 조서에 도움을 주었고, 덕분에 탈고의 시간이 단축되었다. 뮌헨에 있는 미술사중앙연구소 도서관이 배려해 준 이상적인 작업 조건은 내게 없어서는 안 될 것이었다. 그곳 직원들의 친절함(특히 레쉬 박사Thomas Lersch) 또한 내게 크나큰 도움을 주었고, 그들이 없었다면 이 책은 결코 행복한 결말에 이르지 못했을 것이다. 필사본들에 관해서는 스토이치타Victor Alexandre Stoichita와 칸데아Catherine Candea, 루파스Elena Lupas, 벨리스William W. Bellis, 디디에 & 티에리 르냉이 주의 깊고 짜임새 있게 해독해 준 것이 정말 큰 도움이 되었다. 마지막으로, 언제나 흔들림 없이 나를 이해하고 지원해 주는 나의 가족들에게 고마움의 말을 전하고 싶다. 나는, 내 가족들의 '그림자 사냥'과 에쿠빌렌스에서의 산책을 기억하면서, 이 책을 내 아내 마리아와 아들 페드로 그리고 딸 마리아에게 바친다.

1. 그림자 시대

기원

다시 플리니우스의 글로 돌아가 보자.

> 회화의 기원에 관한 문제는 불명확하며, 그것은 내 연구 계획에 포함되어 있지도 않다. 이집트인들은 회화가 그리스인들에게 전해지기 6,000년 전에 이미 자신들이 회화를 발명했다고 하지만, 이는 전혀 터무니없는 주장이다. 그리스인들로 말할 것 같으면, 어떤 이들은 회화가 시키온에서 발견되었다고 하고, 또 다른 이들은 코린트에서 만들어졌다고 말하기도 한다. 그러나 이들이 한결같이 동의하고 있는 사실은, 회화가 사람의 그림자 윤곽을 따라 그리는 데서 시작되었다는 것, 그리하여 처음에는 이런 방법으로 그림이 그려졌지만, 그다음 단계로는 단일 색조, 즉 모노크롬 방법으로 더 공들여 색을 칠하는 방법이 창안되었다는 것, 그리고 이 방법은 오늘날에도 여전히 사용되고 있다는 것이다.
>
> —《박물지》, xxxv, 15[1)]

그는 조금 더 근원으로 거슬러 올라가 이야기를 전개한다.

> 회화에 대해서라면 이제 충분히, 너무나 충분히 논의되었다. 소조塑造 예술에 대해 더 논의하는 것이 바람직할 것이다. 우리는 진흙으로 초상을 본떠 만들기를 처음으로 행한 이가 코린트에 살았던 시키온의 도공 부타데스Butades of Sicyon라는 것을 동일한 근거를 통해 알 수 있다. 부타데스의 딸은 한 젊은이와 사랑에 빠져 있었고, 그는 딸로 인해 진흙 모델링을 하게 되었다. 자신이 사랑하는 남자가 외국으로 가게 되었을 때, 부타데스의 딸은 애인의 얼굴에 램프 불빛을 비추어 벽에 그림자를 만들고는 그 그림자의 외곽선을 따라 그림을 그렸다. 부타데스가 여기에 진흙을 발라서 부조浮彫를 만들었고, 다른 도기들과 함께 이 부조를 구워냈다는 것이다. 그리고 이 초상 조각은 님프들의 신전Shrine of the Nymphs에 보존되어 있었다고 전한다.
>
> —《박물지》, xxxv, 43[2)]

플리니우스의 주장을 요약해 보자. 그가《박물지》에서 동일한 신화를 두 차례나 언급한다는 사실은 다소 거슬린다. 플리니우스는, 처음에는 회화의 기원을, 다음으로는 조각의 기원을 논의하기 위해 동일한 신화를 끌어들이고 있다. 따라서 미술적 재현의 기원은 일반적으로 원시 그림자 시대로 거슬러 올라갈 수 있는 것처럼 보인다. 이런 기원들이 '불확실'한 것으로 규정된 것으로 보아, 플리니우스는 그 이야기들의 신화적 속성을 잘 알고 있었다. 역사학(6,000년)과 지리학(이집트)은 이 기원들에 대해 의심을 품게 한다. 플리니우스의 목표는 특정한 시기성에 좌우되지 않는 확고한 설명을 통해 이러한 '불확실한' 기원을 환히 밝히려는 것이었다. 회화만을 독점적으로 다루고 있는 첫째 인용부분에서 우리는, 어떻게 그림자의 윤곽을 그리는 것에서 회화가 시작되었는가를 이야기했다. 이러한 예는 그리스 미술의 뿌리를 이집트 미술에서 찾을 수 있다는 가정을 완전히 무효화하지는 못하겠지만, 그 논지를 약화시키기 위해 인용된 것이다. 전설에 따르면, 이집트인들과 그리스인들에게 회화의 기원은 똑같이 그림자다. 행간을 읽자면, 플리니우스는 그리스인들이 이집트인들의 미술작품을 보았기 때문이 아니라 인간의 그림자를 관찰함으로써 회화를 발견했다고 말하고 있는 것이다.

플리니우스가 묘사한 이 최초의 재현 행위가 가진 원시적 속성은, 최초의 회화적 이미지가 인간 몸에 대한 직접 관찰의 결과물이 아니라, 몸의 그림자를 잡아낸 재현물이라는 사실에 있다. 그림자의 효과는 표면의 입체감을 삭감시킨다. 플리니우스의 견해에 따르면, 이 최초이자 근본적인 이미지 전송과 단순화는 결과적으로 자연 그 자체로 제한된다. 처음에는 미술가가 개입하는 부분이 없었다는 것이다. 재현(그림자 이미지)에 대한 재현이었기 때문에, 최초의 회화는 복사물에 대한 복사물 이상은 아니라는 것이다. 그러나 이러한 결론에 보이는 플라톤주의는 플리니우스의 텍스트에서 단지 암시적으로만 나타날 뿐이다.

《박물지》에서 소개되고 있는 신화 속에는 세 부분, 즉 초기 그리스 회화, 이집트 회화, 그림자에 관한 이론이 있다는 것을 어렵지 않게 알 수 있다. 플리니우스가 이들의 관계를 바꾸어놓을 수 있었다면, 그 까닭은 이론의 세 영역 안에 이차원적 투영을 통한 재현이 공통적으로 존재한다는 점일 것이다. 바로 이것을 통해 플리니우스는 초창기 이미지의 관례적 측면을 해석했다. 이집트 미술에서의 완전한 측면상(도판 1)과 그리스 아케익 시대의 회화에서 보이는 측면상(도판 2)은 단축법을 배제한 투영의 산물이고, 또한 후경에 위치하는 사람의 어깨가 전경에 있는 사람과 같은 면에 놓인다든지, 얼굴은 옆모습인데 눈은 정면에서 보이는 대로 그려진다든지 하는 관습과 관계되어 있다는 것이다.

이러한 해석에서 이끌어낼 수 있는 첫 번째 결론은, 플리니우스의 접근이 예술에 관한 신화와 역사의 갈림길에 서 있다는 것이다. 폼페이 미술에서 보이는 것과 같은 진보된 회화적 형상에 익숙해 있었을 것이 분명한 플리니우스는(그는 베수비오 화산이 폭발했던 AD 79년에 죽었다), 초기 미술, 즉 이집트 미술에 대해 설명하고 난 다음에, 그림자의 윤곽을 그렸다는 이야기를 통해 그리스 미술과 붉은 배경 위에 그려진 검은 형상들을 설명하고 있다. 그 이야기에는 역사적인 사실(초창기 회화)을 해석하기 위해서 미술의 기원 신화가 동원되고 있다.

책의 마지막 부분에는, 초창기의 '그림자 시대'부터 위대한 성취를 이룬 시대에 이르기까지 회화의 진화에서 중요했던 국면들에 대한 단서가 제시되고 있다. 그 신화적 기원들의 징후들이 전혀 사라지지 않았음에도, 그림자의 기본 윤곽을 그리는 행위는 단계적으로 완성하는 모노크롬 회화로 순식간에 바뀌었다. 책의 다른 부분에서(xxxv, 11) 플리니우스는, 부조가 전형적 평면 투영을 대체하고 명암법이 이미지의 기반으로서 주된 기능을 포기하고 표현의 수단이 되고 나서야 위대한 화가들이 나타나게 되었다고 말하고 있다.

도판 1　새벽에 무덤에서 나오는 영혼과 그림자, 기원전 1400경, 루브르 박물관, 파리(프랑스).

도판 2　검은 형상이 있는 아테네식 함, 기원전 580~570경, 높이 12.5cm, 루브르 박물관, 파리(프랑스).

> 드디어 예술이 스스로를 차별화하게 되었고, 빛과 그림자, 그리고 그 효과를 서로 상승시키는 색채들의 대비를 발견하였다. 그러고 나서 반짝임이라는, 빛과는 전혀 다른 것이 마지막으로 추가되었다. 한편으로는 빛과 반짝임, 다른 한편으로는 그림자와 반짝임 간의 대조는 명암 대비라고 일컬어지며, 색채들의 병치와 한 색이 다른 색으로 변화되는 과정은 조화라 불린다.

퀸틸리아누스의 견해로는, 빛과 그림자 사이의 논리관계를 창조하는 데 이바지했던 사람은 제욱시스Zeuxis였다고 한다(《웅변교수론Institutio Oratoria》, 12, x, 4).

첫 단락(xxxv, 15)에서 플리니우스는 그림자를 회화적 재현의 근원이라고 보았던 반면, 둘째 단락(xxxv, 43)에서는 입체 형상의 미술, 즉 조각에 관심을 쏟느라 회화적 재현의 이차원성에 대한 논의를 생략해 버린다. 《박물지》에서 두 번째로 인용한 부분은 독자의 마음에 모종의 연상작용을 불러일으킬 만한 풍부한 시나리오를 제공하고 있다. 그러나 끝까지 분석해 보면, 여기에는 아무것도 확실한 것이 없다. 불가해하고 신비하며, 이야기 속에 있는 모든 것들은 무수한 추측을 향해 열려 있다. 플리니우스는, 왜 젊은 여인이 자기 애인의 이미지를 본떠서 그렸는지, 왜 그녀의 아버지가 그 이미지에 입체감을 부여했는지, 결국 왜 이 초상이 신전에 안치되는지를 전혀 설명하지 않고 있다. 그러나 우리는 신화해석학의 방법을 빌어, 묘사된 과정의 마술적 기능에 초점을 맞추어 가설적 해석을 시도해 볼 수 있다.

최초의 유사물이 만들어지게 된 계기는 사랑하는 이의 떠남이었다. 전설 속에는 그가 왜 떠나는지 또 그가 어디로 가는지가 밝혀져 있지 않고, 그저 먼 여정을 떠나야만 하는 것으로 되어 있다. 젊은 여인은 대체물을 창조함으로써 떠나가는 애인의 이미지를 잡아두려 하고, 여기에 그림자가 도움을 주고 있다. 여기서 제기되는 문제를 고려해 볼 만한데, 사실상 이미지의 기원은 애정관계의 중단에서, 헤어짐에서, 대상의 떠남에서 찾아야 하며, 그리하여 재현이라는 것은 대체물, 즉 대용물이 된다는 형이상학적 특성이 드러나기 때문이다.

따라서 플리니우스보다 한 세기 뒤에 아테나고라스Athenagoras가 동일한 이야기를 이렇게 다시 제기한다 해도 놀랄 일이 아니다.

> 인형은 한 젊은 여인에 의해 영감을 받아 만들어졌다. 그녀에게 매우 사랑하던 남자가 있었고, 그녀는 남자가 잠들었을 때 벽에 드리워진 그의 그림자를 그렸다. 그러고 나서 그녀의 아버지가 —그는 옹기장이였다— 그 대단한 유사성에 매혹되어 흙으로 윤곽을 메워 나감으로써 그 이미지를 조각했다.[3)]

이 두 글에서 상당히 명확하다고 여겨지는 것은, 재현이 그림자에 근거를 두었던 근본적인 목적은 기억을 되살리기 위한 보조물로 이용하기 위한 것이었을 거라는 사실이다. 부재중인 것을 현존하는 것으로 만들기 위한 보조물 말이다. 이러한 경우에 실물에 대한 그림자의 유사성similitudo은 결정적인 구실을 한다. 이미지/그림자가 특정한 누군*가*의 이미지라는 사실에서 또 다른 기능이 도출될 수 있다. 즉, 그림자와 재현 이미지 둘 다 그 이미지를 가진 사람을 닮아 있고, 또 그 사람에게 속해 있다는 것이다. 사랑하는 이의 지속적으로 변하는 실제 그림자는 그가 이동할 때 그를 따라다닐 것이지만, 벽에 그려놓은 그의 그림자 이미지는 이동에 반대되는 추억의 기념물로 남을 것이고, 따라서 위안을 주는 구실을 하게 될 것이다. 실제 그림자는 사람의 움직임을 따라다닌다. 하지만 그 사람의 윤곽선은, 일단 벽에 그려지면, 그대로 영원히 이미지의 형상으로 존재를 불멸화하며, 순간을 포착한 뒤 그 순간을 영원으로 만든다.

이러한 해석을 돕기 위해, 그림자를 *수직으로 세우는* 투영의 정통법을 플리니우스가 묘사하고 있음을 밝힐 필요가 있다. 이 신화에 대한 다양한 이야기들과는 달리(플리니우스의 첫째 인용과 퀸틸리아누스의 《웅변교수론》 인용을 보라), 둘째 인용문에는 사랑하는 사람의 얼굴이 램프의 도움으로 벽에 투영되었다고 기록되어 있다. 요컨대 이 보조적 이미지의 두 핵심 기능, 즉 유사성(특히 '얼굴'의 문제인)과 수직성이 서로 결합되는 것이다. 이미지가 투영됨으로써 그림자가 드리워지고, 최종적인 유사성을 위한 보조 구실을 하는 것은 바로 그 드리워진 그림자다. 따라서 적어도 플리니우스가 언급하는 바로는, 최초의 창조(아테나고라스가 언급했던 최초의 인형)는 누워 있는 형상(사실상 그리스 미술의 정신에는 이질적 개념인)이 아닌 것이다. 그와는 반대로, 그것은 서 있는 상, 즉 직립의 형상이다. 플리니우스는 그림자(특히 땅에 누운 그림자)에 부여되는 고대의 모든 형이상학적 의미 및 죽음과의 연관성을 확실히 알고 있었을 것이기 때문에 —그의 책에는 그러한 내용이 한 단락 이상 언급되어 있다— 이미지를 수직으로 세워 벽에 그리는 행위는 대단히 중요한 의미를 갖는다.[4] 좀 더 자세히 고찰해 보면 그 텍스트는 숨겨진 의미를 드러낸다. 즉, 사랑하는 사람이 떠나기 전날 밤, 부타데스의 딸은 자기 애인의 이미지를 '포착'했고, 수직으로 서 있는 그 애인의 이미지는 영원히 지속

될 것을 의미하는 것이었다. 따라서 그녀는 죽음의 공포를 내몰고자 했으며, 그녀 애인의 이미지—그녀 애인의 부재를 메워줄—는 그녀 애인이 언제까지나 '서 있도록', 즉 '살아 있도록' 유지해 주는 것이었다.

이 내용은, 떠나간 애인의 죽음을 막으려는 성애적 엑소시즘 exorcism[5]과 위안을 찾는 행위의 혼합물로 보이기 쉽다. 그러나 플리니우스의 글을 보면 한 가지 의문점이 생기게 되는데, 그의 글 속에는 도공의 딸이 단지 애인의 얼굴 윤곽을 벽에 그렸을 뿐, 몸 전체의 윤곽을 그렸다는 언급은 어디에도 없다는 것이다. 무심결에 이 내용이 빠진 것인가, 아니면 당시 재현의 단계에서 몸은 의도적으로 생략된 것인가? 잘 알려져 있듯이 플리니우스는 내용을 완전히 숙지하지 못한 채 여러 자료를 짝 지어 이야기하기도 했다.[6] 결론적으로, 해석을 위한 모든 시도가 심각한 난관에 부딪쳐 있다. 아테나고라스의 글 속에 언급되고 있는 조상/인형은 젊은이의 몸 전체를 복제하는 것으로 보인다는 사실, 그리고 플리니우스의 첫째 인용문(《박물지》, xxxv, 15)에서는 그림이 '사람의 그림자 윤곽을 따라 그리는 데서' 생겨난 것이라고 평이하게 서술되고 있다는 사실, 또한 이들과 거의 동시대에 퀸틸리아누스는 이러한 과정이 태양빛 때문에 생겨난 몸의 그림자와 관계된 것이라고 명확하게 구체화하고 있다는 사실을 염두에 두어야만 한다. 따라서 플리니우스의 시나리오는 우연히 일어났거나 어떤 특별한 의미를 감추고자 생긴 변화에 대해 설명할 여지를 우리에게 전혀 주지 않는, 특정한 변형판을 그려내고 있는 것처럼 보인다. 그렇다고 가정하고, 조금 더 찬찬히 텍스트를 들여다보자.

플리니우스는, 사랑에 빠진 젊은 여인의 맨 처음 아이디어가 그림자의 윤곽을 따라 이미지를 잡아내는 것이었다고 설명하고 있다. 최초 단계의 재현은 이중적 '비현실화un-realization'라 말할 수 있다. 사실 그 젊은 여인은 애인의 그림자를 가까이에 두고 싶었을 뿐이었다. 그림자는 벽에 대상을 투영시키고, 존재를 겉모습으로 축소시킨다. 이러한 그림자는 '몸'이 아니고, 이중의 효과에 의한 몸의 *타자*('유령'이나 '머리' 같은)라고 할 수 있다.

젊은 여인의 아버지(도공 부타데스)의 개입은 이 판타지에 새로운 현실감을 띠게 한다. 이 내용은 프로이트에게 대단한 관심거리가 되었을 법하지만, 모호성을 떨쳐버리기는 쉽지 않다. 부타데스는 실체가 없는 허깨비에 존재감을 부여한다. 그는, 그림자의 윤곽 말고는 아무것도 없던 곳에 진흙을 바른다. 그는 부조에 형태감을 준 다음, 가마에 구워 형태를 단단하게 굳힌다. 이로써, 애초에 비현실화이던 것이 최초로 현실화한 단계가 이루어진 것이다. 이제 그림자는 존재감을 가지게 되었다.[7] 그럼에도 플리니우스는, 이러한 '완성'의 과정에서 부타데스가 그 딸의 판타지에 입체감뿐만 아니라 몸을 부여했는지의 여부에 대해서는 명확하게 언급하지 않고 있다. 플리니우스의 책 내용을 글자 그대로 해석하자면, 부타데스가 자기 딸 애인의 머리를 본떠 부조의 형태로 일종의 메달을 만들어냈던 것이라고 결론 내릴 수 있다. 다음 문장에서 플리니우스는 이 인물 형상을, 마치 항아리인 양 '부타데스가 만든 다른 옹기들과 함께' 가마에 놓아두었다고 구체적으로 쓰고 있다. 이런 시나리오는 진흙 모델링과 평면에 그려진 이미지 탄생의 기원이 동일하며, 도공의 공방에서 그 연계가 이루어졌음을 말하고 있다.[8] 나중에 그는 다음과 같은 해석적 가설을 공식화하려 했다. 즉, 부타데스의 개입은 실재했던 단계였을 뿐 아니라(도공은 평평한 그림자 이미지에 입체감을 준다), 상징적 단계이기도 하다는 것이다. 부타데스에 의해 만들어진 '진흙으로 만든 유사물'은, 키케로Marcus Tullius Cicero가 《투스쿨룸 논쟁Tusculanae Disputationes Tusculanae Disputationes》(I, 50)에서 묘사하고 있는 것과 같은 유명한 시적 주제를 따르고 있다.

몸은 그릇 혹은 일종의 영혼을 위한 집인 것처럼 존재한다.

로데Erwin Rohde는 영혼의 제의에 대한 고전 연구서에서, 그리스인들이 어떻게 그림자와 영혼, 그리고 인간의 복제상을 상징적으로 연결시키고 있는가를 낱낱이 보여 주고 있다.[9] 이러한 연결이 플리니우스에게도 유효하다면, 이는 도공과 그의 딸의 협업의 결과가, 당시의 제의 행위들을 우리가 애써 그려보기 전에는 이해하기 어려운, '살아 있는' 복제상 즉 대리代理: surrogate 형상의 상징적 창조임을 말해 주고 있는 것이다. 플리니우스가 언급하고 있듯이, 이러한 가정은 진흙 복제상이 코린트에 있는 신전으로 옮겨진 부분에서 더더욱 의미심장해진다. 그러나 플리니우스의 글에는 더 상세하게 나와 있는 내용이 없어서 행간을 읽어야만 이 문제를 풀 수 있다. 먼저, 플리니우스가 말하고 있는 관계는 그가 요약하거나 단지 부분적으로만 인용하고 있는 더 이전의 텍스트에 근거한다고 추론할 수 있다. 그러나 이렇게 함으로써 플리니우스는 아마도 이 이야기의 진정한 시간성을 희생시키는 것 같다. 이 이야기의 시기는 원래는 여러 단계로 구성되어 있을 것이다. 이렇게 시기를 압축하는 행위를 통해, 젊은 여인이 남자의 실루엣을 그려낸 일과 맨 마지막으로 복제상이 신전에 안치되는 일 사이에 있는 중요한 이야기를 플리니우스가 생략한 것이라고 말한다 해도 크게 틀리지는 않을 것이다. 그 생략된 이야기는 애인의 죽음에 관한 것이다. 이것을 빼놓고는 인용의 의미가 크게 축소되고 만다.

해석을 진전시키기 위해 어차피 위험을 감수했기 때문에, 한 걸음 더 나아가 애인의 죽음이 도공의 개입 이전에 일어났을 것이라는 추정을 해보려고 한다. 이야기가 명확해 지려면, 전체 줄거리는 다음과 같이 전개되어야 할 것이다.

1. 여인은 대리 이미지를 만들었고, 그것은 두 가지 목적을 지닌다. 그녀로 하여금 떠나가는 (전쟁에 나가는) 애인의 얼굴을 떠올리게끔 하는 것과, 애인이 처한 위험을 물리치도록 하는 것.
2. 젊은이는 죽는다(아마도 영웅적으로, 어쩌면 전장에서). 이러한 이야기는 텍스트에 드러나 있지 않다.
3. (그녀의 애인이 죽었기 때문에) 그녀의 아버지는 복제상을 만들고, 복제상의 기능은 죽은 자를 복제하는 것이다. 그 복제상은 (그림자의 형태로) '영혼' 을 가지고 있고, 또한 (이 영혼의 그릇이라는 형태로) '몸' 을 가지고 있다.
4. 진흙 복제상은 코린트의 신전에 안치되어 제의의 대상이 된다.

이런 경우가 아니라면, 《박물지》의 인용문에서 밤에 한 남자의 그림자를 그린 것이 신전에까지 가게 된 일의 전개를 설명할 수 있는 방도가 없는 것이다.

플리니우스의 이야기를 이런 방식으로 해석하면, 이 우화가 위대한 이야기를 신화로 만들어냈다는 것이 명확해진다. 플리니우스가 전설로 설명하고 있는 그 이야기는, 본래 대리 이미지의 이야기이기 때문이다. (플리니우스의 이야기와 관련이 있는) 본래의 이야기는 (《박물지》, xxxv. 15의 첫 인용문에도 인정하고 있듯이) 이집트에서 일어난 일이고, 플리니우스 신화의 모든 특징들 즉 그림자, 복제, 죽음이라는 요소를 다 담고 있다. 플리니우스가 우화를 인용하면서 언급하려 하지 않았던 이 '위대한 이야기'를 짧게나마 다시 구성해 보도록 하자.

이집트 연구자와 그리스 연구자는 모두, 그리스뿐만 아니라 이집트에서도 조각상이 신神을 나타내기도 하고 죽은 사람을 대신하기도 한다는 데 동의한다.[10] 죽은 사람의 대리자로서 조각상은 살아 있는 존재로 여겨지도록 정해져 있다. 널리 알려져 있는 이집트의 카ka는 죽음을 묘사하는 조각상들의 영혼이었다. 마스페로Gaston Maspéro의 고전 연구서가 상기시켜 주고 있듯이, 그림자는 이집트인들이 최초로 시각화한 영혼(카)이었다. 이 경우에 그것은 '뚜렷한 그림자, 채색된 투영물, 하지만 생김새의 모든 면을 복제함으로써 개개인에게는 덧없는 것'이었다. 그리고 검은 그림자khaïbit는, 그 이전 시기에도 바로 그 사람의 영혼으로 간주되었지만, 이후에도 계속 사람의 영혼을 담은 복제물로 여겨졌다.

그림자에 관한 두 해석 사이의 관계는 서로 바뀔 수 있다. 사람이 살아 있는 동안, 검은 그림자는 자기 존재의 외적 표현이다. 그림자의 대역double 기능은 사람이 죽는 순간 사라지며, 그 기능은 카로 이어지게 될 뿐 아니라, 한편으로는 조각상으로부터 다른 한편으로는 미라로부터 이어지게 된다.[11] 우리는 이러한 대역 개념의 주요 전환이 그리스에서 일어나는 것을 목도하게 된다. 베르낭Jean-Pierre Vernant은 고대

장례식에 쓰이던 형상과 고귀한 죽음의 연관성을 연구했다. 여기서 죽음을 맞는 '젊은 전사—인생의 청춘기에 전장에서 죽어간 사람—는 후대의 눈에서 사라지지 않도록 불멸화됨으로써 지속되는 영광을 보장받는다. 그것은 그의 이름, 그의 공적, 그의 생애, 그를 한때 훌륭했던 그리고 앞으로 영원히 훌륭한 사람으로 입증케 하는 영웅적 행동, 고귀한 죽음을 말하는 것이다.[12]

바로 이러한 견지에서 애매하기 짝이 없는 플리니우스의 전설이 특히 그 결말 부분, 영원히 모든 가능성을 열어두고 있는 젊은 남자의 '그림자'를 복제하고 조정해 만든 '진흙 복제상'에 대한 제의를 암시하고 있는 마지막 부분이 이해되어야 하는 것이다.[13]

따라서 그림자를 따라 만든 부타데스의 복제상을 보면서, 거상巨像: colossus(고대적 의미에서), 다시 말해 그 크기가 일정치는 않으나 수직으로 세워지며, 지속되고 살아 있는 것으로 여겨지는 기물들의 전조가 되는 거상을 생각해 보아야 할 것이다.[14] 반면, 젊은 여인이 그린 실루엣은 단지 에이돌론eidolon, 실체가 없는 이미지, 떠나간 자의 만질 수 없고 비물질적인 복사물일 뿐이다. 이미지가 벽에 포착되자마자, 시간은 정지한다. 그 신화를 밤에 있었던 일로 해석한 플리니우스의 시나리오(퀸틸리아누스가 낮에 태양빛 아래서 일어난 일로 해석했던 것과는 정반대로)에서 보여 주고 있는 *그림자/시간*의 관계는 매우 독특한 방식으로 성립되어 있다. 태양빛 아래의 그림자는 시간 속의 순간을 표시하며 단지 그뿐이다. 그러나 밤의 그림자는 시간의 자연적 질서에서 벗어나 시간의 흐름을 멈추게 한다.

플리니우스의 우화는, 이미지와 관련한 이집트인의 형이상학을 확장시키고 그 형이상학에 대한 대안을 제시하는 만큼, 기원과 관련된 것이기도 하다. 플리니우스의 우화는 본질적으로 고대 그리스에서 일어난 사건을 상세히 말해 주고 있기 때문에 그 대리물이라고 볼 수 있으며, 플리니우스는 그 우화가 에이돌론을 육화시키는 거상의 문제였기 때문에 이야기 전체를 온전히 채택하지 않았던 것이다.

'그림자, 비추어진 이미지, 그리고 그런 류의 모든 것들'

"지하의 방을 상상해 보아라, 입구는 일광에 노출되어 있고 지하로 난 긴 복도를 따라가야 하는 동굴과 같은 방을. 이 방에는 어릴 때부터 그곳에 갇혀 있는 죄수들이 있는데, 그들의 발과 목은 똑바로 앞만을 보도록 단단히 묶여 있어서 고개를 돌릴 수 없다. 그들의 등 뒤와 머리 위에는 불길이 타오르고 있고, 그 불과 죄수들 사이에는 길이 하나 있으며, 앞에는 벽이 있는데, 그것은 마치 인형극에서 인형들의 무대가 되는, 인형 다루는 사람과 관객 사이에 있는 스크린 같다."

"네."

"벽 반대편에서 나무와 돌, 그리고 그 밖에 다른 재료로 만든 사람과 동물의 형상을 포함한 온갖 종류의 물건을 실어가는 사람들을 상상해 보아라. 또한 그들 중 몇몇은 자연스럽게 대화를 나누고 있고, 몇몇은 대화에 끼지 않고 있다고 상상해 보아라."

"이상한 장면이고 이상한 죄수들이로군요."

"그것들은 삶에서 끌어온 것들이다. 우리의 죄수들이, 불빛으로 그들이 마주보는 벽에 생긴 그림자들을 제외하고, 그들 자신에 대해 또한 그들의 동료에 대해 볼 수 있는 것이 있으리라고 생각하는지, 말해 보아라."

"일생 동안 머리를 움직이지 못하도록 구속당하고 있다면 그들이 다른 것을 어떻게 볼 수 있겠습니까?"

"길을 따라 운반되고 있는 물건들에 대해 그들이 그 이상 뭔가를 알 수 있겠는가?"

"알 수 없겠지요."

"그렇다면 그들이 서로 대화를 나눌 수 있다면, 그들이 본 그림자를 실제의 것이라고 가정하지 않겠는가?"

"틀림없이 그럴 것입니다."

"그리고 그들이 마주보고 있는 감옥의 벽에서 소리가 반사된다면, 길을 지나가는 행인들이 말할 때마다 그 소리가 자신들 앞에 있는 그림자에서 나는 소리라고 가정하지 않겠는가?"

"틀림없이 그렇게 생각할 것입니다."

"따라서 그들은 우리가 얘기했던 대상의 그림자를 모든 면에서 실제라고 믿을 것이다."

"네, 확실히 그렇습니다."[15)]

아마도 모든 철학의 역사 속에서 플라톤의 《국가》(514a~515c)에 있는 동굴의 비유만큼 대중적인 이야기는 없을 것이다. 그러나 이는 매우 많은 문제를 가지고 있는 이야기이고, 그 시나리오의 명확성은 상당히 상대적이며, 끝까지 분석해 보면 그 '그림'을 받아들이기보다는 파괴하고 싶어진다. 서구의 인지적 재현이 이 기이한 시나리오에 기반을 두고 있다는 사실은 매우 중요하다.

동굴의 '설치'는 복잡하고, 인지적 플롯의 잔혹한 각색은 노골적으로 가학적이다. 플라톤은 지식에 대한 질문을 즐기는 것만큼이나 무지의 스펙터클을 즐기는 철학자의 심술궂은 시각을 지니고 있다(515d).

> 그들 중의 한 사람이 풀려나, 갑자기 일어나 고개를 돌려 불 있는 쪽을 바라보며 걸어가도록 강요당한다고 가정해 보자. 이러한 모든 행동들은 고통스러울 것이고, 그는 이전에 그림자로만 보았던 것들을 똑바로 보는 일이 혼란스러울 것이다. …… 또한 그에 더하여 그가 만일 눈앞에 지나가는 사물들이 무엇인지 말하도록 강요당한다면, 그는 매우 당황해 할 것이고 또한 지금 바라보고 있는 사물보다 자신이 이전에 보던 것들을 더 실제적이라고 생각하지 않겠는가?

이러한 내재적 잔혹함과 비교해 볼 때, 플라톤에 의해 만들어진 그 '그림'에서 정말 충격적인 것은, 보는 행위가 지각하는 행위와 같은 것이라고 간주하면서 플라톤이 보는 것에 현저한 입지를 부여한 일이다. 사실상, 동굴의 비유에 담겨 있는 시각적 열망은 지식의 열망에 우선하고 그것을 대표하고 또한 상징하고 있다. 그러나 플라톤의 시나리오는 그 이후 몇 세기 동안 '시각 중심적oculocentric'이 되어야 했던 문화를, 철학적으로 창조해 낸 것임을 알아야 한다.[16] 게다가 구속당한 죄수들이 배고픔과 목마름에도 자극받지 않을 뿐더러, 알고자/보고자 하는 욕망도 일으키지 않았다는 생각을 받아들일 수 있는 사람(플라톤의 《대화편Dialogues》에 나오는 지나치게 관대한 '이방인' 이 그렇듯이)은, 그러한 문화의 한계 속에서만 존재한다. 이 불쌍한 사람들이 보다 시급한 물질적 필요성을 가지고 있었다면, 촉각과 미각, 후각은 —지식의 발전과 급속한 발견으로 말미암아— 투영된 그림자의 세계가 단지 이차원적 세계에 지나지 않는다는 것을 그들에게 알게끔 해주었을 것이다. 그들은 아마도, '일어나 고개를 돌리라고 강요하는 등' 의 더 심한 고문을 하고 진정한 지식의 빛으로 결국에는 자신들의 눈을 멀게 할 뿐인 철학자를 기다리지 않을 것이다.

마지막 부분에서 플라톤은 인식에 대한 자신의 시나리오가 가진 시각적 배타주의를 깨달았는지, '죄수들이 마주하고 있는 감옥의 벽은 소리를 반향시켰다' 는 청각 요소를 끌어들인다. 하지만 이는 단지 시각적 질서의 원시적 일루전illusion을 강화시키기 위해 덧붙여진 것이며, 이 동굴 이야기에 나오는 장치물들의 목적은 단지 '그림자' 가 '사물 그 자체' 라고 하는 덧없는 거짓을 위한 것이다. 그러나 이 '사물들' 은 인공적인 물건에서 '사람들과 동물들' 에 이르고, 그리하여 그림자 효과에 의해 삼중으로 포개져 재현되는 영상이 나타나게 되는데, 이는 종종 동양의 그림자 인형극에 비교되곤 한다.[17)]

소리의 부수 현상은, 외관의 세계와 실제 세계 사이에 있는 경계를 모호하게 하는 시나리오 속에서, 그림자의 부수 현상을 강화한다. 플라톤에게 그림자와 소리는 실재에 대한 가장 원초적인 거짓(하나는 시각적이고, 또 다른 하나는 *청각적인*)과 가까운 것이다. 결론적으로, 시각적인 일루전의 세계에서조차, 그림자는 거울 반영상에 선행하는 것이다.

이 대목에서 플라톤이 그림자를 거울 속 이미지에 *선행하여*, 부수 현상적인 복제의 *기원*에 위치시키고자 했음은 명백하다. 플라톤은 거울처럼 반사하는 것을 예시화하기 위해 또 다른 우의적 메커니즘을 만들어낼 수도 있었고, 그렇게 하기를 원했다. 그러나 플라톤은 그렇게 하려 하지 않았고, 그는 두 차례에 걸쳐(동굴 이야기의 처음과 끝부분에) 이러한 자신의 선택 배후에 있는 이유들을 드러내 보인다.

동굴 이야기의 끝부분에 있는 이유를 먼저 살펴보자. 동굴의 시나리오를 들려준 뒤에 플라톤은 동굴에 갇혔던 자가 동굴을 떠나는 과정을 설명한다. 일단 풀려난, 이전에 갇혀 있던 자는,

> 동굴 밖 세계에 있는 사물들을 바라보기 전에 빛에 익숙해질 필요가 있었을 것이다. 먼저 그는 그림자skias를 바라보는 것을 가장 쉬운 일이라 생각했을 것이고, 그다음에는 물에 비친 사람과 사물들의 반영 이미지eidola를 볼 것이고, 마지막으로 사물 그 자체를 볼 수 있을 것이다. 그다음에 그는 낮보다 밤에 천상의 실체와 하늘을 관찰하는 것이 더 쉽다는 것, 태양과 그 빛을 바라보는 것보다 달과 별의 빛을 바라보는 일이 더 쉽다는 것을 알게 될 것이다. …… 그가 마지막으로 할 수 있는 일은 태양을 똑바로 보는 것, 즉 물에 반영된 이미지를 사용하거나 다른 어떤 매개체phantasmata를 사용하지 않고도 태양의 본질을 그 존재 그대로 볼 수 있게 되는 일이다.

위 인용문에서(《국가》, 516a) 철학자는 다섯 단계로 이루어진 교육의 여정을 시각화한다.[18] 시작의 양쪽 끝에서 보면 그림자 단계는 처음에 위치하고, 태양 단계는 마지막에 위치한다. 그리고 현실은 중

간에 위치한다.

여기서 우리는 플라톤의 어휘 목록을 살펴보아야 한다. 물 위에 비친 반영 이미지는 허상eidola을 뜻하고, 그 반면에 그림자는(인용의 마지막 부분에 있는) 현상phantasmata을 말한다. 이러한 어휘 사용은 애매하지 않음에도 불구하고, 플라톤 스스로가 동굴에 대한 설명을 시작하기 이전에 쓴, 잘 알려진 다른 문구를 보면 가시적 세계를 '명확성과 모호성의 정도'에 따라 정의한 내용이 있는데, 여기에서 그 용어들은 반대의 의미를 띠고 있다.

> 내가 '이미지eikona'라는 말을 할 때는 가장 먼저 그림자skias를 의미하려는 것이고, 그다음에 물이나 정밀하게 갈고 닦인 표면들 위에 비친 반영상phantasmata을 의미하고자 하며, 그리고 그런 종류의 모든 것들을 의미하고자 한다. ……

이 인용문에서는(510a) 그림자가 역시 거울 반영상에 선행해 첫째 위치를 차지하고 있음을 볼 수 있고, 죄수가 동굴을 떠나는 이야기에서는 그림자를 뜻하는 말이었던 현상은 이제 거울 반영상에 관계된 말이 되었다. 이러한 용어의 애매성은, 아마도 플라톤에게 —'명확성과 모호성의 정도'와는 별개로— 그림자와 거울 반영상의 차이가 거의 없다는 사실에 기인할 것이다.

그러나 플라톤이 '그런 종류의 모든 것들'이라고 다소 포괄적으로 언급하고 있는, 도상eikona 체계에서의 셋째 요소가 존재한다. 이것들은 무엇인가? 플라톤은 이에 대해 간접적으로 설명하며, 같은《대화편》제10권(596e)에 있는 이상적 도시에서의 예술의 지위에 대한 논쟁에서 조금 더 언급한다.

> " …… 거울을 들어 그것을 모든 방향으로 돌려 보아라. 오래지 않아 너는 태양과 별들과 땅, 너 자신과 모든 동물과 행성, 그리고 우리가 방금 이야기했던 온갖 물건을 창조하게 될 것이다."
> "예, 하지만 그것들은 단지 반영일 뿐입니다." 그가 말했다. "실제 사물이 아니라요."
> "바로 맞았다." 내가 대답했다. "그리고 그것이 바로 핵심이다. 화가는 바로 이러한 종류의 장인이라고 생각되기 때문이다. 동의하느냐?"
> "예."
> "너는 아마도 그가 만들어내는 물건들이 실제가 아니라고 반박할 것이다."
> "예." 그는 동의했다.

이 문단의 주제는 미메시스mimesis의 무가치성이다. 거울의 반영 같은, 그려진 이미지는 순전히 외관일 따름이고 실재가 결여되어 있다. 이는 플라톤이 《대화편》 제7권에서 그림자와 반영 이미지 다음으로 언급하고 있는 인간의 인공적인 성과물들, 즉 '그런 종류의 모든 것들' 과 상당히 부합한다. 그러나 방금 인용한 미메시스 이야기에서 플라톤은 그려진 이미지와 거울의 이미지를 비교할 때만 이야기되었던 모든 시각적 일루전의 모태로서 그림자를 말하고 있지는 않다. 따라서 부수 현상적 재현 체계의 핵심에 있는 거울이 실제로 우위에 있다고 선언하는 것은 아니지만, 거울의 우위를 돕는 것처럼 보일 것이다.

《국가》 이후에 쓰인 《대화편》—미메시스에 관한 주제로 돌아가서 그것을 진전시킨, 이를테면 《소피스테스Sophistes》—에서 플라톤이 《국가》의 글(510a)들을 한마디 한마디 재론하는 데서(여기서의 수정은 중요한 의미가 있다) 이러한 의혹은 확신으로 바뀐다. 이미지를 (재)정의하는 것에 대해, 소크라테스는 다음과 같이 말한다.

> 명확하게 우리는 물이나 거울에 비친 이미지, 다시 말해 그림 그리는 자와 조각가에 의해 만들어진 이미지, 그리고 그러한 종류의 것들을 뜻하는 것이라고 말하는 것이다.
>
> —《소피스테스》, 239d[19]

《소피스테스》에는 《국가》에서 대단히 중요한 구실을 했던 현혹적인 투영 이야기가 빠져 있다.[20] 이러한 구실은 반전된 대칭 이미지에 부여되어 있다. 여기서 그림자는 중요치 않은 것으로 무시되고 그림과 거울 반영에 종속되어 있으며, 거의 이름도 없이 '그러한 종류'의 '것들'이라고 치부되는 재현에 포함되어 있다.

따라서 우리는 플라톤의 철학 속에서 그림자의 모델과 거울 이미지의 모델 사이에서 왔다갔다하는 동요를 목격하고 있다고 여겨질 수 있다. 그림자는 진리에서 가장 먼 단계를 나타낸다. 이는 동굴의 알레고리에서 중요한 것인데, 플라톤은 태양빛에 완전히 반대되는 것을 필요로 했기 때문이다. 그후 그림자는 서양의 재현의 역사에서 근본적으로 부정의 의미를 부여받았고, 그러한 의미는 결코 완전히 포기된 적이 없었다. 플라톤에게 그림자는 단순한 '외관'만이 아니었다. 그림자는 빛에 대한 비난으로 유발된 '외관'인 까닭이기 때문이다.

그러나 미메시스 이론에서는, 그림자의 허상이 보조 역할을 하고 있다. 그림자는 '명확성과 모호성의 정도'에 따라 우위를 차지하게 된 거울 이미지에 자리를 내주었다. 플라톤 이후에 미술 작품은 거울 패러다임의 제약을 수용해야만 했고, 그림자의 투영은 주변 역할로 밀려났다.[21] 그러나 그림자가 재현의 병기창고에서 완전히 밀려난 것은 아니었다. 그림자는 언제나 빈약하나마 반영 이미지들과 관계를 맺고 있었고, 모든 재현의 잊힌 기원이 되었다.

그림자/이미지가 반영/기원으로 대체되었음에도, 우리는 《국가》 제2부에서 예고되어 있고 《소피스테스》에서 완전히 확립된 대로, 허상을 둘러싼 논쟁은 여전히 전경에 있는 거울과 그 밖의 '것들'과 관련된 그림자, 둘 다와 관련이 있다는 것을 기억해야만 한다. 거울 이미지와 그림자는 둘 다 현상이며, 둘 다 허상이다. 그리고 둘 다, 미술 작품과 더불어, 의심스러운 실재다.

> "글쎄요, 선생님, 만일 같은 종류의 또 다른 것이 아니라면, 이미지가 실제를 복사한 것이라고 어떻게 말할 수 있겠습니까?"
> "'같은 종류의'라고? 또 다른 실제적인 것을 말하는 거냐, 그게 아니라면 '같은 종류의'라는 말이 의미하는 바는 무엇이냐?"
> "확실히 실제는 아니지만, 그와 닮은 것을 말합니다."
> "'실제'라는 말은 진실로 존재하는 것을 말하는 것이겠지?"
> "예."
> "그리고 '비실제'는 실제의 반대를 말하는 것이지?"
> "물론입니다."
> "그러면 '닮은' 것은 실제 존재가 아닌 것을 의미하겠지? 만일 네

가 그것을 '비실제' 라고 부르게 된다면 말이다."

"그러나 그것은 존재의 어떤 성질을 가지고 있습니다."

"네 말대로 하자면, 실제 존재가 아닐 따름이로구나."

"진정 유사하다는 점을 제외하면 말입니다."

—《소피스테스》, 240 a~b

이 인용문에서 제시되고 있는 이미지의 문제, '비실제적이지만 상응하는 복제물' [22]은 사실상 무시되어 왔고, 또한 이 대화가 실제로 이루어지는 문맥 속에서만 이해될 수 있다. 말하는 자는 아테네인이고, 듣는 자는 이방인, 더 정확하게는 엘레아인이다. 존재와 외관에 대해 아테네인은 비非아테네인에게 정의를 내려준다. 타자성과 자기정체성, '고대적 허상' 의 핵심과 이미지 생산의 한계에 관해서 말이다. 플라톤은 어느 정도까지는 후자를, 이중상二重像의 생산적 행위로, 이를테면 플리니우스의 미술 탄생 우화에 나타난 것과 같은 극적인 예술을 따르는 행위로 제시한다. 상상력을 아주 조금 발휘하면 플라톤이 똑같은 어휘를 부타데스의 이야기를 하는 데 썼을 것이라고 볼 수 있다. 부타데스 이야기는, 동양적 정신은 아니라 하더라도, 대리 이미지와 같은 고대적 정신에서 출발했다. 우리는 플리니우스의 《박물지》와 플라톤의 《소피스테스》에서 이미지의 생산과 마술 사이의 경계선을 발견하게 된다. 플라톤은 실제로 예술적 재현이 그림자의 신화에서 나온 것이 결코 아니라고 말한 바 있으며(플라톤에게 그림의 모방 상태에 직접 영향을 준 것은 거울의 반영상이었다), 위안을 주는 복제상의 창조에 대해서 언급한 일도 없지만, 플리니우스의 우화가 깔고 있는 전통에 대해 전혀 모르고 있다는 인상을 주지도 않는다. 그러나 플리니우스에 이르러 정점에 이른 그(동양적인, 게다가 고대 그리스적인) 전통은 환상-유사성의 영역, 실제와 인접한 영역(점토로 빚은 유사성처럼 신체에 그림자를 주는)의 탄생과 그 지위에 대한 개념들을 종합한 반면, 플라톤은 순수하게 외관적 존재로서의 이미지를 정의하고자 했다. 만일 플리니우스의 전통 속에서 이미지(그림자, 그림, 조각상)가 *동일한 것의 타자*라고 한다면, 플라톤에게서 이미지(그림자, 반영상, 그림, 조각상)는 *복제* 상태에 있는 *동일자*인 것이다. 그리고 플리니우스의 전통 속에서는 이미지란 것이 대상을 재복제함으로써 그것을 '포착' 하는 것(그림자의 마술적 기능이 그러하듯)이라면, 플라톤에게서는 대상을 재현함으로써 대상의 유사성으로 되돌아가는 것(거울의 모방 기능이 그러하듯)이다.

《국가》와 《소피스테스》는 둘 다 이러한 구분을 유지하고 있다. 문제는 플라톤의 첫 《대화편》에서 시작되었다.

> "그렇다면 생각해 보아라. 화가가 침대나 다른 대상을 그 대상이 존재하는 대로 재현하려 하느냐 아니면 그것이 보이는 대로 재현하려 하느냐? 화가는 대상을 존재하는 대로 재현하느냐 아니면 보이는 대로 재현하느냐?"
> "대상이 보이는 대로입니다."
> "따라서 미술가의 재현은 진리에서 많이 떨어져 있고, 또한 그는 어떤 것도 그 허상 아래를 꿰뚫어보지 못하기 때문에, 모든 것을 재생산할 수 있는 것이다."
>
> —《국가》, 598

그러나 두 번째 대화에서 이 구분은 명확해진다.

> "따라서 이미지의 첫 번째 종류, 즉 원래 대상과 비슷하게 보이는 것은 닮은 것(eikon: 실물 그대로 닮은 이미지—옮긴이)이라고 정당하게 불러주어야 할 것이다. …… 이는 그것이 유사성으로 보이기 때문인데, 그렇다면 그것을 닮아 보이는 것(phantasma: 실물을 변형함으로써 실물처럼 보이도록 하는 이미지—옮긴이)이라고 부르면 안 되는 것인가? …… 따라서 닮은 것이 아닌 닮아 보이는 것을 만들어내는 미술을 부르는 가장 적합한 이름은 닮아 보이는 것을 만드는 기술phantastiké인가?"
> "확실히 그렇습니다."
> "그렇다면 두 가지의 이미지 만들기 유형이 존재하는데 닮은 것 만들기eikastiké와 닮아 보이는 것 만들기phantastiké다."
>
> —《소피스테스》, 263a, c

우리는, 닮아 보이는 것 만들기 혹은 시뮬라크라simulacra가 고대적 예언과 관계된 것인 반면 닮은 것 만들기는 플라톤적인 미메시스를 나타내는 말임을 덧붙여야 할 것이다.[23]

이러한 구분으로 불거진 문제들을 명확하게 설명하고 있는《국가》에 유명한 구절이 하나 있다. 이 인용문은 직접적으로 회화적 재현에서 그림자의 조작을 다루고 있기 때문에 무엇보다 중요하다. 이 철학자는 모든 재현이 우리의 영혼 속에 '혼란'을 만들어낸다고 비난한다.

> 그림자 회화skiagraphia와 마술사의 기술, 그리고 그들의 동료가 눈

속임으로 우리를 속이려고 할 때 의존하는 것은 바로 우리들의 이 타고난 유약함이다.

—《국가》, 602d

되풀이해서 언급되지만[24], 이 진술은 애매한 채로 남아 있다. 플라톤은 '그림자 회화'와 '마술'을 비교하면서 도대체 무슨 생각을 했던 것일까?

플라톤이 실제로 사용했던 어휘—skiagraphia—에는 적어도 두 의미가 있기 때문에, 이 인용문을 해석하는 데는 두 가지 방법이 있다.[25] 첫째의, 그리고 가장 초기에 사용되었던 방법은, 아테나고라스가 젊은 코린트 여인과 그 여인의 아버지 우화를 이야기하는 데 썼던 것이다. 여기에서 그림자 회화라는 말은이 플리니우스가 쓰는 라틴어 표현 'umbra hommis lineis circumducta(남자의 그림자 주위 윤곽을 베끼기)'에 대응된다. 플라톤이 이 어휘를 이런 의미로 썼다면, 그는 유사-마술적 중요성을 부여함으로써 평면 회화/원래 대상의 그림자라는 이 가장 고대적인 것을 —회화적 표현의 가능성의 중심에서— 격리시키고자 한다는 것을 알 수 있다. 따라서 그림자 회화의 책략은 시뮬라크럼으로 속이는 이미지에 속하게 되는 것이다.

둘째, 그림자 회화라는 어휘의 더 '근대적인' 의미는 '원근법 회화', 더 나아가 *트롱프 뢰유*trompe-l'œil[26]에 관련된 것이다. 이 눈속임 이미지 안에서는 드리워진 그림자를 투사하는 것이 재현에 환영적 특성을 증가시키거나 부여하는 기하학적 논리에 기초를 두고 있다는 설명이, 이 합성어(skiagraphia/장면 회화)의 구조 이면에 존재한다. 이 경우 플라톤에 의해 비난받는 마술은 겉모습의 마술 또는 고대적 허상의 마술과 아무런 관계가 없어지게 되며, 다른 한편으로 그것은 모방적 일루전의 속이는 본성과 관계를 맺게 되는 것이다.

이 해석 가운데 어느 한쪽을 고르는 것이 불가능하기 때문에, 바로 이 곤란한 상황의 중요성부터 확정짓는 게 더 나을 것이다. '시뮬라크럼'과 '유사성likeness'이 둘 다 '마술'에서 기원했다는 사실에서 이 논의가 시작되었다는 게 내 견해다. 첫째 경우는 대체의 마술이었고, 둘째 경우에는 닮음의 마술이었기는 하지만 말이다. 또한 이는 미메시스에 의해 이끌어진 '닮음의 마술'은, 그림자를 닮아 보이는 것의 보조물에서 닮음 그 자체의 특성으로 변모시켰기 때문에, 그림자의 투사 이론을 흡수할 수 있음(혹은 흡수해야 함을)을 함축한다.

그림자 단계/거울 단계

> "왜 그림자가 거기에 있지?" (손으로 그림자를 만들면서)
> 갈(5세): *"왜냐하면 손이 있으니까."*
> "왜 이 그림자는 검은색이지?"
> *"왜냐하면…… 왜냐하면 우리는 뼈가 있으니까."*

그림자의 기원에 대한 아이들의 반응 연구를 통해, 1927년에 피아제Jean Piaget는 네 단계가 존재함을 발견했다. 위에서 보았던 어린 갈의 대답은, 다섯 살 정도의 아이들은 이미 그림자가 어떤 대상(손)의 그림자이며, 또한 그 그림자는 손의 불투명성(뼈) 때문에 생기는 거라고 이해할 수 있다는 사실을 제시하고 있다. 그러나 이 논의는 만족스럽지는 않다. 왜냐하면 이 첫째 단계에서, 그림자는 두 근원, 즉 내적 근원(그림자는 대상에서 *나*오는 것이고, 그것은 그 대상의 부분*이다*)과 외적 근원(그림자는 밤에, 침대방의 어두운 구석이나 그 밖의 것에서 오는 것이다)이 협동하고 관계해서 나온 결과라고 이야기되고 있기 때문이다. 그림자를 단일 대상의 산물이라고 볼 수 있는 것은 예닐곱 살이 되어서다. 이 단계에서는 그림자가 대상에서 우연히 흘러나온 물질로 간주된다. 그러나 셋째 단계에서(여덟 살쯤) 아이는 그림자가 어디에 떨어지게 될 것인지도 가늠할 수 있게 되며, 그림자는 빛이 부재하는 곳에서 생겨난다는 것까지도 말할 수 있게 된다. 그러나 이 외적으로는 정확한 논리 이면에서, 우리는 최종 단계인 '실체론substantialism'을 발견하게 된다. 아이에게 그림자는 여전히 대상에서 흘러나오는 것 이상 아무것도 아니지만, 그림자는 빛을 몰아내는 방사물이기 때문에 어쩔 수 없이 빛의 근원의 반대편에 위치해 있다는 것이다. 그림자가 빛을 몰아내는, 대상의 배후에 있는 실체가 아니라는 사실을 아이가 최종적으로 깨닫게 되는 것은 아홉 살쯤에 이르러서다. 아이에게 그림자는 단순히 빛의 부재와 같은 뜻으로 여겨진다.[27]

피아제의 실험에서 쓰인 실제적인 개념들에는 놀라운 여러 측면이 존재한다. 나는 이 중 두 가지를 인용해 보려 한다. 첫째는, 아이들의 나이가 상대적으로 더 많다는 것에 대한 의문이다. '그림자 단계'라는 것이 다섯 살 이전에는 정말 존재하지 않는단 말인가? 이 의문은 라캉Jacques Lacan이 피아제의 저술이 있은 지 20년 뒤에 발표한 논문에서, 6개월밖에 되지 않은 아이들도 거울 속의 자신을 식별할 수 있다는 것을 알려 주었기 때문에 더욱 의미 있어 보인다. 이러한 (재)인식의 즐거움에 의해 유발된, 종종 침묵 속에 진행되는 이 반응들은, 18개월 정도까지 지속된다. 이것이 바로 라캉이 그 유명한 '거울 단계' 로써 말하고자 하는 것이다. 이를 통해 그는 '재현적 상황' 을 의미하려 하는데, 그 개념 안에서 '상징계' 는 스스로를 선언하며, 또한 '자아는, 타자와의 동일시라는 변증법 속에서 객체화하기 이전의 원시 형태에 빠지게 되는 것이다.'[28)]

우리는 따라서 아이가 그림자의 본질에 의문을 품기 이전에 거울 속에 비친 *자신의* 이미지를 식별한다고 결론 내리고 싶어진다. 그러나 이러한 (성급한) 결론은, 피아제의 실험에서도 제기되었던, 또 하나의 문제를 발생시킨다. 피아제는 실험에서 아이가 자신의 그림자에 직면해 어떤 반응을 보였는지에 그렇게 많은 관심을 보였던 것 같지는 않다. 이것을 질문한 것은 한 차례뿐이었다.

> 바닥에 있는 스테이(5세)의 그림자를 가리키며: "저기에 그림자가 있지?"
> "응, 의자가 그걸 만들었어."[29)]

이 대답은 그 한계상황 때문에 터무니없어 보인다. 아이는 그것이 땅바닥에 드리워진 자신의 그림자라는 것조차 인식하지 못한다. 아이는 그림자를 다른 대상의 것으로 전이시켜서 질문에 대답한다. 왜 그런 것일까?

이 질문에는 두 가지의 보충적 해답이 있다는 게 내 견해다. 첫째는 이 그림자 투사投射의 물리적 환경이고, 둘째는 '그림자 단계' 의 실제적 상태와 관계된 것이다. 피아제가 인터뷰가 행해졌던 방법을 더 뚜렷이 명시하지 않은 게 유감스럽지만, 그럼에도 아이가 그림자 속에 있는 자기 자신의 모습을 식별하는 데 실패한 까닭은 아이가 서 있기 때문이거나 —이쪽이 더 그럴 듯한데— 의자에 앉아 있어서 바닥에 그림자가 길게 늘어져 있었기 때문일 수도 있다는 것이다. 아이가 자신의 그림자를 벽에 수직으로 투영된 모습으로 보았다면, 아이는 분명히 자신의 모습을 식별해 대답할 수 있었을 것이다. 아이가 지속적으로 의자의 그림자를 식별했고(아마도 아이는 그 의자 위에 앉아 있었을 것이다) 또 단지 의자만을 알아보았다는 사실은, '거울 단계'에 반대되는 '그림자 단계'의 핵심을 형성한다고 생각되는 요소다. 라캉이 말했듯이, 그림자 단계가 주로 *타자*를 확인하는 것과 관계된다면, 거울 단계는 근본적으로 *자아*를 확인하는 것과 관계된다. 이러한 견지에서 우리는 왜 나르키소스Narkissos가 자신의 그림자가 아닌 거울 이미지와 사랑에 빠졌는가 하는 것을 이해할 수 있게 된다. 그리고 또한, 플리니우스의 경우에서, 젊은 여인이 사랑하는 대상이 왜 타자(애인)의 그림자였는가 하는 것도 이해할 수 있다. 아마도 우리는 그 핵심과 기원, 그리고 이야기의 전개에서 전혀 다른 두 시나리오를 검토해야 할 것이다. 이 두 시나리오는 사실상 이미지와 재현 사이의 관계를 설명하는 (그 둘이 때로 서로 영향을 미친다 하더라도) 대조적인 두 양상을 보여 준다. 이 책 전체에 걸쳐 두 시나리오를 계속 언급할 것이기 때문에, 지금은 이러한 상호 간섭과 양상들을 간략하게 요약하는 데서 그치고자 한다.

다시 한 번, 다음의 원텍스트를 (재)해석해 보자.

그가 갈증을 풀려고 하면 또 다른 갈증이 솟아올랐다. 물을 들이

마시는 동안 그는 자신이 보고 있는 아름다운 광경에 반해 버렸다. 그는 비실체적 희망을 사랑했고 단지 그림자일 뿐인 실체를 생각했다. 그는 말할 수 없는 경이로움 속에서 자신을 들여다보았고, 꼼짝도 하지 않고, 같은 동작을 하고 있는 백색 대리석 조각과도 같은 자신을 물끄러미 바라보았다. 땅으로 몸을 숙였기 때문에, 그는 두 개의 별과도 같은 자신의 눈과, 디오니소스나 아폴론에게나 어울릴 듯한 자신의 머리카락을 바라보았다. 자신의 부드러운 뺨과, 유백색 목, 빛나는 아름다움이 가득한 자신의 얼굴은 눈처럼 하얗고 홍조를 띠고 있었다. 간단히 말해, 나르키소스는 자신이 사모하는 자기 자신의 모든 것들을 사모했다. 뜻하지 않게 그는 자신을 열망하게 된 것이다. 나르키소스는 찬미했고, 자신이 찬미하는 바로 자기 자신이었다. 그가 바라고 얻고자 했기에, 나르키소스는 무정한 사랑에 빠졌고, 사랑으로 불타올랐다. 그는 얼마나 여러 번 못에 비쳐 닿으면 사라지는 모습에 헛된 키스를 하곤 했는가? 그는 얼마나 여러 번 못에 비친 자신의 목을 끌어안으려 못에 팔을 담갔는가, 하지만 못에 있는 자신의 모습은 잡을 수 없는 것이었다! 나르키소스는 자신이 보고 있는 것이 무엇인지 알지 못했다. 그러나 자신이 보고 있는 모습에 불타올랐고, 똑같은 망상이 나르키소스의 눈을 조롱하고 현혹시켰다. 오! 분별 없고 어리석은 소년이여, 왜 사라지는 이미지를 헛되이 붙잡으려 하는가? 그대가 찾는 것은 어디에도 없다. 그대가 몸을 돌리고 나면, 그대가 사랑하는 대상도 없어지게 되는 것이다. 그대가 보고 있는 것은 비추어진 형태의 그림자일 뿐이며, 그 자신의 실체를 가지고 있지 않다. 그대가 오면 같이 오고, 그대 곁에

도판 3 지롤라모 모체토, 〈연못가의 나르키소스〉 부분, 1531 이전, 나무판에 템페라, 자크마르 앙드레 미술관, 파리(프랑스)

머무르는 것이다. 〔……〕[30)]

우리는 여기에 쓰인 어휘를 살펴볼 필요가 있다. 젊은 남자는, 자기 자신의 이미지라는 것을 식별하지 못하고 사랑에 빠지게 되었다. 더 정확히 말하자면, 자기 이미지의 형태(이를테면, 아름다움의 형태)와 사랑에 빠지게 되었다. 처음부터 젊은 남자는, 마치 그것이 예술작품이라도 되는 양, 조금은 우유부단하게 관찰했던 것이다.

벼락에 맞은 듯 도취된 그는 조각상을 닮았고, 또 그 반영된 이미지는 그림을 닮았다. 이 이미지가 사실상 실체가 없는 일루전이 아니고 겉모습도 아니며, 이미지의 그림자도 아니고 무의미한 것이 아님을 확신하고 있는 사람은 바로 이 글의 저자다. 반대로, 텍스트에서 '그림자'는 불분명한 이미지에 대한 언급을 위해, 어휘 목록 중 맨 마지막에 나오는데,[31] 그 이전에 '실체 없음'이라는 말이 먼저 등장해, 못 바닥에 비친 영상 안에 있는 모든 불명확하고 애매하고 비실제적임을 암시하고 있다.

그 이후 몇 세기 동안 미술가들은 나르키소스 신화를 그릴 때면 항상 거울 이미지의 덧없는 속성을 강조했지만(도판 3), 푸블리우스 오비디우스Publius Ovidius Naso의 글 속에서 사실상 은유 이상의 구실을 하

도판 4 안토니오 템페스타, 〈연못가의 나르키소스〉, 판화, 97x115, 영국도서관, 런던(영국).

고 있는 '그림자'를 그리는 것은 꺼렸다. 단 하나의 예외는 템페스타 Antonio Tempesta가 오비디우스의 《변신 이야기Metamorphoses》를 위해 제작한 판화인데, 여기에서 미술가의 기술은 가히 모범적이고 의미심장하다(도판 4). 이 작품은 우물에 몸을 굽히고 있는 목마른 나르키소스를 묘사하고 있다. 우리는 그의 반영상은 볼 수 없지만, 잔물결에 그의 얼굴 이미지가 비치고 있는 것을 상상할 수 있다. 또한 우리가 부분적으로 보고 있는 것으로, 우물 모서리에 드리워진 이 젊은이의 그림자가 있다. 그러나 이 그림자는 '이미지'가 되어야 하는 실제 지점에서 돌연 끝나고 있다. 이러한 변이, 이러한 변모는 그려내기가 거의 불가능하기 때문에, 템페스타는 그 구성요소 중 하나를 생략함으로써 완성에 이르려 했다. 그러나 우리는 이 판화가, 나르키소스가 자기 자신을 보고 있다는 것을 알지 못했던, 첫 부분의 이야기를 그려내고 있다는 데 주목할 필요가 있다. 그림자가 다소 불분명하다는 데 대해서는 의심의 여지가 없어 보인다. 이 '그림자'가 사실상 '또 다른 사람'이라면 어찌될 것인가?

동일시의 드라마가 다음에 등장한다.

> "나는 매혹되었고, 나는 바라본다. 그러나 내가 바라보고 나를 매혹하는 것을 찾을 수가 없다." —이 연인의 망상은 너무도 심하다— "또한, 나를 더 슬프게 하는 것은, 거대한 대양과 먼 길, 산맥, 문이 닫혀 버린 성벽이 우리를 갈라놓는 것이 아니라는 사실이다. 우리를 갈라놓는 것은 단지 얇은 물의 장벽뿐이다. 그는 자신을 끌어안기를 갈망한다. 반짝이는 물결에 내 입술을 닿게 할 때마다, 그는 얼굴을 위로 해서 자신의 입술을 내 쪽으로 닿게 하

려 애쓴다. 당신은 그가 닿을 수 있을 것이라고 생각할 것이고, 아주 작은 것이 우리의 사랑하는 마음을 갈라놓게 될 것이다. 당신이 누구든 간에, 앞으로 나오시오! 오, 비할 데 없는 젊음이여, 왜 당신은 나를 피하려는가? 내가 당신께 닿으려고 할 때 당신은 어디로 간단 말인가? 나의 모습이나 나이도 확실히 당신이 피할 정도는 아니며, 나 역시 사랑받는 님프다. 당신이 친절한 표정을 지을 때 희망이 솟아오르고, 또 내가 팔을 당신한테로 뻗을 때면 당신도 당신을 팔을 뻗어온다. 내가 미소를 지으면 당신은 미소로 화답한다. 그리고 내가 눈물을 흘릴 때면, 난 당신의 뺨에 흘러내리는 눈물을 보게 된다. 나의 고갯짓에 당신은 끄덕임으로 응답한다. 또한 당신의 달콤한 입술의 움직임을 느낄 때면, 당신은 내 말에 대답하지만, 당신의 말이 내 귀에 들리지는 않는다. 오, 내가 그다! 나는 그것을 느꼈고, 또 내 자신의 이미지를 알고 있다! 나는 나 자신과 사랑에 불타오른다. 나는 화염을 태우며 고통을 견뎌낸다. 나는 어찌해야 할 것인가?"

—《변신 이야기》, III, 446~465

나르키소스의 첫째 이야기는 정적이고, 둘째 이야기는 동적이다. 보는 즐거움은 끌어안는 즐거움으로 끝맺지 못한다. 시각은 속임수를 쓰고, 촉각을 통해 얻어져야 할 실재 증거는 발생하지 않는다. 오비디우스가 그려냈던 일탈transgression의 시도에서, 나르키소스는 여전히 자신이 현혹된 이미지가 다른 사람이라고 믿고 있다. *보이는 것을 끌어안으려는* 그의 헛된 시도는, 마침내 이 영웅이 '거울 단계'에 이르는 바로 그 절정의 순간에 비극으로 끝을 맺는다. 이미지는 더 이상 그를 현혹하지 않는다. 그것은 더 이상 '그림자'가 아니고, 더 이상 *'타인'* 도 아니며, 그 자신이었던 것이다. "오, 내가 그다!"

설령 그렇다 하더라도, 나르키소스 신화를 번역하고 해석했던 중세의 많은 작품이, '그림자'와 '반영된 이미지' 사이의 의미론적 상호작용을 지속시켰다는 것은 대단히 흥미로운 일이다. 이 두 표현은 오랫동안 서로 바꿔 쓸 수 있는 것으로 여겨져 왔다. 베르나르 드 방타두르Vernard de Ventadour의 시에서 한 가지 예를 찾을 수 있다.[32] 그는 "나르키소스는 자신의 그림자를 본다, 사랑에 빠져 발꿈치 쪽으로 머리를 떨어뜨리고, 그리고 이 극도의 격정으로 죽어버렸다vi sa ombra e l' amet tot entier/e per fol' amor mori"고 노래했다. 여기에서 사용된 모운(母韻: 여기에서는 'ombra/amor/mori'를 말함)은 다분히 의도적인 것이며, 이미지/그림자라는 용어의 관계를, 의미를 담은 시적 영감으로 변형시키고자 한 것이다.

그러나 오비디우스 신화를 그린 그림들이라는 관점에서 보면, 그림자와 반영이라는 말이 섞여 쓰이는 게 그리 생산적인 것이 못 된다. 시각 영역에서는 이 두 이미지의 근본 원리가 광학적으로 그리고 존재론적으로 다르기 때문이다. 그림자는 '다른' 단계를 재현하는 반면, 거울은 '동일한' 단계를 재현하는 것이다. 템페스타(도판 4)처럼 기민한 사람마저도 한 단계에서 다음 단계로 넘어가는 순간을 재현하는 것을 꺼려했던 것을 우리는 앞서 보았다. 이러한 종류의 시도는 너무나 적지만, 나르키소스 신화를 시각적으로 해석한 것으로 볼 수 있는 한 이미지와 기존의 것을 비교해 보는 것은 매우 유용할 것이다(도판 5).

한 특정 광고의 기원과 심층적 의미는, 신화와 경구의 해석에 익

도판 5 샤넬 향수 에고이스트 플레티넘 광고, 1994.

숙한 해석학적 방법을 통해서 밝혀질 수 있다. 이 광고에서, 우리는 막 샤워를 마치고 나서 애프터셰이브 병을 빼앗기 위해 자신의 그림자와 싸우고 있는 젊은이를 보게 된다. 이 시나리오는 오비디우스 신화의 둘째 부분(역동적인 부분)에서 보았던 것과 극적으로 대립한다. 사람과 그 사람의 그림자 사이에서 정체성을 찾는 행위는, 더 이상 사랑이 아니라 경쟁에 집중된다. 사실상 —우리는 이를 금세 알게 되는데— 이 싸움은 자신과의 관계에서 시작되는 것이 아니라 타자성과의 관계에 근거를 둔다. 이 현대의 나르키소스(*에고이스트*)는 자기 자신의 그림자를 질투한다. 그림자는 애프터셰이브가 나타내는 열망의 대상과 유혹의 수단을 빼앗아갈 것 같은, 거인 같은 '타자'로 보인다. 이 광고를 만든 그래픽 디자이너는 남자의 움직임을 그림자의 움직임과 같지 않게 함으로써 그림자의 타자성을 강조했다. 이것은 극도로 정교한 일루전이다. 젊은이와 그림자가 만나는 땅바닥은, 그 둘이 서로에게 속해 있다는 사실을 암시하고, 서로 너무나 달라 보이는 그들의 공격적 상반신 자세는 (잠재의식적 차원에서) '타자'와의 싸움이라는 개념을 요약해 주고 있다.

여기서 우리가 보여 주고자 하는 것은 신화적 시나리오의 타락이며, 그 기원은 다시 창조되기가 어렵다. 이 에피소드가 시작되기 직전, 젊은이는 첫 단계의 나르키소스적 상황에 처해 있었음이 틀림없다. 샤워를 막 마치고 거울 앞에 서서, 그는 자신이 좋아하는 애프터셰이브를 바르려 했을 것이다. 자신의 복제상과 마주하고 집착하는 물건을 얻기 위해 싸운다는 이 아이디어는, 만일 이 복제상이 '동일자'였다면(이 경우에는 거울에 반영된 남자의 이미지) 아마 대중에게 이 광고와 동일한 효과를 주기는 어려웠을 것이다. 이 광고를 만든 그

ÉGOÏSTE
"PLATINUM"
CHANEL

래픽 디자이너는 광고 속 젊은 남자의 정체성을 타자성으로 바꾸어버렸다. 이렇게 하기 위해, 그래픽 디자이너는 젊은 남자를 욕실에서 데리고 나와, 거울에 비친 익숙한 이미지를 위협적인 검은 그림자로 바꾸었다. *에고이스트*는 모든 '타자'에 맞서서, 심지어 자기 자신의 그림자에도 맞서서, 애프터셰이브를 지키며, 따라서 이 상품의 절대적 독점성이 확보된다. 게다가 이 광고의 디자이너는 이미지를 교묘히 조작하는 자신의 능력을 입증해 보이기 위해서, 제품의 매혹적인 특성에 주의를 집중시킨다. 이 상품(애프터셰이브)이야말로 이 그림 전체에서, 그림자의 투영이라기보다는 거울의 반사처럼 보이는 조작을 통해 복제상이 만들어진 유일한 것이기 때문이다. 애프터셰이브 병은 (이 애프터셰이브의 상표는 이 이미지 속에서 실제로, 그리고 정교하게 복제된 것으로 두 차례 나온다), 그림자보다도 일관되며 거울보다도 실제같이 보이는 '반영'이 제시하는 것처럼, 탐낼 만한 상품인 것이다. 다시 말하자면, 그것은 '동일자'로 보이고 있는 것이다.

한편으로는 상품을 페티시로 둔갑시키는 문화, 다른 한편으로는 위대한 발명의 시대에서 온 시각적 메커니즘, 즉 사진 이미지로 세부를 채울 수 있는 문화에서만, 이러한 이미지 조작이 가능함을 굳이 다시 떠올리는 건 거의 무의미한 일이다. 그러나 이러한 측면은, 나중에 다시 살펴볼 것이다.

서양의 재현의 역사에서, 그림과 조각의 탄생 설화에서 제기된 그림자 단계에, 나아가 그림에 대해 (다소 시대착오적 방식이기는 하지만) 최초로 반기를 들었던 것은 플라톤의 철학이었다. 플라톤에서부터 이야기하자면, 미메시스의 매개물이 되었던 것은 신체가 사이에 끼어드는 그림자 투사가 아니라 거울이었다. 그러나 그림자 투사는 전체 문화에 중심이 되어왔음이 분명하다. 이 그림자 원리의 적용이 없었다면, 동양의 재현을 정의하기 어려웠을 것이다(또한 여전히 어려울 것이다). 이 특별한 역사에 대한 고찰은 다른 저자가 다른 저서에서 하게 되리라.[33] 나의 과제는 한정된 것이며, 사실상 서양 재현의 단편적 역사만을 추적할 것이다.

나는 서양의 재현이 거울 단계[34]를 그림자 단계의 탈피나 변형으로 보았다는 것—플라톤의 경우(철학적으로), 오비디우스의 경우(문학적으로)—을 제시하고자 했다. 그러나, 거울 패러다임을 단독으로 주장하는 최초의 미술론이 탄생한 것은 르네상스에 이르러서였다.

초기 근대 미술의 새 장을 연, 알베르티Leon Battista Alberti의 《회화론De Pictura》(1435)에서 우리는 다음 구절을 볼 수 있다.

> 결론적으로 나는 친구들에게, 시인들에 의하면 그림의 창시자는 꽃으로 변한 나르키소스였다고 말하곤 했다. 왜냐하면, 회화는 모든 예술의 꽃으로서, 나르키소스 이야기는 우리의 목적에 완벽하게 맞아 떨어지기 때문이다. 그림은 우물의 수면을 예술이라는 방식으로 끌어안는 행위일 뿐이지 않은가? 퀸틸리아누스는 최초의 화가들이 태양빛에 의해 만들어진 그림자 윤곽을 그렸다고 믿었고, 그 예술이 확장의 과정을 거쳐 점차 성장했다고 믿었던 것이다.[35]

새로운 회화에 관한 최초의 텍스트에서 '거울 단계'와 '그림자 단계'를 명확히 구분짓고 있다는 사실은 충분히 강조될 만한 것이다. 알베르티는 퀸틸리아누스가 해석한 부타데스 이야기를 인용하면서, '태양빛에 의해 만들어진 그림자 윤곽을 그린 그림'은 자신에게 아직 '진정한 예술'이 아니라고(퀸틸리아누스도 같은 견해를 가지고 있었다) 말하고자 한다. 이것은 '첨가의 과정을 거쳐서'만 성장하는 것이다. 고대적 전통으로부터의 단절은 조금 더 심화되어, 더 과격해진다.

> …… 우리는 플리니우스처럼 이야기를 하자는 것이 아니다. 그러나 우리는 회화 예술을 새로이 구축하고 있으며, 내가 보는 바로는 이것에 대해 이 시대에 쓰인 것은 하나도 없다.[36]

알베르티는 나르키소스에게서 유래된 이 새로운 회화 예술이 '개인적' 창안이라는 것을 의식하고 있지만, 그는 또한 그것이 반영론反映論: reflection theory에 심취해 있는 사람들과 인문주의자들의 논쟁에서 부각되었다는 것을 설명하고 싶어했다. 알베르티와 그의 동료들에 따르면, 새로운 회화는 아마도 오비디우스 신화의 첫 부분을 신중히 읽는 것에서 시작되었으리라고 볼 수 있다. 이 신화에서 나르키소스는 물을 마치 그림인 듯이 응시하는 것이다. 이런 해석에서 회화 이미지를 성애적 행위의 산물[37]로 보는 새로운 개념이 나오지만,(플라니우스의 경우도 그랬다) 이러한 행위는 동일자와 관계되고, 타자와는 관계가 없는 것이다. *《회화론》*에서, 거울이 사물을 포용하는 현상은 그림자가 외곽선만으로 표시되는 현상과 극단적으로 대비되고 있다. 르네상스 때부터 서양 회화는 너무나 확실하게 동일자의 사랑의 산물이 되어야만 했던 것이다.

바사리Giorgio Vasari가 회화의 역사를 쓰기로 마음먹었을 때(1550년에 출판되었고, 재판이 1568년에 나왔다), 이 조화되지 않는 두 패러다임의 충돌을 발견했던 사실은 상당히 흥미롭다.[38] 그는 이 두 패러다임을 궁극적으로 화해시키려 했지만, 실패했다. 플리니우스를 성급하게 읽으면서(바사리는 확실히 알베르티의 눈을 통해 플리니우스를 읽었다), 바사리는 다음과 같은 기원에 관한 시나리오를 내놓았다.

> 그러나 플리니우스에 따르자면, 이러한 예술은 리디아Lydia의 기게스(Gyges : 아나톨리아 서부의 고대국가인 리디아의 왕—옮긴이)에 의해 이집트로 전해졌다. 기게스는 불빛에 비친 자신의 그림자를 보고, 바로 숯 조각으로 벽에 드리워진 자기 그림자의 윤곽을 그렸다는 것이다. 이 일이 있은 뒤 얼마 동안은 색을 칠하지 않고 단지 윤곽만을 그리는 것이 관습이 되었다.[39]

바사리는 자신의 피렌체 집에 있는 실제 프레스코화 중 하나에, 회화의 기원에 관한 장면을 그려 넣었다(도판 6).[40] 이 이미지 속에서 알베르티의 생각과 플리니우스의 신화가 다소 의심스럽게 연합되고 있는 것을 알아내는 일은 그리 어렵지 않다. 바사리가 만든 시나리오의 주된 문제는, 그림자의 윤곽을 그리는 행위를 통해서는 자화상을 그려내는 게 실제로 불가능하다는 데 있다. 피렌체에 있는 집의 벽에서 볼 수 있는 이 문제에 대한 시각적 결과는, 어느 정도 형태가 뭉개지고 조화를 이루지 못하는 얼룩처럼 보인다. 플리니우스의 우화에서, 그림자의 윤곽을 그리는 것으로 유사성을 성취하는 일은 오로지 모델과 화가가 서로 다른 두 사람이기 때문에 가능했다. 이미지/그림자는 *타자*에 대한 유사성likeness이고(자신에 대한 것이 아니라), 이는

도판 6 지오르지오 바사리, 〈회화의 기원〉, 1573, 프레스코, 바사리의 집, 피렌체(이탈리아).

측면상profile의 형태로만 드러나게 되는 것이다. 더구나 이 사실은, 근대 화가로서는 처음으로 이 주제에 매진했던 무리요Bartolomé Esteban Murillo(도판 7)를 시작으로, 플리니우스나 퀸틸리아누스의 우화를 묘사하고자 한 모든 화가들이 이해하고 있던 바였다. 다른 한편, 오비디우스 신화에 그려지고 있으며(도판 3, 4) 또한 알베르티가 회화의 은유로 채택했던 이미지/반영은 원칙적으로 정면의 재현이다. 측면과의 관계가 타자와의 관계였던 것처럼, 거울과 정면의 관계는 동일자와의 관계다.[41]

이러한 애매성과는 별개로, 최초의 미술사가에 의해 그려진 '미술의 기원' 이미지는 교훈을 담고 있다. 바사리가 자신의 역사로 만들고자 했던 미술은, '그림자 단계' 와 '거울 단계' 가 통합된 것이었다.

2. 육체의 그림자

그림의 기원을 묘사하는 무리요의 그림(도판 7)은 전통에 따라 1660년에 이 스페인 미술가가 세비유 회화 아카데미Seville Academy of Painting의 원장으로 임명되었을 때 그려졌다.[1] 이 그림은 밤을 배경으로 한 플리니우스의 이야기를 그린 게 아니고, 퀸틸리아누스가《웅변교수론》(x, ii, 7)에서 언급했던 이야기를 그린 것이다. 야외에 무리를 이룬 인물들이 있고, 막 땅거미가 지려 한다. 그들 중 두 사람의 실루엣이 (허물어진 방치된 모습이 강조되어 그려진) 높다란 벽에 드리워져 있다. 두 사람의 옆모습은 면밀한 연구를 통해서 —고대의 텍스트에는 언급되지 않았던 것이다— 그려졌는데, 그림자가 둘로 분리되어 하나가 다른 하나보다 더 진하게 표현되었다. 이러한 과정은 그림이 애초에 시작되었던 시대보다는 무리요가 살았던 시대에 익숙한 지식을 반영하고 있기 때문에, 확실히 시대착오적이다. 실제로 둘 중 한 사람의 검은 그림자는 다른 양식으로 묘사되는 과정 중에 있다.

포즈를 취하는 부분은 캔버스의 절반만 차지하고 있으며, 반대편에는 네 사람이 무리를 이루어 이미지의 기원에 관한 장면을 바라보고 있다. 그중 가장 젊은 사람이 오른쪽에서 일어나고 있는 일을 설명하고 있다. 그가 뭐라고 말하고 있는지를 상상하는 것은 그리 어렵지

도판 7 바르톨로메 에스테반 무리요, 〈회화의 기원〉, 1660~65경, 캔버스에 유화, 115x169, 루마니아 국립미술관, 부쿠레슈티(루마니아).

않다. 우리가 할 일은 젊은 연설자의 목소리에 귀를 기울여 퀸틸리아누스를 (다시) 읽어보는 것이다.

> "다시 묻노니, 아무도 자신의 조상들이 했던 일 이상을 하려 하지 않았다면, 그 결과는 어떠했을까? 우리는 아직도 뗏목을 타고 있을 것이고, 회화 예술은 빛에 드리워진 그림자의 윤곽을 따라 그리는 것으로 제한되어 있을 것이다."

우리의 가정이 옳다면, 이 그림은 —'회화의 기원'을 그린 것이기 이전에— 원래의 기원과는 달리, 해석이 가미된 것이다. 오른편 밑에 있는 방패에 새겨진 문장에서 우리는 이를 확신할 수 있다. "유명한 그림 속에 있는/ 당신이 숭배하는 미美는/ 그림자에서/ 유래된 것이다." 이 문장은 그림 속 연설자의 담론과 그림을 전체적으로 완성시키고, 더 정확히는 결론을 내리고 있다. 이는 그림자와 미美라는 두 핵심 단어 사이의 대조라는 의미로 이해되어야 한다. 세비유 아카데미의 어린 학생들을 위한 경구인 듯이 표현된 이 결정적인 문구—기원 우화의 교훈처럼—는, 회화의 미(오늘날 우리가 숭배하는 그림 안에 있는 것, 그리고 그림을 유명하게 만드는 것)가 재현에 존재하는 비천하고 매력적이지 않은 모든 것들, 즉 *그림자*에 뿌리를 두고 있음을, 더 나아가 잡초가 우거진 벽에 드리워진 그림자 같은 것들에 뿌리를 두고 있음을 상기시켜 준다. 이 선언적 회화는 초월성을 수행하는 생생한 모범을 보여 주기 때문에, 역설적인 대상이라 할 수 있다. 방패에 새겨진 문장은 관객('당신')이 (현재) 그림 안에서 숭배할 수 있는 '미'에 대해 이야기하고 있다. 이것은 고전적인 기호들을 따라 우리가 바라보고 있는 이미지로 구체화되고 있다. 인물들의 다양한 태도나 신체의 윤곽, 색채의 특성, 분리되어 있는 그림자 등에서 말이다. 이 그림은 미술 아카데미를 상징하는 것으로 그려졌기 때문에, 미술에 의해 정복된 '미'의 우수한 단계를 나타내고 있다. 미술의 기본(그림자)에서 시작되어 미로 끝을 맺으면서, 무리요의 아카데미는 예술적 지식의 동화작용을 보증하는 구실을 하는 것이다.[2)]

무리요의 그림에서 주제로 그려지고 있는 이러한 예술적 승화는 오래전으로 거슬러 올라간다. 그 예술적 승화는 플리니우스가 미술의 기원에 관해 처음으로 이야기했던 대목의 끝부분에서 이미 시작되었고,[3)] 르네상스의 탄생으로 다시 시작되었지만, 중세 그림에서는 그다지 형상화되지 못했었다. 중세 동안의 이 부재에 대해 우리가 깊이 숙고해 보는 것은 지극히 당연한 일이다.

'이 몸에 있는 어두운 부분들은 어디에서 시작되었나?'

여기 말해 주오: 이 몸에 있는 이 어두운 부분들은 무엇인가……
—단테, 《신곡》의 〈천국편〉, II, 49~50

중세의 광학光學을 연구한 이들이 그림자의 투영에 상당한 관심을 보였다 하더라도,[4] 사실 중세의 미술가들은 광학을 무시했다. 이는 중세 이미지의 존재론적 지위 때문인데,[5] 원칙적으로 중세의 이미지는 물리적 실재가 되기를 원하지 않았던 실체였던 것이다. 이러한 관념은 개략적으로 지오토Giotto di Bondone에 이르기까지 지속되었지만 원근법 발견 이후에야 비로소 그림자가 화가들의 진지한 연구 대상이 되었다.

이러한 변화의 시기에 나타나는 양상들을 간략히 살펴보자. 우리는 단테의 작품에서 그 전조가 되는 변화를 처음으로 만나게 된다. 실제로 《신곡La divina commedia》에 등장하는 모든 인물들은 (작가에게는 보이지만) 원칙적으로 몸이 없기에 보이지 않아야 하는 존재들이다. 단테가 자주 묘사한 것처럼, 그들은 *보이는 영혼들*visible souls이며, 유령들이자, 그림자들이다. 그들은 신체의 형태로 나타나지만, 이는 미묘하고 어렴풋한 신체들*이다*.[6] 자신이 그렇게 상세히 그려냈던 유령 인간의 존재에 대해 단테 자신이 얼마나 믿고 있었는지는 알 길이 없다. 단테의 《신곡》 〈연옥편Purgatorio〉 제2편에서(II, 74~77), 그림자는 사랑에 넘쳐 시인을 끌어안으려 하고, 시인 역시 그러하지만, 시인의 팔은 아무것도 잡을 수 없다.

오 텅 빈 그림자여!
외적인 닮음이 있을 뿐: 내 손을 묶어라
그 뒤에 있는 것을 잡으려 했지만, 그때마다 그들은 돌아서
내 가슴은 다시 비어 있네.[7]

이는 아마도 그림자를 영혼/허상psyche/eidolon으로 보는 고대 개념과 관련되었을 것이다.[8]

〈연옥편〉 제3편에는(Ⅲ, 16~30) 그림자에 대한 두 번째 견해이자 비교적 근대적인 시각이 나타난다. 베르길리우스 Publius Vergilius Maro와 단테는 태양을 등지고 나란히 걷고 있다. 그래서 두 사람의 그림자는 각각 그들의 앞에 있을 수밖에 없었다. 그러나 단테는 베르길리우스의 그림자가 보이지 않는다는 것을 깨닫고 놀라게 된다.

태양은 등 뒤에서 붉은빛으로 타올라
나의 형상 앞에서 부서진다: 왜냐하면 내 안에서
그 빛의 저항을 만나기 때문에. 나는 돌아서서
홀로 남겨지는 두려움에, 바라보았을 때
오직 내 앞에 있는 땅만이 어두워져 있다.

베르길리우스는 그에게 이 현상을 설명했다. 자신의 물리적 신체(내가 그림자를 드리운 그 신체)는 다른 곳에 묻혀 있다. 투명한 신체는 태양빛을 통과시키고, 그러므로 그림자도 생기지 않는다.[9]

이 중요한 문단에서 단테는, 드리운 그림자는 생명의 사실이라고 —모든 그의 내적 명료함과 시적 열정으로— 강조한다. 《신곡》에서,

베르길리우스와 마찬가지로 다른 존재들도 그림자이므로, *단테만이 그림자를 가지고 있다*는 것을 알 수 있다. 그림자가 절대 없어서는 안 될 신체의 특질이라는 발견, 즉 단테가 다른 책에서(〈천국편Paradiso〉, XIX, 62) '육체의 그림자' 라고 명명했던 그림자의 발견은, 초기 르네상스에 심대한 영향을 미쳤다. 여기 예가 있다. 1436년에 지오반니 디 파올로Gilvanni di Paolo는 시에나의 부유한 가문을 위해 다면多面제단화를 그렸다. 이 제단화는 17세기에 불행히도 화재로 소실되었으나, 타지 않고 남은 부분 중 가장 훌륭한 회화적 시도로 보이는 것이 〈이집트로의 피난〉(도판 8)이다. 이 작은 그림 표면의 반 이상은 시에나적 전통에 충실한 풍경이다. 이 구도에는 동시대 전원생활의 여러 측면이 담겨 있다. 방법상 새로운 점은 보이지 않는다(로렌체티Ambrogio Lorenzetti는 이미 한 세기 전에 이러한 기법을 사용한 바 있다). 그러나 사물과 동물과 인물에 적용되고 있는 그림자에서 이 그림 배경의 혁신적인 면을 찾아볼 수 있는데, 지오반니 디 파올로는 원근법이 발견되었던 시대에 살았던 예술가의 모든 수완을 발휘해 너무나 기쁨에 차 이들을 그려냈던 것이다.[10] 심지어 그는 그림의 위쪽 왼편 구석에 모든 빛의 효과의 근원이 되는 태양을 삽입해 놓는 일을 잊지 않았다. 태양은 그림의 오른편 전체를 비추고 있다.

태양은(화가들은 보통 그림 속에 태양을 그리는 것을 꺼린다) 드리워진 그림자의 시각적 개연성을 강조하기 위해 그곳에 배치된 것이다. 이 작품과 작가의 또 다른 작품을 미술사적으로 연계시켜 설명할 수 있다. 지오반니 디 파올로는 이전에 단테의 〈천국편〉의 내용을 그린 적이 있었는데,[11] 이 책의 제2편에는 베아트리체가 시각적 지식에 대한 매우 복잡한 이야기를 전하는 장면이 등장한다(도판 9). 이 지

도판 8 지오반니 디 파올로, 〈이집트로의 피난〉, 1436, 나무판에 템페라, 50x50.7, 시에나 국립회화관, 시에나(이탈리아).

도판 9 지오반니 디 파올로, 단테의 《신곡》 중 〈천국편〉 제2편의 삽화, 1450경, 영국도서관, 런던(영국).

점에서 이 시 전체를 다시 살펴보는 것은 그다지 많은 도움이 되지는 않을 것 같다.[12] 그러나 베아트리체(지오반니 디 파올로는 그녀의 초상을 그림 왼편에 날고 있는 모습으로 그렸다)가 달에 반점이나 그림자가 생기는 이유에 대해 설명하면서(이 몸에 있는 어두운 부분들), 투사된 그림자 이론에 의존했다는 점에 주목할 필요가 있다. '어두운 부분들' 은 원뿔 모양의 지구 그림자가 드리워져 생기는 것이다.

시에나 제단화에도 똑같이 기하학적으로 그려진 태양의 모형을 반복함으로써(비록 태양을 그림의 한쪽 구석으로 몰아넣기는 했지만), 지오반니 디 파올로는 단테의 기하학적 증명이라는 이론적 (그리고 우주적) 맥락을 '실제적' 으로 내보여야 하는 풍경의 맥락으로 옮겨 놓는다.

그러나 이러한 시도가 대단히 중대한 것으로 보이는 이유는, 아마 〈이집트로의 피난〉에서 태양빛과 그림자의 관계가 명백히 배경에 한정되어 있다는 사실 때문일 것이다. 성모에게도, 아기 예수에게도, 나귀에게도 그림자가 나타나지 않는다. 거의 요셉의 다리에 닿을 듯이 그려진 나무의 그림자를 볼 때 이런 현상은 더욱 충격적이다. 이 미술가는 매우 다른 두 회화 형식을 가지고 있었으리라는, 확신까지는 아니지만, 짐작을 해볼 수 있다. 전경前景에서는 중세 이미지의 전형인 평면의 법칙, 이차원 세계의 법칙을 충실히 따르고 있다. 반면 풍경은 실제의 경험을 되살려 그렸다. 단테와 같은 이러한 이원론의 정신 속에서, 전경에는 '그림자-이미지들' 이 살게 하고, 반면 중경中景에는 드리워진 그림자의 형태로 형체들이 각각의 실재감을 드러내게 한 것이라고 말할 수 있다. 그러나 어느 정도까지 이러한 병행이 실제로 효력을 나타내는가?

지오반니 디 파올로가 구사한 구도에서 전경을 잘 들여다보면, 인물들의 이차원성—그들의 '평면성'—이 매우 상대적이라는 사실을 알게 된다. 게다가 이 인물들은 그림을 왼쪽에서 오른쪽으로 가로지르는 연속적인 프리즈 형태를 띠고 있으며, 그 인물들이 차지하는 공간은 모호하고 거의 규정하기 어렵다. 그러나 그들은 이 애매한 화면에 투사된 단순한 실루엣에 그치지 않는다. 화가는 옷의 주름을 통해 물리적 신체의 존재를 암시하고, 지나치게 판에 박은 옆모습을 피하면서, 인물들의 태도를 다양화하기 위해 많이 노력했다. 좀 더 가까이 다가가 관찰해 보면, 그림자가 드리워지지는 않았지만, 인물들은 왼편에서 오는 동일한 빛으로 신체의 한 부분은 환하게, 나머지 부분은 어둡게 표현되어 있는 것을 볼 수 있다. 음영법은 단지 옷의 깊은 주름이나 얼굴의 튀어나오고 들어간 부분, 그리고 신체의 윤곽을 표현하는 어두운 부분에만 적용되고 있다. 따라서 어느 정도까지는 음영법이 이미 이 인물들에게 물리적 신체를 부여하는 데 쓰이고 있다는 사실은 부인할 수 없다.

그러나 이는 전혀 놀랄 일이 아닌데, 그 이유는 지오토에게서 시작된 음영법이 다시 한 번 토스카나 지방 화가들의 주목을 끌었기 때문이다. 첸니니Cennino Cennini는 자신의 저서 《예술의 서Il Libro dell' Arte》에서 이 상황을 고찰한 바 있다(이 책의 초판본은 1437년판이지만, 이 책에는 이전 세기에 획득된 지식도 포함되어 있다).

> 그다음에는 은이나 동 따위로 만든 첨필尖筆을 들어라. …… 그리고 나서 모델을 이용해 가장 표현하기 쉬운 주제에 대한 모사模寫를 시작하고, 그것에 익숙해져라. 첨필을 작은 패널에 아주 가볍

게 놀려서 당신이 처음 무엇을 시작하려 하는지 스스로 알아차릴 수 없도록 하여라. 붓놀림을 조금씩 강하게 하여 무수히 거듭하면서 그림자를 만들어내라. 더 어둡게 하여 강하게 그림자를 만들고 싶다면, 더 많이 반복해 붓을 가하면 된다. 반대로 도드라져 보여야 하는 부분에는 붓을 아주 조금만 가해야 한다. 이렇게 관찰하는 힘에 방향키와 조타수 노릇을 하는 것은 태양빛과 당신의 눈빛, 그리고 당신 자신의 손이다. 이 세 가지가 없다면 아무것도 체계적으로 이루어질 수 없다.[13]

첸니니에게 음영의 활용은 미술의 가장 기본이 되는 원리에서 도출되는 어떤 것인데, 이 사실에 주목하는 것은 대단히 흥미롭다. 음영은 색의 요소이기 이전에, (형태의 창조에서 첫 단계인) 드로잉의 요소다. 이러한 방식으로 그는 다소 시대에 뒤떨어진 중세적 기량을 발전시키는데, 이는 실루엣과 음영을 실현시키면서 그 두 행위가 연관되어 있음을 인식하는 것이다.[14] 예를 들어, 그림에 대한 비잔틴 시대의 안내서(18세기 후반 기술된《화가들의 에르미니아The Erminia of Painters》[15]를 보면, 동유럽에서 실루엣/음영은 어느 정도 고대 플리니우스의 전통에 기초한 형태 개념을 통해 해석되었다는 것을 알 수 있다.

…… 조작을 가하지 않은 페지리(peziri: 린시드 오일류로 추정되는 기름 성분—옮긴이)를 종이에 바르고, 스며들도록 그늘에 하루 정도 놓아두어라. 그런 다음 기름이 완전히 빠져나가도록 겨를 이용해 잘 문질러, 칠하고자 하는 색이 잘 입혀지도록 하며 원형이 훼손되지 않도록 한다. 원본 네 귀퉁이를 종이에 덧대고, 약간

도판 10 지오토 디 본도네, 〈동방박사들의 경배〉 부분, 1304~06, 프레스코, 스크로베니 교회(아레나 교회), 파두바(이탈리아).

의 달걀을 써서 검은색을 만들어, 조심스럽게 형태를 그리고 그 다음에 음영을 입힌다.[16)]

첸니니의 접근법은 비잔틴의 방법과 차이점이 많다. 이러한 차이는, 트레첸토(Trecento : 이탈리아 미술사에서, 르네상스 시기 중 14세기를 말함—옮긴이) 시기 화가들은 이미 실재에 대한 모사로써 이미지를 그려내는 데 능숙했던 반면,[17)] 비잔틴 사람들에게 이미지는 이전에 그려진 이미지를 따라 그리는 것 이상이 아니었다는 사실에서 나온다. 14세기 회화 기량의 종합을 보여 주는 첸니니의 안내서가 이러한 질문에 적어도 세 장을 할애하고 있다는 사실 또한 강조되어야 하겠지만(VIII, IX, X장), 패러다임의 근본적인 변화에도 첸니니가 여전히 오래된 음영-실루엣 전통을 따르고 있었다는 것은 매우 주목할 만하다. 여기에 그의 저서에 한층 더해진 생생한 관찰에 대해서도 언급해야 한다. 이 사실만으로도 14세기에 음영이 재현에 중심 구실을 하게 되었다는 사실을 제시하는 데는 충분하다. 더군다나 프레스코의 제작에 관한 내용이 담긴 긴 장에서 첸니니는 새로운 토스카나 미술의 핵심 부분으로써 젊은 사람의 얼굴에 살 붙임을 하는 방법을 강조했다(도판 10).

> 하루 안에 당신이 머리를 하나 그려내야 한다고 가정해 보자. 이를테면 성모와 같은 젊은 성인의 머리를 말이다. …… 유연하고 얇은 털로 끝이 뾰족한 붓을 만들어, 거위 깃펜에 끼워 넣는다. 이 붓으로 당신이 그리고자 하는 얼굴을 그리는데, 얼굴을 세 부분, 즉 이마와 코, 그리고 입을 포함한 턱으로 나누어야 함을 기억하라. 거의 마른 상태의 붓으로, 피렌체에서는 베르다치오verdaccio 색으로, 시에나에서는 바체오bazzèo 색으로 알려진 이 색을 단계적으로 입힌다. …… 다른 접시에 약간 검푸른 색을 엷게 만들어놓는다. …… 강모剛毛의 붓을, 왼손의 엄지와 집게손가락으로 집어서 반쯤 짜내고, 턱 아래쪽과 얼굴에서 가장 어두운 부분에 음영을 넣기 시작한다. 계속해서 입의 아래쪽과 입의 양 끝, 코 아래, 눈썹 아래, 특히 코를 향하는 부분, 그리고 귀로 향하는 눈의 끝 부분에 음영을 약간 넣어 형태를 잡는다. 이러한 방식으

> 로 얼굴과 손 전체, 살색incarnazione이 칠해져야 하는 곳이면 어디에나 형태를 만들 수 있다.
> 그런 다음 담비털 붓을 들어, 이 베르다치오 색으로 모든 윤곽, 코와 눈, 입술, 귀를 적절히 그려낸다.
> 얼굴이 이 정도로 그려졌을 때, 물을 섞어 엷게 만든, 석회빛이 약간 도는 흰색을 사용했던 몇몇 거장이 있다. 이 거장들은 위의 색으로 얼굴의 돌출 부위와 기복을 매우 체계적으로 그려낸다. 그러고 나서 그들은 입술에는 분홍색을 조금 입히고, 뺨에는 '작은 사과'를 만든다. 그다음에 이 거장들은 엷은 살색을 약간의 물에 타서 전체에 바른다. 그러면 다 그려진 것이다.

첸니니의 광학 이론에서, 프레스코 색상들의 도움으로 벽에 인물을 만들어내는 것은 더 발전된 기술을 통해 '육체'의 일루전을 부여하려는, 유사성을 만들어내는 속성을 띠고 있음을 이 인용문은 명확하게 입증하고 있다. 이 안내서의 첫째 장에 이런 내용이 명확히 기술되어 있다.

> 그림으로 알려져 있는 이 일은, 자연물들의 그림자 아래에 숨어 있는 것들을 찾아내기 위해, 또 실제로 존재하지 않는 것을 분명하게 보여 주면서 손으로 그것들을 고정시키기 위해, 상상력과 손의 기술을 필요로 한다.

첸니니가 전하는 이 과정은 재현에서 중요한 논쟁거리, 즉 '육체를 그리는 방법'을 다루고 있다.[18] 그는, 음영과 실루엣뿐 아니라 살을 표현하는 데도 베르다치오 색을 다양한 비율로 사용해 이 문제를 해결하고 있다. 첸니니의 안내서의 다른 장에서(LXXXV장), 첸니니는 이 신비스러운 색을 만드는 법을 매우 간략하게 알려 주고 있다. "베르다치오 색은 검은색 1, 황토색 2의 비율로 만든다."

이 '살색' / '그림자색'의 비율은, 예술가 자신들의 개인 기법을 보호하기 위해 비밀을 지키는 공방工房 분위기 때문에 구체적으로 언급되지 않았다고 생각된다. 첸니니는 LXVII장 마지막 부분에서 이러한 내용을 암시하는데, 육체를 그리는 또 다른 방법을 얘기한 뒤에, 이 주제에 대해 자신이 사실상 침묵을 지키는 이유를 꽤 명확하게 설명하고 있다.

> 내가〔그는 제자들에게 강의하는 중이다〕 너희에게 그림에 대해 가르치는 모든 것들 중에 이 방법을 따르라. 위대한 거장 지오토도 이 방법을 따랐기 때문이다. 지오토는 피렌체의 가디Taddeo Gaddi를 24년간 제자로 가르쳐왔다. 그는 또한 지오토의 대자代子: godson이기도 했다. 타데오는 아뇰로Agnolo Gaddi를 자식으로 삼았다. 아뇰로는 나를 12년간 가르쳤고, 따라서 아뇰로도 나에게 〔제자로 삼아〕 이 방법을 가르치기 시작했다…….

첸니니가 육체와 음영을 묘사하는 '근대적' 문제를 다루고 있는 바로 이 장에서 우리가 유의해야 할 점은, 새로운 전통이 확립되었다는 사실을 첸니니가 강박적으로 강조하고 있다는 것이다. 지오토에서 시작되어 거의 직선적인 계보(24년/12년)로 첸니니를 이끌었던 전통이었다. "내가 너희에게 그림을 가르칠 것이다"고 말하며, 이 예술의 비밀 속으로 독자-제자들을 입문시킬 것을 약속하고 있음에도, 이 새로운 문제를 완전히 밝히지는 않았다(물론 구전되었을 게 분명하다).

우선 (이 부분의 이야기를 마무리하면서), 첸니니는 (같은 장에서) 육체와 음영을 만들어내기 위해 미술가가 작업실에서 작품을 체계적으로 생산해 내는 방법에 관한 원칙과 권장사항들로 이루어진 면밀한 계획으로 되돌아가고 있다. 그는 자신의 지식 전모를 결코 드러내지 않으면서, 이미 인용했던 중요한 요점들을 더 확장시킨다.

> 세 개의 접시에, 살색을 세 부분으로 나누어라. 분홍색 정도 밝기의 색을 다시 가장 어두운 부분으로 놓고, 나머지 두 부분은 각각 한 단계씩 밝게 하라. 이제 가장 밝은 색이 있는 접시를 가지고, 아주 부드럽고 조금 둥근 강모 붓으로 이 밝은 살색을 취해, 붓을 손가락으로 짠다. 그리고 이 얼굴의 전체 기복을 구체화해라. 그런 다음 중간 살색으로 얼굴에 중간 톤이 나는 모든 부분과 손과 발, 그리고 누드를 그릴 경우에는 몸을 칠한다. 다음, 가장 어두운 살색으로 그림자를 뚜렷하게 만드는데, 검푸른 색으로 강조 부분에 효과를 내는 데 실패하지 않도록 항상 주의를 기울여야 한다. 이런 방식으로 하나의 살색을 다른 살색에 섞는 일을 거듭한다. …… 살색을 적용할 때, 또 다른 매우 밝은 색, 거의 흰색에 가까운 색을 만들어라. 그리고 그 색으로 눈썹과 콧날, 턱과 눈꺼풀의 도드라진 부분을 칠하라. 그런 다음 뾰족한 담비털 붓을 들어라. 순백색으로 눈의 흰자위를 칠하고, 코끝과 입 양쪽 가장자리 부분을 칠한다. 그리고 약간 튀어나온 모든 부분들에 가볍게 붓을 댄다. 그런 다음 다른 접시에 있는 약간 검은색을 가지고 동

일한 붓으로 눈동자를 가로질러 눈의 윤곽을 그려라. 그다음 콧구멍과 귓구멍을 칠한다. 다음에는 접시에 있는 약간 어두운 시노피아sinopia 색으로 눈 아래를 칠하고 코 주변, 눈썹, 입을 칠한다. 윗입술 아랫부분에 약한 음영을 넣는데, 아랫입술보다 좀 더 어둡게 표현되는 것이 좋다. …… 그런 다음, 시노피아 색으로, 얼굴 전체를 칠할 때 했던 대로 머리칼의 윤곽을 잡고 뚜렷하게 할 부분을 표현하라.

이 인용문은 새로운 재현 방식이 성문화한 것을 보여 주기 때문에, 또 우리에게 제시하는 이 새로운 방식이 매우 기본적인 원칙을 담고 있기 때문에, 전문을 밝히는 것이 적절하다고 생각된다. 기복을 표현하기 위해 도드라진 부분에는 가장 밝은 색(가장 엷게 만든 색)이, 우묵한 부분에는 가장 어두운 색(순색純色)이 사용된다.[19] 음영-색은 사실상 다른 색과 가장 덜 섞이고 따라서 가장 순색의 형태인 살색에 다름없다. 이러한 원칙의 탁월성에는, 고체의 뚜렷한 '융기' 부분에는 순백색을, '함몰' 부분에는 검은색을 쓴다는 것도 포함된다.

LXXXIII장에서, 첸니니는 '청금석青金石을 이용해 만들어낸 성모의 망토색이나, 진청색을 내고 싶은 모든 옷주름'에 사용되는 세코secco 색 만들기를 논하면서, 다시 한 번 깊이가 있는 부분에 검은색을 쓸 것을 권한다. 그는 청색 그 자체로는, 신성한 색으로 확실히 규정되어 있고 성모의 망토색으로 사용되기는 하지만, 충분치 않다고 말한다. 만일 그가 신체를 감싸고 있는 윤곽선을 그리고자 했다면, 다음과 같이 말할 것이다.

그것을 잘 섞어라. 부드러운 강모 붓으로 옷 주름 부분을 세 번 내지 네 번 칠하라. 손질이 끝나고 나서, 말린 다음, 붓끝을 이용해 되풀이해 그림자를 그리되, 약간의 남색과 검은색을 써서 망토의 접힌 부분에 최대한 음영을 넣어라. …… 접힌 부분에 음영을 넣고 싶다면 달걀노른자와 섞은 묽은 랙(lac: 니스의 원료—옮긴이)를 약간만 취해라. 그것으로 최대한 섬세하고 깔끔하게 음영을 넣는데, 처음에는 엷게 칠을 하고, 그러고 나서 〔붓〕끝으로 칠하라.

《예술의 서》에 명시되어 있는 음영법은 환조, 부조와는 별 연관성이 없다. 이것은 갓 만든 가장 순수한 색채들과 검은색이라는 가장 극단적인 대비를 이용해 얻어지는 것이다. 그러나 첸니니가 드리워진 그림자를 재현하는 일에 전혀 관심을 두지 않았다는 사실은 그의 체계가 얼마나 한계가 있는가를 보여 준다. 왜냐하면 첸니니는 그림자를 무시함으로써, 몸이 공간 속에 어떻게 자리하는가 하는 총체적 의문에 확실히 등을 돌려버렸기 때문이다.[20] 파올로 같은 미술가가 하나의 같은 그림(도판 8) 속에 음영과 그림자를 재현하고자 시도했을 때, 그는 그림을 '단테와 같이' 분리시킴으로써 그것을 이루어냈다. 이는 파올로가 서로 다른 두 재현 체계 중 한쪽에는 적응하지 못했으며(상호작용을 표현하고자 한 게 아니라면), 그는 두 재현 체계를 조화시키지 못했음을 보여 준다(혹은 그러지 않았다).

그림자의 이중적 사용으로 재현의 통일성을 유리하게 확립했던 —계획적인 방식이라고 볼 수 있는— 사례를 마사치오에게서 찾아볼 수 있다.

치유하는 그림자

마사치오Masaccio는 1427~28년에 〈자신의 그림자로 병자를 고치는 성 베드로〉(그림 1)를 묘사한 프레스코화를 그렸다. 이 그림은 사도행전에 나오는 구절(5:12~15)에서 영감을 받은 것으로, 베드로의 삶에 봉헌하는 일련의 그림 중 한 부분이다.

> 그리고 사도들이 사람들 앞에서 행한 수많은 기적들이 존재한다. 그들은 솔로몬의 문에 함께 모여 있곤 했다. 사람들은 그들을 높이 받들었고, 또 주를 믿는 많은 이들, 남자와 여자들이 계속해서 늘어나고 있었지만, 아무도 감히 사도들의 모임에 끼어들 생각을 하지 못했다. 사람들은 심지어 병자들을 길거리에 메고 나가 들것이나 요에 눕혀 놓고 베드로가 지나갈 때 행여나 그 그림자만이라도 몇 사람에게 스쳐 갔으면 하였다. 그러면 그들의 병이 나을 것이었다.

마사치오는 이 주제에 착수하면서 거대한 서사의 문제에 부닥치게 되었다. 회화 예술이라는 것은 여럿이 아닌, 단일한 행위만을 재현할 수 있을 뿐이었다. 따라서 그는 하나 이상의 사건을 서술하고 있는 텍스트를 변형시켜야 했다. 시간성이 정확하지 않은 사건들을 관람자의 눈에 보이는 생생한 장면으로 변형시켜야 했던 것이다. 복잡한 서사 미술의 묘사에 관해서는 몇 년 뒤 알베르티가 새로운 회화의 주요 특성들 중 하나로 이론화했다. 몇 해가 지나 바사리가 마사치오의 전기를 쓸 때, 바사리는 이 젊은 피렌체의 화가가 *서사*storia의 혁신에 있어서 선구적인 구실을 했을 뿐 아니라, 입체감과 원근법과 단축법에서 뛰어난 성과를 보임으로써 새로운 회화 양식을 마련하는 데에도 중추적인 이바지를 했다는 사실을 알고 있었다.

이 모든 혁신들은 피렌체에 있는 산타 마리아 델 카르미네 교회의 프레스코화에서 볼 수 있다. 당시의 관습대로 텍스트에 근거해 성경 주석과 신학적 권고의 도움으로, 마사치오는 사도행전 속의 에피소드에 상당히 기여하는 장면을 창조해 냈다. 우리는 베드로와 요한, 명확하게 알아보기는 어려운 사도 한 사람, 그리고 치유를 기다리는 병자들이 줄지어 있는 거리를 따라 걸어 내려가는 모습을 보고 있다. 더군다나 기적은 바로 우리 눈앞에서 일어나고 있는 것처럼 보인다. 사도가 이미 지나친 곳에 있던 두 남자는 일어나 있다. 한 사람은 지팡이에 의지해 있고, 또 한 사람은 그에게 고마움을 표하고 있으며, 그다음 사람은 신의 자비를 간청하며 무릎을 꿇고 있는데, 베드로가 땅바닥에 드리우는 그림자가 그 병자를 스쳐가고 있고 그 병자가 일어서려 하고 있는 것으로 보아 아마도 자비가 그에게 베풀어지고 있는 것으로 보인다. 이제 마지막 사람이 사도의 그림자가 일으키는 기적을 경험할 차례가 되었다. 기대에 찬 눈을 크게 뜨고 그는 자신의 힘이 돌아오기를, 그리하여 다시 설 수 있게 되는 순간을 기다리고 있다.[21)]

이야기를 시각화하는 이런 방식은 원근법의 새로운 성과들에 크게 기대고 있다. 한 세기 전 동일한 주제를 묘사하는 그림에서 사도들의 행렬은, 이미지의 표면과 나란하게 왼쪽에서 오른쪽으로 움직이는 모습으로 표현되었다.[22)] 이것은, 이를테면 지오반니 디 파올로의 그림(도판 8) 속 전경에 이미 분석되어 나타나 있는, '움직임'의 개념을 담고 있는 '원시적' 방식인 것이다. 그러나 마사치오의 그림에서 인물들은 장면의 뒤쪽에서 걸어 나와 앞쪽으로 움직이고 있다. 그들은 —왼편에 있는 건물들의 원근법 소실점이 만들어내는— 깊이를 가로지르고 있으며, 그들의 실제적 움직임은 이 장면의 삼차원성을 강조하고 있다. 베드로와 요한의 그림자는 그 자체로 원근법 구조의 산물인 것이다. 그 둘의 그림자는 전경의 중앙에 위치해 있고, 왼쪽 그룹과 오른쪽 그룹에 의해 공간이 빈 채로 남겨져 있다. 성경 텍스트에는 베드로의 그림자만이 기적의 효과를 가지고 있다고 나와 있지만, 마사치오는 요한의 그림자도 베드로와 동등하게 그려놓았다. 이중二重의 나란한 그림자는 이 원근법적 공간의 깊이를 강조하고 있다.

베드로의 생애 이야기에서 그림자의 상징성은 여러 차례 연구 대상이 되었다. 가장 최근의 연구들은 이 이야기가 고대의 그림자에 대한 마술적 개념, 즉 그림자가 영혼의 외적 현시라는 개념과 연관되어 있다는 데 동의하고 있다.[23] 사도행전의 구절을 좀 더 세심하게 살펴보면, 그림자의 힘은 병자들에게 있는 '불순한 영혼'과 대립하면서 그것을 중화시키는 구실을 한다는 것을 알 수 있다. 전문가들은 마사치오 시대에 가장 인기 있었던 성경 주석 가운데 하나에 이미 주목했는데, 이 주석이 카르미네 교회의 프레스코화가 그려지던 때에 그림자에 관한 모티프가 어떻게 보였을지를 드러내주기 때문이다. 리라의 니콜라우스Nicolaus Lyranus의 주석에 따르면[24], 사도들은 손을 댐으로써 혹은 병자들한테 말을 함으로써 그들을 낫게 하는 능력을 지니고 있었다. 베드로는 자신의 그림자로 치유할 수 있는 능력을 지닌 유일한 사람이었는데, 이는 매우 예외적인 능력이었다. 치유하는 말은 비범한 능력을 가진 사람에게서 나오는 것이지만, 그림자는 신체의 간섭으로 인한 빛의 결여일 뿐이라는 것이다. 이러한 선언적 진술은 그림자가 세속화의 과정에 속해 있다는 것을 암시하는 것으로 보인다. 그러나 이는 단지 피상적인 인상일 뿐인데, 왜냐하면 이 주석가는 과학 용어를 적용시킴으로써 그림자의 치유 능력이 보여 주는 기적적인(심지어 불가해한) 특성을 찬미하려고 하기 때문이다.

마사치오는 오로지 그림자의 예외적인 능력만을 강조했다. 베드로도 요한도 말을 하고 있지 않다. 그들은 침묵의 엄숙함 속에서 나아가고 있다. 그들은 손을 대거나 축복을 내리지도 않는다. 사도들의 왼손은 망토 안에 감추어져 있고, 베드로의 오른손은 옆으로 늘어져 있다. 마사치오의 이야기는, 성경 구절과 그 주석에 남겨져 있을지도 모를 어떤 애매함도 말끔히 날려버리고 있다. 마사치오는 극도로 세련된 과정을 통해 그림자의 능력을 보여 주는 이 미장센에서 두 (종교적이고 과학적인) 유래를 끌어들이고 있다. 그러나 불행하게도 이러한 의도가 항상 이해되었던 것은 아닌데, 바사리는 이를 오해했던 맨 처음 인물이었으며, 이 오류는 이후 몇 세기 동안 계속되었다. 바사리는 이 장면을 묘사할 때, 우리가 보는 것은 사실상 성 베드로가 '성 요한보다 앞서서 성전을 향해 걸어가며 자신의 그림자로 중풍 환자들을 낫게 하는' 장면이라고 말하고 있다.[25] 그러나 이러한 해석은 화가(그리고/또는 화가의 조언자들)가 제공하는 해석과는 전혀 다르다. 왜냐하면 마사치오의 프레스코화에서 베드로와 요한은 성전으로 '길을 걸어가던 중'이 아니고, 막 그곳을 떠나고 있기 때문이다. 화면 배경에, 사도들이 가고 있는 길의 끝 부분에, 마사치오가 단지 암시만 하고 있는, 아마도 이 신비스러운 건물에 관한 정보가 부족한 탓에 어쩔 수 없이 제한적으로 그려진 현관 ―성서에 언급되어 있는 '솔로몬의 현관'―이 보이고 있다. 탑을 보면 마사치오가 묘사한 솔로몬의 성전은, 종탑이 있는 교회를 닮은 것으로 보인다. 이 요소의 배치는 이미지의 메시지에 직접 영향을 준다. 사도들의 엄숙함은, 그들의 기적의 힘에 의한 것일 뿐 아니라, 막 성소를 떠나고 있다는 사실에서 나오는 것일 수 있다. 베드로에게 부여된 그림자의 힘은, 그가 성전의 신비함에 속해 있을 때 얻어진, 덕의 외적 현현에 다름없다.

15세기의 관객들은 아마도 상징을 해독하는 일에 익숙해져 있어서, 메시지를 이해하는 데 전혀 어려움이 없었을 것이다. 게다가 그들은 그 이미지 속에 있는 다른 상징도 민감하게 인식했을 것인데, 이 다른 상징들은 치유의 능력이 실제로 하늘에서 나왔다는 것을 알려주고 있다. 이를테면 마사치오는 자신의 프레스코화에 반드시 등장하는 파란 사각형의 하늘을 표현하기로 결심했는데, 마치 '현관'과 그 '너머' 사이를 잇는 수직의 연결부호처럼 '종탑'이 사각형의 하늘 쪽으로 향하고 있는 것이다.[26] 이러한 세부 설정에도, 마사치오는 애매함을 피하기 위해 성경(그리고 주석)에 나와 있는 모든 것들에 정확한 의미를 부여하는 데 노력했다. 필자에게 이것은, 마사치오가 (전경에 있는) 치유하는 그림자와 (배경에 있는) 성전의, 혹은, 보다 정확하게 말하자면, '비범한 능력'과 '교회'의, 더 나아가 그림자의 비범한 능력과 그 실제 기원으로 생각되는 하늘의 '긴밀한' 관계를 확립시킴으로써 얻은 상징화의 과정으로 여겨진다.

이 모든 상징화의 과정이, 화가가 광학 법칙의 산물로서 신체 그림자를 재현하고자 하는 의도와 상충하지는 않는다. 전체 장면을 물들이는 일광日光은 오른편 위쪽 구석에서 흘러나오고, 똑같은 물리 법칙, 예컨대 가옥의 지붕이 벽에 검은 그림자를 드리우는 것처럼, 다른 '삽입된 신체들interposed bodies'에도 적용될 수 있다. 심지어 우리는, 마사치오가 요한을 그릴 때, 요한의 그림자에 성경에는 명시되어 있지 않은 능력을 부여하려 시도하기보다는, 동일한 물리 법칙의 예증으로서 일관성의 요구를 따른 것은 아닌지 숙고하게 된다.

우리가 빛의 회화적 양상을 분석하는 순간에, 마사치오가 취하는 일관성의 최고치가 드러난다. 이 복잡한 구성에서, 마사치오가 빛을 화면의 오른편에서 나오도록 만들어놓았다는 것이 처음에는 이상하게 보일 수 있다. 이미지를 그릴 때 왼쪽에서 빛이 비추는 것이 덜 거북하듯이(첨필이나 붓을 쥔 오른손이 광원과 그림 표면 사이에 놓이게 되므로), 화가들이 일반적으로 왼쪽에서 흘러나오는 빛에 익숙해 있었다는 사실을 우리는 알고 있다. 첸니니는 《예술의 서》(VIII장)에서 다음과 같이 조언하고 있다.

> 드로잉을 할 때, 발산되는 빛을 조정하라. 또한 태양빛을 왼쪽 옆에 두어라.

15세기에 드리워진 그림자의 '진정한' 특성을 강조하기 위해, 화면의 왼편에 심지어 태양의 이미지를 그려 넣는 것까지도 가능했다는 것을 이미 살펴본 바 있다(재현에 관한 두 패러다임 사이의 과도기에 빛의 문제를 실험했던 지오반니 디 파올로(도판 8)의 경우도 이러했다). 따라서 마사치오가 빛을 묘사하는 당시의 관례를 무시했던 내밀한 이유가 있었는지에 대해, 우리는 의문을 갖지 않을 수 없다. 이 의문에 대한 해답을 찾는 데는 시간이 그리 오래 걸리지 않는다. 산타 마리아 델 카르미네 교회 안에 있는 브랑카치 예배당에는 앱스(apse: 세속건축이나 종교건축에서 성가대석, 챈슬〔성단〕, 아일側廊의 끝에 있는 반원형 또는 다각형 공간—옮긴이) 쪽으로 난 창이 하나뿐이다. 일광은 오른편에서 흘러 나와, 이 치유의 장면을 비추게 된다. 따라서 이미지의 왼쪽으로 다른 광원이 있을 것이라고 *상상하는*envision 것은 전혀 불가능한 일이다. 마사치오가 효과적으로 행한 것은, 외부에서 나오는 빛(실제 창문에서 나오는 실제 빛)을 자신의 화면 구성에 *통합시킨*incorporate 일이다. 결론적으로 실제 빛—이 경우에는 오른편에서 나온 빛—이 형상 창조의 일부가 되었던 것이다.[27]

첸니니는 이런 종류의 문제를 이미 예상한 바 있다(IX장).

> 만일, 공교롭게도 당신이 이 예배당에서 드로잉을 하거나 모사를 할 때, 혹은 다른 어려운 상황에서 그림을 그릴 때, 마침 광원을 얻을 수가 없거나 혹은 당신이 원하는 방식을 얻을 수 없다면, 당신이 그리는 형상에, 혹은 드로잉에, 그 장소에서 발견되는 빛이 나오는 창문들의 정렬에 따라 입체감을 주어라. 또한 그렇게 해서, 빛을 따라서, 그것이 어디에서 나오는 것이건 간에 이 체계에 순응해, 당신이 만들어내는 입체감과 그림자를 그려 넣어라.

마사치오는 이미 14세기에 친숙하게 사용되고 있었던 방식에 전혀 이바지한 바가 없는 것으로 보인다. 그러나 이 경우는 다르다. 첸니니는 '체계'라는 말을 음영법에만 적용했는데, 이것이 중요한 차이점이다. 따라서 첸니니에게 외부에서 나오는 빛은 입체감을 만들어내는 데 고려되어야 하는 요소였던 것이다. 첸니니는 화면 구성이라는 픽션의 영역을 넘어서 그림자를 만들어내기 위해 실제 빛을 이용할 생각은 전혀 하지 않았을 것이다. 더구나 이런 개념은 첸니니에게는 매우 낯선 것으로서, 화면에 삽입되는 인물을 화가가 창조한 허구적 신체이기보다는 실재하는 빛을 실제로 차단하는 대상으로 묘사하려는 의도와 관계되는 것이다.

이것이 바로 마사치오가 산타 마리아 델 카르미네 교회의 프레스코화에서 행한 것이었다. 첸니니가 권고했듯이, 자연의 빛은 입체감을 만들고(우리는 거의 조각상처럼 보이는 사도들의 몸을 통해 마사치오가 진전시키고 있는 이러한 방법을 충분히 이해할 수 있다), 신체와 그려진 형상들의 '고체성'에 의해 가로막혀 거대한 그림자를 만든다. 따라서 자연의 빛(실제 창문에서 비치는 일광)은, 픽션의 세계와 실제의 세계라는 두 세계에 동시에 속하는 이중 구조를 이미지에 부여하면서 이미지 깊이 침투한다.

새로이 부상되는 예술(카르미네의 프레스코화)을 표방하는 최초의 집단이, (누구도 가능케 하지 못했던) 신체, 공간, 그림자, 그리고 빛의 관계에 기반을 둔 새로운 미학을, 주제의 차원으로까지 가능케 했다.[28] 마사치오는, 확실히, 치유하는 성 베드로라는 주제 전체를 이용했다. 이 결과는, 마사치오가 가지고 있던 예술에 대한 새로운 개념에서 찾아볼 수 있으며, 바사리는 이에 대해 다음과 같이 규정했다.

> 〔마사치오는〕, 그림이란 유사한 디자인과 채색으로 모든 자연의 생물들을 모사하는 것 이상이 아니기 때문에, 가장 열심히 자연을 따랐던 자신이 완벽에 가까울 수 있을 것이라고 생각했다. 〔…… 그는〕 이전의 어떤 화가도 얻는 데 성공한 적이 없었던, 인물에 적당하고 자연스러운 입체감을 부여하면서, 자세에 움직임과 활기 그리고 생명감을 도입했다. …… 그의 작품에는 조화와

감미로움이 있었고, 그는 머리와 누드를 채색하는 신선한 색채와 옷에 사용하는 염료를 섞어 옷이 접히는 부분을 칠하곤 했는데, 이는 완벽한 자연스러움과 우아함을 지닌 것이었다. 이 방법은 미술가들에게 매우 유용한 것으로 인정받았고, 그 때문에 마치 마사치오가 이 방법을 발명한 것인 양 많은 칭찬을 들었다. 그의 시대 이전에 만들어진 작품들은 단순히 그림이라고 규정되었기 때문에, 비교해 보면 마사치오의 창조물은 실제적이었고, 살아 있었으며, 자연스러웠다.[29]

우리는 이러한 인용문을 단순히 상투적인 것이라고 치부해 버릴 수도 있다. 그러나 이것은 마사치오의 형상화의 목적과 방법에 대한 깊이 있는 분석의 산물로 이해될 수도 있다. 우리가 말하고 있는 이 맥락 안에서, 마사치오가 절반쯤은 실제와 같은 특성을 갖는 고체물(집, 지붕, 발코니뿐 아니라 베드로와 요한도)을 창조해 냈다는 것을 기억해 둘 필요가 있다. 비록 그것들이 진짜 광원을 차단하고 그림 영역 내에서 그림자를 드리우는 대상이지만 말이다. 이 결과 실제 빛은 '허구화'하고, 허구의 영역은 실제 공간의 확장으로 변모되었다. 이러한 성과가 르네상스 시대에 도입된 재현 패러다임의 변화를 통해, 즉 모든 이미지들을 거울 같은 반영으로, 실제의 확장으로 보는 태도를 통해서 실현될 수 있었다고 덧붙이는 것은 무의미한 지적이다.

이런 관점에서 우리는 또한 알베르티의 새로운 미술에 대한 논고가 ―실제의 거울로서의 이미지라는 개념 속에서― 마사치오의 프레스코화에서 볼 수 있는 투사된 그림자를 다루는 새로운 기법에 관한 전반적인 이론을 포함하고 있지 않을까 기대할 수도 있을 것이다. 그러나 이러한 기대가 완전히 이루어지지는 않는다. 왜냐하면 알베르티는 그림자를 그려내기보다는 빛과 색채의 관계에 더 많은 관심이 있었기 때문이다.[30] 알베르티가 그림자의 문제를 다룰 때는, 거울 반영 이론이 사람들에게 더 광범위하게 힘을 얻고 있었다. 따라서 알베르티는 처음 그림자를 정의하면서(《회화론》, I, 11), 가능한 가장 단순한 방식을 택한다. 즉, '그림자는 광선이 차단되었을 때 형성된다' 고 정의한 것이다. 알베르티의 텍스트에서 보이는 특징은, 그림자에 대한 문장이 단 한 차례 쓰였을 뿐이며 이후에 그림자에 대한 연구가 더 이상 나오지 않고, 태양빛이 고체에 의해 차단되었을 때 빛에 무슨 일이 생기는지를 연구하는 데 집중되어 있다는 사실이다.

> 차단된 광선은 어딘가로 반사되거나 그 자신에게로 되돌아온다. 예컨대, 광선이 물의 표면에서 되튀어 천장에 다다를 때, 광선이 반사되는 것이다.[31]

이는 그림자에 대한 최초의 정의가 반사에 대한 연구로 변모되는 과정을 보여 준다.

그러나 알베르티는 두 번째 저작에서(II, 46~47) 다시 이 문제로 돌아가는데, 거기서 그는 그림자와 색채의 관계를 상세히 다룬다.

> 나는, 모든 종류의 빛과 그림자가 모든 종류의 표면에 비치는 효과를 제대로 이해하지 못하고 있는 화가에 대해서는 그 가치를 거의 혹은 전혀 고려하지 않는다. …… 화가들이 비난을 피하고

칭찬을 받기 위해서는 제일 먼저 빛과 그림자를 주의 깊게 연구해야 하고, 색채가 광선이 부딪히는 표면에서 더 선명해지고 찬란하게 빛난다는 것, 빛의 반짝임이 점차 감소하는 곳에서는 같은 색이라도 더 희미하게 변한다는 것을 관찰해야 한다. 또한 그림자는 항상 빛이 없는 쪽에 대응하는 것이어서, 그림자로 덮인 다른 쪽 표면을 찾지 않고는 빛이 있는 표면을 그려낼 수 없다는 것을 알아야만 한다. 그러나 흰색으로 빛을, 검은색으로 그림자를 재현하는 문제에 관해서는, 빛과 그림자가 적용되는 그 표면들에 대한 특별한 연구를 해야 하는 것이라고 조언하고 싶다. 자연과 물건들 그 자체에서 많은 것을 배울 수 있을 것이다. 자연과 물건들을 완전히 이해하게 되었을 때, 표면의 윤곽선 안에 있는 적당한 곳에 되도록 흰색을 조금만 써서 색을 변화시키고, 또 같은 방법으로 그와 반대되는 곳에는 검은색을 어느 정도 첨가할 수 있다. 흰색과 검은색의 균형을 이렇게 맞춤으로써, 흔히 말하듯이 튀어나와 있는 표면을 더 명확하게 표현할 수 있다. 필요한 지점에 이르렀다고 느껴질 때까지 앞에서처럼 조금씩만 색을 첨가하라. 거울은 이것을 배우는 데 훌륭한 안내자가 될 것이다. 나는 어찌하여 결함이 없는 그림이 거울 속에서 더욱 아름답게 보이는지를 알지 못한다. 우리는 어찌하여 그림 속에 있는 모든 결점이 거울 속에서 더 추하게 보이는지에 대해서도 주목해 보아야 한다. 따라서 자연에서 취한 모든 것들은 거울의 도움으로 수정되어야 하는 것이다.[32)]

빛과 그림자를 만들어내는 데 거울을 이용하는 것을 포함해서, 거울 패러다임이 그 탄생의 순간부터 새로운 미술을 지배하는 것에 관해, (이론적 의도가 너무도 부족한 가운데) 이보다 더 명확한 증거를 찾기는 어려울 것이라 여겨진다. 나르키소스를 그림의 실제 탄생으로 언급했던 알베르티에서 시작해, 모사하는 이미지를 조정하는 한 방법으로써 거울이 미술가의 공방/작업실 작품에 개입되었고, 또한 오랫동안 지속되었다는 사실을 잊어서는 안 된다. 몇십 년이 지난 뒤, 레오나르도 다 빈치도 자신의 미완성 원고 〈회화론Trattato della Pittura〉에서 이 과정을 연구해 유명하게 되었는데, 여기서 그는 알베르티에게서 나왔던 생각이 추측에 그치지 않도록 설명해 주고 있다('나는 어떻게 그렇게 되는지 알지 못한다').

> 당신의 그림이 자연에서 뽑은 대상물과 완전히 일치하는지를 알고 싶다면, 거울을 이용해 실제 사물들의 반영에서 당신의 그림을 찾아보고, 반영된 이미지와 당신의 그림을 비교하고, 특히 거울을 연구하면서 두 이미지의 주제가 서로 일치하는지를 생각해 보아라. 당신은 거울을 안내자로 삼아야 하는데, 거울—평면거울—의 표면 위에서 대상물은 그림에서만큼 다양한 관점으로 나타나기 때문이다. 따라서 그림은 입체감이 있는 대상물을 평평한 표면 위에 보여 주고, 거울도 마찬가지로 동일하게 —평평한 표면 위에— 보여 준다. 그림은 단 하나의 평평한 표면을 가지고 있고, 거울도 마찬가지다. 둥그스름하고 돌출되어 보이는 것을 손으로 잡을 수 없는 한, 그림은 만져질 수 없는 것이고, 거울의 경우도 마찬가지다. 거울은 윤곽선과 그림자, 빛을 통해 대상물을 입체적으로 보이게 하므로, 거울에 비친 것보다 더 강한 빛과 그

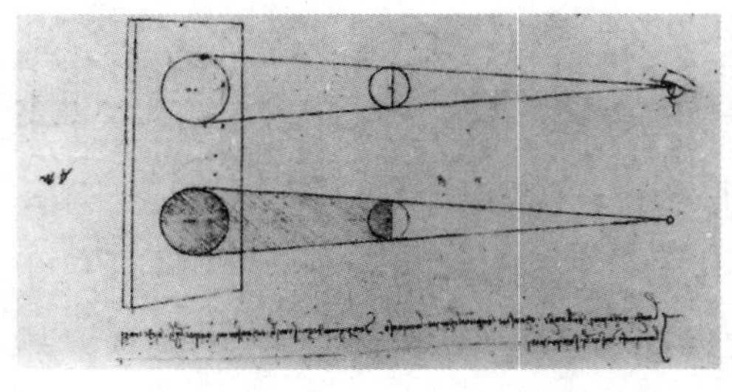

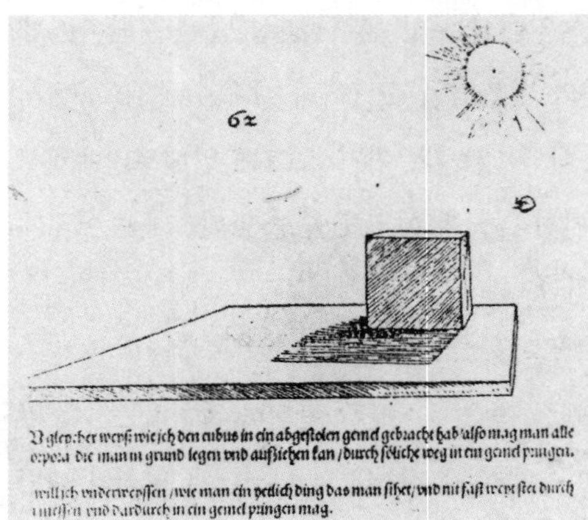

도판 11 레오나르도 다 빈치, 그림자 투사 연구, 1492경, 31.7x22, 프랑스학술원 도서관, 파리(프랑스).

도판 12 알브레히트 뒤러, 그림자 투사 연구, 7.5x21.5, 뉘른베르크(독일), 1525.

림자의 색을 쓸 수 있는 당신이 그것을 잘 조합하는 방식을 이해하게 된다면, 당신은 확실히 당신의 그림을 커다란 거울에 반영된 자연의 경치처럼 보이게 그릴 수 있을 것이다.[33]

이전에 인용했던 알베르티의 글과는 달리, 레오나르도 다 빈치는 거울을 비교의 의미로 바라보고 있다는 점을 우리는 바로 지적해 낼 수 있다. 이 대비는, 그림의 표면과 거울의 표면 간 원리의 관계에 의존한다. 이 둘은 모두 이차원적이며, 빛과 그림자의 관계 덕분에 삼차원적 현실성을 보여 줄 수 있다. 레오나르도는 엄청나게 주석을 단 자신의 글에서, 이것을 여러 차례 숙고해 보았다.[34] 레오나르도의 연구

도판 13 레오나르도 다 빈치, 그림자 투사 연구, 1492경, 14.5x22, 프랑스 학술원 도서관, 파리(프랑스).

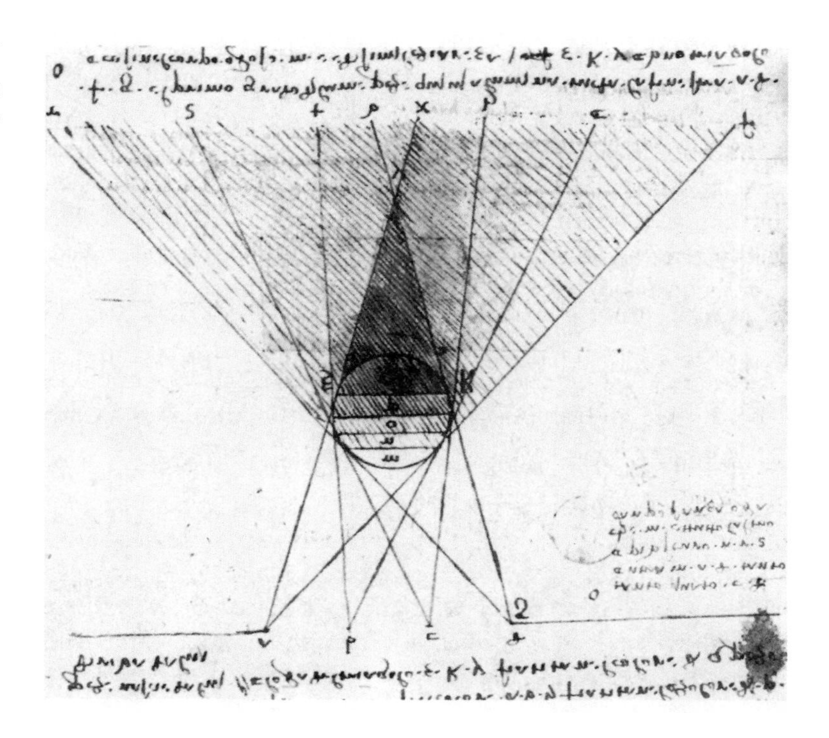

에서 가장 뛰어난 이바지는 그가 (이미 마사치오가 감지한) 그림자와 원근법적 공간의 관계에 대한 이론을 최초로 제시했다는 것이다.[35)]

> 그림자는 빛의 방해물이다. 나에게 그림자는 원근법에서 가장 중요한 것으로 보이는데, 그림자가 없으면 불투명한 고체를 잘 나타낼 수 없을 것이기 때문이다.[36)]

레오나르도는 자신의 한 원고에서, 널빤지 구멍 앞에 촛불을 놓아 벽에 구형의 그림자를 드리우는 모습을 그렸다(도판 11). 그 결과, 벽 자체가 빛을 발산하는 것처럼 여겨질 수 있는 그림자 투사의 형상이 생겼다. 이런 식으로 그는 우리로 하여금 그림자의 투사와 원근법적 투사가 동일한 과정이라고 생각하도록 이끌어준다.

레오나르도가 몰두했던 또 하나의 의문은, 그림자의 윤곽선에 대한 문제다. 분명히 그의 가르침에 영향을 받은 것으로 보이는《코덱스 호이헨스Codex Huyghens/Codex Huygens》에 있는 드로잉(도판 14)에서,[37] 우리는 실험 한 가지를 보았다. 이 그림에서 촛불은 방 한가운데 있는 받침대에 놓여 있고, 벽에 그림자를 투사시키고 있다. 그림자는 거리에 따라 커진다. 화가(이곳이 작업실이거나 아카데미라고 추정되므로)는 벽에 비친 조각상 그림자의 윤곽을 그리고 있다. 이 실험은, '레오나르도적인' 집단에 속한 이들이 그림의 기원에 관한 플리니우스의

도판 14 레오나르도 다 빈치 화파, 그림자 투사 연구, 1500년 이후, 23.2x18.3, 피어폰트 모건 도서관, 뉴욕(미국).

우화에 친숙해 있었다는 것을 보여 준다. 윤곽의 묘사가 견고하다기보다(원래 우화에서는 견고했지만) 애매하고 불확실하며, 반복적이고 교차하고 겹치는 선들로 구성되어 있는 것으로 보아, 어느 누구도 드로잉이 무엇을 의미하는지 확신하지 못하고 있다.

레오나르도 다 빈치는 계속해서 그림자 윤곽선의 애매함에 대한 이론으로 되돌아가는데, 이것이 이 드로잉에서 유일하게 암시되고 있는 바다. 예를 들어, 프랑스학술원 도서관에 보관되어 있는 '원고 Amanuscript A' (도판 13)에 묘사된 실험에서, 그는 창문으로 빛을 받는 구체球體를 그렸다. 그는 구체*에서* 발견되는 '기본 그림자'와 구체에 의해 투사되어 그 *뒤에 있는* '보조 그림자'를 구분하고 있다. 이 논쟁의 핵심으로, 레오나르도 다 빈치는 그림자의 강도에서 정도의 차이를 관찰했고, 또한 윤곽선을 실제로 명확히 구분하는 것은 불가능하다고 주장했다. 이 결과 그는 유명한 *스푸마토*sfumato 기법—새로운 기법—을 정의하게 되는데, 이 기법은 사물의 윤곽선뿐만 아니라 그림자의 윤곽선을 피하도록 하는 것이었다.

이러한 문맥에서, 형태의 창조에 관해서라면 전혀 다른 사상을 가지고 있었던 화파畵派의 한 사람이었던 또 다른 미술가 뒤러Albrecht Dürer가, 그림자의 명확한 가장자리를 주장했다는 것은 필시 의미심장한 일이다. 그는 아마도 레오나르도의 몇몇 이론을 잘 알고 있었을 것이다. 그러나 뒤러는 실험 대상을 구에서 입방체로 대체시켰다(도판 12). 따라서 그림자의 윤곽선은 더 명백해졌다. 레오나르도에게서 볼 수 있었던 것처럼, 이것은 원근법에 의해 *개략적으로*grosso modo 정의된 그림자 투사다. 그러나 그림자의 원근법을 나타낸 뒤러의 판화에서 모호한 부분이 여럿 발견된다.[38] 이 모호한 부분들 중 하나는, 비록

—추상적 속성이 부여되어— 점 하나로 표현되어 있을 뿐이지만 태양 광원이 그려진 이 특수한 예시와 관련되어 있다. 이렇게 함으로써 뒤러는 판화에서 나타낸 법칙이 '태양 아래에서 발견되는 모든 것'을 포함한다는 사실을 강조한 것으로 느껴진다.

그러나 이는 중대한 논쟁을 불러일으킨다. 레오나르도 다 빈치와 뒤러가 —각자의 방식으로— 그림자를 모든 삼차원적 재현의 특수한 속성으로 이론화했던 것이라면, 그림 속에서 그림자를 재현할 때, 너무나 조심스럽고 심지어 너무나 야심 차게 만들어진 이러한 이론적 조정에 따르는 회화 예술의 기량을 무엇으로 설명할 수 있을 것인가? 그림자 투영에 관한 모든 이론적 성취가 적용될 수 있는 구체 사례가 별로 없다는 것을 알아차리기 위해 굳이 위대한 감정가가 되어야 할 필요는 없다. 만일 미술가들이, 빛에 의해 생성된 모든 대상들의 모든 그림자를 묘사함으로써, 그림자를 형상화하기 위해 존재하는 법칙을 체계적이고 무차별적으로 적용하려 한다면, 그들의 그림은 훨씬 덜 매력적인 게 될 것이다. 바로 이런 이유 때문에, 르네상스 시대부터 그림자의 과학이 발전되어 미술 아카데미의 교과에 곧 통합되었지만, 그림자의 과학이 필수적으로 적용되어야 하는 실제 경우는 조심스럽게 통제되었던 것이다. 어느 정도까지는 그림자의 재현을 고려할 필요성은 이미 레오나르도 다 빈치 시절부터 있어왔지만, 이것이 결정적으로 인정받게 되는 것은 한참 뒤의 일이다.

> 화가는 우연히 보게 된 자연을 첫눈에 만족스러워 하지는 않는다. 화가는 자연을 자신의 작품에 이용하려 할 때, 거의 언제나 결점투성이인 자연을 완벽하게 만들기 위해, 자연이 보여 주는

> 시각적 자산들을 최고로 이끄는 기술을 써야 한다. 빛과 그림자는, 인간 신체의 윤곽선과 자세, 옷주름이 늘어지는 방식과 그림을 구성하는 데 따르는 다른 모든 것들만큼이나 자연의 시각적 자산이다. 이 모든 것들은 선택을 필요로 하고, 빛(그리고 그림자)도 마찬가지다.[39]

좀 더 명확하게 다음과 같이 말하기도 한다.

> 사물을 창조하는 사람은, 그림 속에 포함시키고 싶은 만큼의 빛과 그림자를 받아들임으로써 사물들을 배열해야 한다.[40]

미술가들은 아주 오랫동안 이 실천적 격언을 적용해 왔고, 드 필 Roger de Piles은 18세기 초에 위와 같이 너무도 분명하게 설명하고 있다. 그들은 그림자의 재현이 자연의 충실한 모방의 증거로 이해했지만, 그림자는 그 무엇보다 중요하고, 따라서 명확한 주제적 정당화가 필수적으로 요구되는 것이었다. 이러한 주제적 정당성 없이는, 파올로의 〈이집트로의 피난〉(도판 8)에서 보이는 그림자로 뒤덮인 배경처럼, 이미지들이 우스꽝스러워진다. 원근법적 회화를 출범시켰던 작품—마사치오가 브랑카치 교회당에 그린—이 형태 차원뿐만 아니라 상징 차원에서 그림자의 재현 문제를 제기한 것은, 행복한 일치인 것이다. 〈자신의 그림자로 병자를 고치는 성 베드로〉를 묘사하는 장면에서, 그림자는 두 측면에서 중요하다. 하나는 이야기의 대리 전달물로, 또 하나는 사도들의 거대한 인물상이, 마치 그 인물상들이 살과 뼈로 이루어진 것처럼, 외부의 광원을 '실제로' 차단하는 증거로.

실제적 현존

요약하자면, 우리는 14세기 미술가들이(첸니니의 안내서에 명시되어 있는 대로) 그림자를 형상의 '입체감'을 살리기 위한 필수요소라고 보았다는 데까지 결론을 내릴 수 있다. 마사치오에게서, 그리고 레오나르도 다 빈치와 뒤러의 이론적 성과물 덕분에, 그림자는 원근법적 회화의 특권이 되었고, 광원을 차단하는 모든 물체들에 '리얼리티'의 증거가 되었다.

이 시점에서 우리는 이탈리아뿐 아니라 북유럽의 예들을 총체적으로 인용해 볼 수 있겠다. 이러한 인용은 미술가들이 형태를 구축하는 이 새로운 요소들을 실험하는 데 어떤 증거를 이용했고 또 여기에 어떤 대단한 기쁨이 작용했는지를 보여 주게 될 것이다. 우리는 또한 수많은 다른 예들도 인용해 볼 수 있을 것인데, 여기에서 미술가들은 그림자의 형상을 —제안하는 것이 아니라면— 정당화하면서, 주제가 가진 질서에 분명하게 영향을 받고 있음을 볼 수 있다. 먼저 나는 그림자의 형상이 있는 —서양의 재현 철학에서 중요한— 극단적 예시작을 다루려고 한다.

누가복음에서(1:26~38), 성육신成肉身: Incarnation은 천사와 성모의 복잡한 대화로 기록되어 있다. 가브리엘의 수태고지("이제 아기를 가져 아들을 낳을 터이니, 이름을 예수라 하여라.")는 마리아를 놀라게 한다. "이 몸은 처녀인데, 어떻게 그런 일이 있을 수 있겠습니까?" 여기에 가브리엘 천사가 답한다. "성령이 너에게 내려오고 지극히 높은 분의 힘이 너에게 드리울 것이다episkiazein/obumbrabit. 그러므로 태어날 그 거룩한 아기를 하느님의 아들이라 부르게 될 것이다."

누가복음의 이 대목만큼 수태고지에 대해 자세히 설명하는 복음서는 없다. 여기서 가브리엘의 대답은 신비로운 성격을 띠는데, 그렇다고 이 대답이 마리아를 놀라게 하는 것 같지는 않다. "마리아가 말하기를, 이 몸은 주님의 종입니다. 지금 말씀대로 저에게 이루어지기를 바랍니다."

"지극히 높은 분의 힘이 너에게 드리울 것이다virtus altissimi obumbrabit tibi"라는 구절의 의미를 연구하는 학자들은, 몇몇 가능한 해석들을 내놓고 있다. 그중 하나는, 누가가 사용했던 그리스 단어episkiazein와, 이 단어의 후기 라틴어 번역어obumbrare의 차이에서 비롯하는데, 이 번역어는 이 문구에 영감을 주었던 동양의(셈족의) 산문체 표현의 고전적 의미를 부분적으로만 전달하고 있을 뿐이다. 이 개념은 일반적으로는 그림자의 마술적 능력을 뜻하고, 이 경우에는 특수하게 그림자의 수태시키는 힘을 의미한다. 그림자의 비범한 능력에 관한 이와 유사한 언급이, 똑같은 단어가 그리스 원어episkiazo로 쓰였던 사도행전에도 나왔던 것을 기억해야 한다.[41] 이리하여 지극히 높으신 분의 마술적 능력은 마리아를 수태시키는 책임을 가지게 되는 것이다. 더 신중한 다음 번 해석도 역시 고대 언어의 의미론에 기반을 둔 것인데, '너의 그림자 안에(아래에) 누군가를 받아들이다' 라는 말은 당신이 누군가를 보호한다는 의미라는 것이다.[42] 마지막으로 해석은 신플라톤적 기원을 해석함으로써 도출된다(이전에 테오필락투스Theophylactus와 필론Philon Judaeus이 이러한 해석을 제안한 바 있었다). 이 해석에 따르면 에피스키아조episkiazo라는 동사는 이미지를 만들어내는 것과 유사한 행위를 의미한다. 그러므로 천사는 마리아의 자궁 속에 하느님이 자신의 '그림자' 를 형성할(말하자면 최초로 자기 그림자의 그려진 이미지를 만

들) 것이라고 말하고 있다는 것이다.[43]

유럽의 중세 기간 내내 회자되었던 외경外經들은 은유적이고 매우 암시적인 언어를 씀으로써 종종 이러한 해석상의 문제들을 회피하려 했다는 것은 흥미로운 일이다.

> 천사의 인사말을 통해
> 예수는 왼쪽 귀로 들어가
> 거기서 그림자가 되었다.[44]

성모 안에서 '그림자가 되었다'는 동사의 이미지는, 위에서 인용했던 세 해석 가운데 어느 것에나 적용될 수 있을 것이다!

수태고지의 도상학은 계속 논쟁의 여지를 남기는 이런 대안적 해석들을 참작해야 했고, 따라서 화가들은 그야말로 다양한 해결책을 보여 주었다. 그러나 누가의 글에서 보이는 다의성은 확고하게 받아들여진 진리로 남게 되었다. 보라지네Jacobus de Voragine는 13세기 말엽부터 성서의 이야기들을 그려내는 방법에 대한 화가들의 안내서가 되었던 자신의 저서 《황금 전설Legenda Aurea》에서 몇 가지 설명을 첨가해야 할 필요가 있다고 느꼈다.

> 천사가 그녀에게 전할 때, 하느님의 아들을 수태하면서도 그녀의 처녀성이 어떻게 지켜질 수 있는지를 말하기 시작했고, 그녀에게 이러한 방식으로 답했다. 성령이 그대에게로 들어갈 것이고, 그대를 수태하게끔 할 것이다. 그대는 그대가 수태하는 방식을 내가 말할 수 있는 것보다 더 잘 알게 될 것이다. 왜냐하면 그 일은

성령의 일로서, 그대의 피와 살이 그대가 수태하게 될 아기의 몸 속에서 순수하게 형성할 성령의 일이고, 이 수태에 대한 그 밖의 다른 일은 그대에게 일어나지 않을 것이기 때문이다. 주인이신 *하느님의 덕이 그대에게 그림자를 드리우게 될 것인데*, 그것은 다음처럼 이루어질 것이다. 그대는 결코 그대 안에서 불타오르는 육체적 욕구를 느끼지 않게 될 것이고, 또한 그대의 마음속에 있는 모든 일시적 욕망들을 깨끗이 지우게 될 것이며, 성령이 옷자락이 그대에게 그림자를 드리우게 될 것이고, 축복받은 신의 아들이 그대 안에 깃들어, 그의 신성의 옳고 훌륭한 명징함을 그대가 가지게 될 것이다. 그리하여 이 그림자로써 그의 신성을 알게 되고 또 보게 될 것이다. 위그Hugues de Saint Victor와 베르나르St. Bernard가 말하듯이 말이다. 천사의 말에 따라, 그대는 사람의 아이가 아니라 성령을 잉태하게 될 것이고, 그대에게서 태어난 아이는 사람의 아들이라 불리게 될 것이다.[45)]

필자는 《황금 전설》에 나타나 있는 해석들을 요약만 하려 한다. 세 가지 해석이 있다. 'obumbrabit' 는 성육신의 알레고리다. 그림자는 성육신 주변을 맴도는 비밀의 상징이다. 은유적으로 해석하자면 'obumbrabit' 는 성육신화化는, 육체 경험이 없는 '차가운cold' 수태라는 것을 암시하는 것이다.

첫째 해석, 즉 빛에 관한 신플라톤적인 은유적 전통에 호소하고 있고 야코부스가 절대적으로 강요하지는 않았지만 동의했던 이 해석이, 가장 세련된 회화적 표현을 가능하게 했다. 이에 대해 간단하게 개관을 해보면 가장 잘 알 수 있을 것이다.

뉴욕의 프릭 컬렉션에 소장되어 있는 수태고지를 그린 1440년의 작은 이면제단화(그림 2, 도판 18)에서, 피렌체 화가 리피Fra Filippo Lippi는 왼쪽 패널에 천사 가브리엘을, 오른쪽 패널에는 성모를 그렸다. 이야기의 두 행위자 사이에 효과적으로 공간의 간격을 주는 아이디어는 새로운 게 아니다. 이 설정은, 전달자와 성모 사이에 신체 접촉이 전혀 없이 성육신화가 이루어졌다는 걸 보여 줄 필요 때문에 생긴 것이다. 미술가들은 두 인물 사이에 종종 기둥을 배치시켜, '분리'의 의미를 부여하기도 했고, 또한 그리스도 성육신화의 오랜 상징으로 사용하기도 했다.[46]

프릭 컬렉션 이면제단화의 원래 상태가 그러했는지는 아무도 모르지만, 아마도 최초의 프레임에는 중간 기둥이 작게 삽입되어 있었으리라고 추정된다(프릭 컬렉션의 큐레이터 또한 그렇게 추정하고 있다). 두 인물 간의 대화가 이 그림의 주제라는 것이 이해에 도움을 주기는 하지만, 모종의 공간적 통일성이 이 장면에 있어야 한다고 생각하는 오늘날의 일부 관객들은 상당한 노력을 해야 그림을 이해할 수 있다. 그러나 이 그림에는 연속성의 기호와 함께, 분리성의 기호들도 존재한다. 여기서 가장 중요한 것이 그림자의 발생과 관계된 것이다. 일광은 왼쪽에서, 그러니까 천사가 오는 쪽에서 들어오고 있고, 천상의 전달자의 커다란 그림자가 땅에 드리우고 있다. 이 그림자는 여러 의미를 가지고 있다. 그림자는 천사가 허깨비가 아니라 물리적 신체를 가지고 있는 존재라는 것을 보여 준다. 그림자가 거기에 있다는 것, 그리고 그 그림자가 성모 마리아에게로 향하고 있다는 사실은, 부분적으로 그림자의 마술적 능력과 관련된 유명한 내용이 있기 때문에, 부적절한 결론을 초래할 수도 있다. 이것이 리피가 돌연 그림자를 차단한, 즉 그림자가 마리아가 그려진 패널에 미치지 못하게 한 이유다. 성모의 발치 앞부분은 비어 있다. 그러나 유령 같은 그림자가 성모 뒤쪽 벽에서 솟아오르고 있고, 그녀는 자신의 숙명을 완전히 받아들인다는 것을 암시하는 몸짓으로 넌지시 그 그림자를 향하고 있다. 우연히 이 그림자에 집중하게 되는 것처럼 보이지만, 리피는 그림자를 이야기의 일시성과 잘 짜인 상징성에 통합시키고 있는 것이다. 나는, 이 그림이 'obumbrabit'의 예를 잘 보여 주는 작품이라고 주장하는 것이 오류를 저지르는 일이라고는 생각하지 않는다. "어떻게 그런 일이 있을 수 있겠습니까?Quomodo?"라는 성모의 질문에 대해 가브리엘은 신비에 싸인 대답을 할 뿐이다("성령이 너에게 내려오고 지극히 높은 분의 힘이 너에게 드리울 것이다"). 보이지 않는 외부의 광원에서 나오는 빛이 마리아의 몸을 감싸고 마리아의 그림자를 벽에 드리우게 하는 동시에, 비둘기 형상을 한 성령이 사실상 이미 그녀를 밝게 스치고 지나가고 있다. 우리가 보는 것은 일종의 움직임, 역의 움직임이다. 왜냐하면, 천사의 그림자가 갑자기 끊겼어도, 성모의 (그려진) 그림자는 주님의 그림자가 그녀에게 드리운다는 생각과 연계되어 있기 때문이다. 성육신의 실제 순간을 나타내는 수용(*명령*)은 이미 행해졌다. 성모는 망토를 벌렸고, 그녀의 배가 신의 힘을 가진 행위 앞에 노출되었고, 비둘기가 그녀를 밝게 비추고 있다. 최근의 연구는, 토스카나의 수태고지 그림에 전통적으로 등장하는 사물이나 엠블럼들, 이를테면 책, 기도대祈禱臺, 정돈된 침대 등이 전혀 나타나지 않는다는 사실에 주목하고 있다. 이 두 인물의 제스처가 흔히 볼 수 없는 것이기 때문에, 이 또한 많은 해석을 불러일으키고 있다.[47] 필자는, 리피가 그림자의 상징성에 기대고 있는 해석을 더욱 제한함으로써 전통적 도상학을 탈피하고 있다고 생각한다. 이러한 견해는 그림자를 성육신화의 결정적 계기를 표현하는 미장센에서 반드시 필요한 부분으로 바라보지 않는다면 이해될 수 없을 것이다.

프릭 컬렉션의 이면제단화를 그와 유사한 영감의 근원이 있는 자료들과 비교할 때 비로소 리피가 그림자로 이야기를 전개하고 상징적 종합을 시도하는 의도가 완전히 이해될 수 있을 것이다. 그림자와 관련해서, 그 배후에 감추어져 있는 충동은 초기 네덜란드 화가들에게 영향 받았을 가능성이 상당히 있으며 또한 계속해서 그렇게 주장되어 왔다. 에이크Jan van Eych와 그의 동시대인들은, 삼면제단화 바깥 패널에 그리자유(grisaille: 회색계통만으로 그리는 회화기법. 주로 명암을 강조해 부조와 같은 입체감을 내기 위해 쓴다—옮긴이) 기법으로 수태고지를 그리는 방법을 대중적으로 사용하고 있었다. 이러한 방법은 시각적 일루전을 만들어주고, 또한 비종교적인 그림에 실재와 가까운 이미지의 지위를 부여한다.[48] 이 구상적 오브제의 실제적 양감을 강화시키는 데 쓰였던 조형 언어 중의 하나가 그림자였다. 이 눈을 속이는 게임이 얼마나 교묘해졌는지를[49] 이해하기 위해 가장 유명한 실험작 중 하나인, 드레스덴에 있는 에이크의 삼면제단화(그림 4)를 살펴보려 한다. 이 작품은 15세기 이탈리아의 감정가들에게 강한 인상을 주었던 것으로도 유명하다.[50]

인물들(천사, 성모), 엠블럼-오브제(백합꽃), 상징물(비둘기)이 등장하는, 에이크가 재현하고 있는 전체 장면은 실제로 분리되어 있다. 이 작품의 문맥 속에서 성모의 그림자가 더 복잡한 상징법의 소산이냐 하는 문제를 정확하게 판단하는 것은 거의 불가능하다. 어떠한 '결정적' 기호도 없는 가운데, 그 판단은 증명될 수도 없고 논박될 수도 없다. 반면 리피의 상징화는 확실해 보인다. 그러나 리피의 상징화가 에이크에게 배운 것에 기반을 두고 있다면, 리피는 그리고자 하는 이야기 속에 상징화를 통합시킴으로써 이를 적용할 수 있었던 것이다. 에이크에게, 동상의 그림자가 두드러져 보이는 입체감 때문에 생긴 것이라면, 돌을 다시 살아 있는 사람으로 표현했던 리피에게 그림자는 실제 현존의 비유적 표명이 되었다. 매우 사려 깊게 전개되는 서술의 양식을 더 명확히 바라보기 위해, 1440년대에 그려진 리피의 다른 작품들과 비교할 필요가 있는데, 바로 이 시기의 작품들에서 프릭의 이면제단화가 제기한 것과 같은 문제들이 부상하고 있다.

피렌체에 있는 산로렌초 교회의 제단화를 장식하는 거대한 기둥은 리피가 1440년에 그린 것이다(도판 15). 프릭 컬렉션의 이면제단화처럼, 이 작품도 수태고지의 장면을 그린 것이다. 어느 쪽이 먼저 그려진 것인지 확정적으로 말하는 게 불가능하기 때문에[51], 우리는 기능과 형태 면에서 차이점들을 찾아볼 수 있을 뿐이다. 이 제단화에 쓰인 연출 방식은 매우 복잡하고, 또한 이전에 언급했던 이면제단화에서 보였던 요소들이 공간적으로 통합되는 정도로까지 발전해 있다. 우리는 프레임처럼 보이게 배치한 기둥을 통과해, 배경에 있는 시설물과 나무들의 거리감으로 통합되고 있는 원근법 영역으로 들어가게 된다. 이면제단화의 구조를 정의하는 구실을 하는, 화면을 분할하는 기둥은 허구와 현실 사이에 위치하는 기둥이 되었다. 그렇게 함으로써 장면의 재현이기도 하지만 패널오브제panel-object이기도 한 '이면제단화'는 단일한 장면으로 변모된다. 이 기둥이 이미지를 물리적으로 떠받치는 구실을 하는 두 나무 패널이 만나는 접합 지점을 가리고 숨겨 주는 구실을 하기 때문이다.[52] 사실상 우리는, 기둥이 원래부터 가

도판 15 프라 필리포 리피, 〈수태고지〉, 1440경, 나무판에 템페라, 175x183, 산로렌초 교회, 피렌체(이탈리아).

지고 있던 상징적 기능을 여전히 지니고 있는가 하는 것에 대해서는 의문을 가지게 된다. 이 의문은, 그림 속의 천사가 기둥을 가로질러 성모에게 배정된 영역으로 들어가려 하는 것을 볼 때 더 커진다.[53)]

이 그림 속에는 초월이라는 아이디어를 강화하는 다른 서술적 기호들이 존재한다. 그중 첫 째 것은 기둥 뒷부분에서 볼 수 있는 가브리엘의 망토 자락이 될 것이다. 또 하나는 성모 마리아의 태도, 즉 성경학자들이 말하는 '깊은 놀람' 을 표현하는 몸짓으로, 천사의 등장에 반응하는 그녀의 모습이다.[54] 그녀의 물러남과 공포는 존경을 담은 인사의 표시로 조용히 무릎을 꿇은 천사에 대한 반응일 뿐 아니라, (그보다는 오히려) 천사의 그림자에 대한 반응이기도 하다. 프릭 컬렉션의 이면제단화(그림 2)에서는 가브리엘의 검은 그림자가 두 패널 사이에 있는 공간에서 끊겨 있다면, 산로렌초 교회의 제단화에서는, 범할 수 없는 경계를 넘어, 왼쪽에서 오른쪽으로 가는 천사의 움직임을 그림자가 따라가고 있다.

리피는 프릭 컬렉션에 있는 이면제단화에서 천사의 그림자가 성모에게 닿지 않는다는 사실과 'obumbrabit' 가 성모의 몸에 떨어지는 빛의 직접적인 결과라는 사실을 강조했다. 산로렌초 교회 제단화에서(도판 15, 16), 리피는 같은 아이디어를 사용하지만 더 복잡한 상징적 해석을 보여 준다. 성육신을 재현하는 기둥이 서 있는 천사와 성모 마리아 사이, 기둥이 이미지에 속해 있는 만큼 관객의 '실제' 공간에 속해 있기 때문에 모호해 보이는 전경에, 리피는 기하학적 가치뿐 아니라 상징적 가치를 지닌 투명한 꽃병을 끼워 넣었다. 리피는 아마도, 꽃병으로 마리아의 순결성을 상징했던 플랑드르 회화에서[55] 다시 한 번 영감을 받았을 것이다. 그러나 리피가 이 오브제에 부여한 상징적 구실은 더 복잡하고, 두 세계 사이의 경계라는 위치 설정은 더 표현적이다. 화가의 의도는 대단한 신학 지식을 가진 사람뿐 아니라 보통의 방관자/신자들에게도 명백하게 보일 것이다. 전문가들은, 이탈리아 찬송가에 오랫동안 리피가 그렸던 아이디어가 전해 내려오고 있었다는 점과, 또한 그 시대의 신학자들은 꽃병을 파괴하지 않고 관통하는 빛이라는 주제에 관해 광범위하게 의견을 피력했다는 점을 지적했

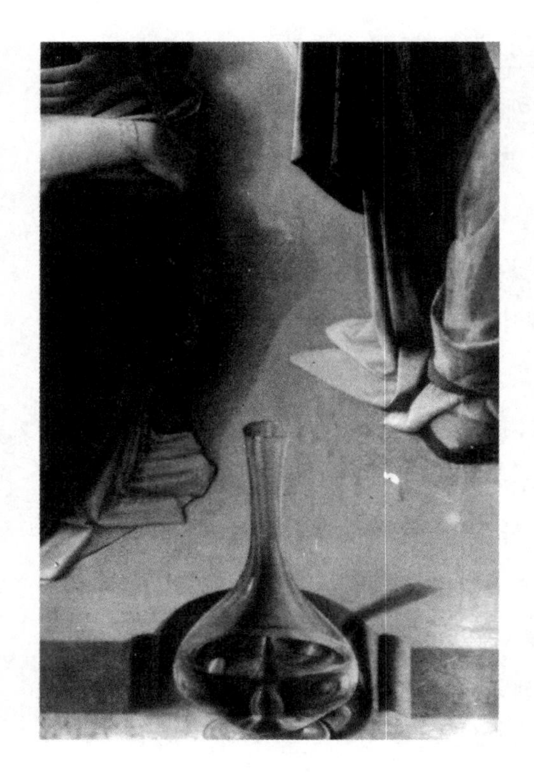

도판 16　도판 15의 부분.

다.[56] 산로렌초 교회에 있는 수태고지 그림에 등장하는 유리병으로 생기는 작은 그림자는 성육신화가 일어나는 바로 그 '지점'을 뜻하는 것이며, 그 성육신화에 대한 은유다. 프릭 컬렉션의 이면제단화에서, 리피는 추정에 의해 내용을 만들어냈고, 해석까지도 시도했다. 왜냐하면 그는 이면제단화 속 내용이 성경 이야기 속에도 들어 있음을 (그림의 가장자리에 서 있는) 관객의 '눈앞에' 제시했기 때문이다.

이 때문에, 또한 이 그림을 낳게 한 과정을 존중해, 우리는 분석을 더 해야만 한다. 이 그림자를 (혹은 그 의미를) 좀 더 명백하게 설명하려는 어떠한 시도도 오해를 일으키게 될 것인데, 왜냐하면 리피의 의도는 그림자를 알기 쉬운 것으로 묘사하기보다는 그 반대로, 즉 신비한 것으로 묘사하고자 했기 때문이다. 그럼에도, 성서해석학의 요구에 부응해 보자면, 리피에게 상징으로서의 그림자는 *끝없이 해석 가능한 상징*이라고 말할 수 있다.

우리는 15세기에 그림자 이미지가 등장하는 그림들 중에 이 경우와 유사한 (그러나 같지는 않은) 문제들이 보다 이해하기 쉬운 수준으로 그려진 예들을 살펴봄으로써 도움을 얻을 수 있을 것이다. 독일 남부에서 태어났지만 지금의 스위스 지역에서 활동을 했던 미술가 비츠Konrad Witz의 예를 살펴보자.

비츠는 그림자의 투사에 관한 플랑드르의 실험에 상당히 동화되어 있었다.[57] 그가 이 주제에 관해 매우 잘 알고 있었음이 증명되었고, 또한 그는 비범한 재치wit를 통해 자신의 지식을 탐구해 나갔는데, 아마도 이런 이유에서 비츠가 자기 이름의 의미를 언급하기를 즐겼을 것이다(Konrad Witz/Conradus Sapientis: 'Sapientis'는 라틴어로 '재치 있는', '슬기로운'을 뜻함—옮긴이). 비츠는, 다른 것 중에서도, 그림의 영역 밖에 있는 오브제에 의해 드리워지는 그림자에 관한 한 손꼽히는 전문가였고, 때문에 그는 관객과 이미지 사이의 유머러스한 대화를 만들어나갈 기회를 얻을 수 있었다. 고대적 금빛을 배경에 씀으로써 그 실험성을 한층 강화시키는, 흔히 보기 어려운 비츠의 접근법은 특별한 연구를 필요로 하지만, 그것은 이 책의 연구 범위를 넘는 일이 될 것이다. 따라서 나는 비츠의 작품 가운데 단 한 작품, 성 베드로에게 봉헌된 제단화의 한 패널인 1444년 작 〈동방박사들의 경배〉(그림 5)만을 분석 대상으로 삼으려 한다. 이 장면을 묘사하면서, 미술가는 자신의 작품에 전형적으로 써왔던 투사의 기술을 사실상 포기했다. 작품에는 많은 그림자들이 등장하는데, 거의 모든 그림자들은 재현의 영역에서 사물들과 사람들에 의해 차단되는, 오른쪽 위에서 비추는 빛에 의해 만들어졌다. 빛에 의해 드리워진 그림자의 원근법적 선과, 기하학적 타일 위에 보이는 세 동방박사의 실루엣 투사, 그리고 인물들과 빛과 공간 사이의 관계에 대한 플랑드르파의 영향이 엿보이는 탐구는 모두 칭송받을 만하다. 그러나 이 장면의 한가운데에 놓임으로써 화면 전체의 구성을 지배하는 것은, 베들레헴의 마구간 벽에 있는 그리스도와 마리아의 그림자다.

우리는, 그림자의 윤곽이 그 그림자를 드리운 사람들의 모습과 꼭 맞아떨어지지 않는다는 사실에 또한 놀라게 된다. 이 부분에 대해서라면, 마리아와 아기 예수의 머리 부분이 나중에 수정되었다고 설명할 수도 있을 것 같다. 그러나 이러한 수정 때문에 예수의 자세가 이렇게도 급격하게 바뀐 것일까? 어머니 품에 안겨 있는 아기 예수는 그림의 바깥쪽에 있는 광원을 향해 앉아 있는 반면, 벽에 비친 아기 예수의 그림자는 무릎을 꿇고 있는 동방박사를 향해 있고, 아기 예수는 선물을 받으려고 손을 내밀면서 동방박사와 교감을 하고 있는 것으로까지 보인다. 우리가 여기서 볼 수 있는 것은 서사와 일체를 이루고 있는 그림자이고, 이에 대해서는 설명이 더 필요하다. 그러나 이에 대한 해답을 얻으려면 우선 전체 장면을 면밀하게 살펴보아야 한다.

비츠의 그림은 마태복음의 구절에 기반을 둔다(2:9~11).

> 그들은(동방박사들은) 길을 떠났다. 그때 동방에서 본 별이 그들을 앞서 가다가 마침내 그 아기가 있는 곳 위에 이르러 멈추었다. 그 별을 보고 그들은 대단히 기뻐하였다. 그리고 그 집에 들어가 마리아와 함께 있는 아기를 보고 엎드려 경배하였다. 그리고 보

물 상자를 열어, 황금과 유향과 몰약을 예물로 드렸다.

비츠가 묘사한 장면과 원래의 성경 구절 사이의 차이점들을 찾아내는 것은 어렵지 않다. 그 차이점들은 오래고도 복잡한 해석학적, 도상학적 전통의 산물이다.[58] 여기에는 단순한 변칙 이상의 것들이 존재하는데, 그러한 것들은 성경이 말하고 있지 않은 예외적이고 혁신적인 세부에서 드러난다. 그중 가장 중요한 것은, 그림자를 예로 들면, 오로지 '미장센'에서 비롯한 부분이다. 그 예외적 도상들은, 말로 의미를 나타내기는 어렵지만, 회화 차원에서는 중심 구실을 하는 것들이다. 이 그림은 또한 보다 일반적인 자연을 혁신적인 모습으로 제시하고 있는데, 그 예로 그림 속의 무대장치를 들 수 있다. 수수한 베들레헴의 마구간은 사실상 허물어져 가는 우아한 옛 건물이다. 거칠게 묘사된 벽은 무너져 가는 상태지만, 마구간 입구는 과거의 영광을 볼 수 있게 하는 기호인 조각상으로 장식되어 있다. 이러한 요소들은 분명, 고대 신전의 복원과 관련해서, 예수의 탄생이 구약의 예언을 완성하는 것이라고 믿는 사상의 일파를 암시하는 것이다. 이러한 전통의 틀 속에, 비츠가 잘 알고 있었던 이론, 이른바 베들레헴의 마구간을 폐허가 된 다윗의 고대 궁성과 연관시키는 이론이 존재한다.[59] 초기 네덜란드 화가들의 그림에서처럼 세 동방박사도 의미심장하게 그려진 인물들이다. 왕과 예언자들은 갖가지 방식으로 성육신을 예언했던 사람들이다. 그들과 그들이 전하는 특별한 메시지는 이미 전문가들에 의해 밝혀져 있다.[60] 그러나 이 메시지를 전달하는 조형 양식은 분석된 바 없다. 만일 이 인물들을 면밀하게 살펴본다면, 그 인물들이 그림자에 관한 플랑드르의 전통을 연상시킨다는 것을 알게 될 것이다. 그러나 그 작품 속에 등장하는 예술적 기교가, 그 인물들이 거기에 있는 이유를 설명하지는 못할 것이다. 내 견해로는 구약의 *그림자, 인물, 활자, 신비, 예시 속에* 나타나 있는, 희생과 구원의 *장소*를 부활시키려는 게 비츠의 의도다. 비록 실제로는, 그것들이 *진실로* 나타났던 것은 오로지 성육신에서였지만 말이다.[61] '형상들'과 '그림자들'은 각각 문 앞에 펼쳐지는 장면을 주시한다. 왼쪽에 그려져 있는 솔로몬은, 동방박사들이 모두 구세주에게 예물을 바치고 그 앞에 엎드릴 것이라고 예언했던 바 있다(시편, 72:1~11). 다윗 또한 "왕들"이 "네 앞에 나타날 것"(시편, 68:29)이라고 믿었고, 이사야도 역시 "소도 제 임자를 알고 나귀도 주인이 만들어준 구유를 안다"(이사야, 1:3)라는 예언을 했다. 이 예언들과 경배는 세 동방박사에게 해당되는 것으로, 동방박사들이야말로 갓 태어난 아기 예수의 신적인 본성에 가장 먼저 이 예언들을 적용시킨 이들인 것이다. 그러나 비츠는 아기 예수와 동방박사의 사이에 아기 예수의 그림자를 그려 넣음으로써 아기 예수의 인간적 본성을 찬양하고 있다.

여기서는 지나친 단순화를 경멸하지 않는 게 중요하다. 예수 그리스도의 그림자는 살을 만드는 말씀의 그림자다. 동방박사들의 경배 장면에서, 그리스도가 '나타나고' '스스로 모습을 보이는' 바로 그 순간에, 그림자는 육체 속에 들어간 신성의 실제 현존을 증명하기 위해 거기에 있는 것이다. 아마도 이러한 그림을 탄생시킨 원인을 제공한 복잡한 신학적 분위기 속에서, 성모의 그림자와 똑같은 밀도를 가져야 하는 그리스도 그림자의 재현은, 가시화해야 하는 성육신의 현실감에 대한 요구로 규정될 수 있을 것이다. 현명하고 재치 있는 비츠는 아마도, 당시 지식인들이 물리적 형태를 띤 신성의 재현을 언급할 때

썼던 'epiphaneia/ostensio evidentiae', 'skia' 등의 용어들을 가지고 유희하는 것을 좋아했던 것 같다.[62] 그는 반 데르 웨이덴Rosier van der Weyden 등의 초기 플랑드르 화가들이 이미 썼던 도상 아이디어를 서술적으로 발전시켜서 이러한 복잡한 *미장센*에 이르렀을 것이다.

이를테면 웨이덴은 작은 크기의 〈성모자상〉(그림 6)에서, 역시 그림자를 '실제 존재'를 의미하기 위해 사용하고 있다.[63] 웨이덴이 예언자들에게 의존해 호소력을 발휘하고 싶어했던 것은 매우 흥미로운 일이다. 이 작품에는 성육신의 예언자들이 벽감의 왼쪽 기둥에 작은 조각상으로 나타나 있고, 벽감 위에 고딕식 아치로 부조처럼 보이게 만들어진 곳에는 성육신화부터 부활에 이르기까지, 말씀이 살이 되는 과정을 떠올릴 수 있게 되어 있다.

이제 비츠의 작품(그림 5)으로 돌아가 보면, 비츠만의 독특한 화면 구성 방식을 알 수 있다. 다윗의 집을 그릴 때 비츠가 고수하는 '각진 형태'는 매우 놀랍다. 그것은 구원의 상징들이 정렬되어 있는 축을 닮아 있다. 그 상징들이란 '그림자들과 형상(인물)들'로 임박한 구원을 예언하는 것, 낡은 세계의 멸망, 그리스도의 그림자 등이다. 이 인물들과 상징들의 축은 이야기 전개의 지평과 맺는 관련 속에서 해석되어야 할 것이다. 왼쪽에 무릎을 꿇고 있는 동방박사는 몰약沒藥을 아기 예수에게 바치고 있다(아기 예수의 그림자는 이 선물을 받기 위해 몸을 앞으로 기울이고 있다). 오른쪽에는 말구유가 보이는데, 그곳에서 성모가 아기 예수를 데리고 나와 방문자들에게 보여 주고 있다. 또한 둘째 동방박사가 손을 들어 가리키고 있는 것이 바로 이 구유인데, 사실상 이곳은 상징들이 서로 꼬리를 물고 이어져 있는 곳이기도 하다. 이제 그것들을 해독해 보기로 하자.

동방박사들의 경배를 다루고 있는 모든 전통들에서, 몰약은 항상 그리스도의 비극적 운명, 즉 인류를 구하기 위해 죽을 것이라는 사실을 지시한다.[64] 한편 말구유는 제단의 상징으로, 그곳에서 성체의식이 있게 된다.[65] 비츠가 간과하지 않았던 또 다른 전통에 의하면, 불가사의한 별이 있어 그 별이 아기 예수가 있는 곳으로 동방박사들을 인도했을 뿐 아니라 예수가 나중에 십자가형을 당할 때도 그 사실을 알리는 역을 했다고 한다.[66] 비츠가 매우 특별한 위치에, 즉 건물 골조의 십자가 모양 그림자 위에 별을 그려 얹은 것은 전조前兆와도 같다. 더군다나 예수의 그림자가 갈라져 보이는 것은 구원을 위해 요구되는 희생 속에 놓인 몸의 실제 존재를 강조하기 위한 것이라고 볼 수 있는 것이다.

이제 우리는 피할 수 없는 결론에 이르게 되었다. 나는 결론을 내리기 위해 끝으로 작품을 하나 더 보고자 하는데, 이 작품은 너무도 진기해서 그리스도를 재현하는 방법에 대한 충실한 성찰과 비견되는 가치를 지닌다. 우리가 보려는 작품은 현재 파르마 국립 미술관에 소장되어 있는 페나치Pier Maria Pennacchi: 1464~1514/15의 것으로 여겨지는 그림(도판 17)이다.[67] 이 화가는 벨리니Giovanni Bellini나 메시나Antonello da Messina 같은 베네치아 미술가들의 방법에 친숙해 있었던 비非주류 미술가다. 이 작품은 독자적인 작품으로, 그 원래의 기능이나 의미는 알려져 있지 않다. 구세주는 왼손에는 책을 들고, 오른손으로는 축복의 손짓을 하며 서 있다. 이는 말할 것도 없이 도상으로 표현되던 축복의 이미지에 대한 고대적 요소를 발전시킨 재현 형식이다. 작품의 혁신적인 면은 그림자의 존재에 있는데, 여기서 그림자는 실제 기하학적으로 분석된 투영에 의해 만들어진 것이고, 그 그림자가 이 작품에 의

도판 17 피에르 마리아 페나치, 〈구세주의 축복〉, 1500경, 나무판에 유채, 141x68, 파르마 국립미술관, 파르마(이탈리아).

미를 부여한다. 처음부터 우리는 그리스도의 이중적 본성에 대한 이미지화한 담론의 기호들을 바라보도록 이끌린다. 그러나 이 도상의 교의, 즉 그려진 이미지는 *오로지* 성육신 덕분에 가능해진 것이고 또한 *오로지* 육화한 그리스도를 재현하고 있는 것이라는 교의는 결코 포기된 것이 아니라는 사실을 잊어서는 안 된다.

이 16세기의 그림은 매우 계몽적인 시대착오를 효과적으로 보여주고 있다. 이는 르네상스 시대, 말하자면 이미 정복된 미메시스의 도구들을 가지고 이미지를 창조하는 시대의 도상인 것이다. 게다가 우리가 보고 있는 것은 '예수', 육화된 말씀이다. 들고 있는 책은 하느님의 말씀을 상징하고, 그림자는 육체의 증거다.

3. 회화에서의 그림자

《예술의 서》 제8장에서 첸니니가 했던 충고를 다시 떠올려보자.

> 드로잉을 할 때 빛의 발산을 조절하라. 그리고 태양빛이 떨어지는 지점을 너의 왼편에 두어라.

이 말의 의미는 의심의 여지없이 우리에게 전해진다. 이 미술가가 오른손잡이고, 그의 옆에 빛이 떨어지면 손의 그림자가 종이에 비쳐 매우 짜증스럽게 창작을 방해할 것이기 때문에 말이다. 첸니니가 얘기한 이 말의 중요성은 그 문단의 마지막 내용을 읽을 때 한층 선명하게 부각된다.

> …… 철필을 작은 패널 위에 너무 가볍게 스치기만 하면 원래 그리려 했던 것을 완성하기 어려울 것이다. 붓질을 점점 더 강하게 하고, 그림자처럼 보이게 하기 위해 수없이 되풀이해 그려야 한다. 그림자를 더 어둡게 강조하려면 되풀이해서 칠하면 된다. 이렇게 태양빛과 너의 눈빛 그리고 너 자신의 손을 키와 조타수로 삼아라. 이 세 가지가 없이는 아무것도 체계적으로 이루어질 수

도판 18 그림 7의 부분.

없기 때문이다. 또한 그리면서 혼란스럽게 흩어져 있는 광선을 가지런히 정렬하라. 그리고 태양빛이 너의 왼편에서 떨어지게 설정하라.

첸니니는 조그만 방해물에도 그르칠 수 있는, 고도의 기술을 필요로 하는 과정을 분명하게 언급하고 있는 것이다. 왼쪽에서 흘러나오는 은은한 빛은 작품의 성공을 보장해 준다.

자기미메시스

만일 위와 같은 내용이 드로잉 도제 수업의 표준 가운데 하나였다고 한다면, 왜 헴스케르크Maerten van Heemskerck 같은 네덜란드 화가가 그것을 알아차리지 못했는가 하는 의구심이 드는 게 마땅하다. 〈성모의 초상을 그리는 성 누가〉(그림 7, 18)를 묘사하는 그림에서, 성모자상을 그리고 있는 작은 보드에 화가의 오른손 그림자가 드리워지고 있기 때문에, 그는 첸니니의 충고를 완전히 무시한 셈이다. 이 그림자의 투사는 명백하다. 우리는 그림자에서 손가락과 붓끝까지도 완벽하게 볼 수 있는 것이다.

전체 구성은 역설적 상황에 놓여 있다. 이미지를 그리기 위해, 손과 붓이 그림의 표면에 가까이 다가가는 순간 그 손과 붓의 그림자에 닿고 있는 것이다. 그림의 모든 세부 사항들은 너무도 확실하고 강력해서 화가가 그 타당성을 심사숙고하지 않았다고는 생각할 수 없다.

이 그림은 헴스케르크가 이탈리아에서 오래 머무르고 나서 네덜란드에 돌아와 그린 그림이다. 이 그림은 진정으로 인문주의 화가의 작품으로, 헴스케르크가 16세기 중반 이탈리아에서 전개되었던 새로운 예술이념에 정통해 있음을 보여 준다. 비록 헴스케르크가 첸니니의 텍스트에 대한 직접적인 지식이 없었는지 모르지만(아마 그럴 것이다), 그럼에도 헴스케르크는 작업실 생활의 한계와 주된 의무를 알고 있었다. 심지어 이것은 그의 그림이 표현하는 중요한 주제이기도 할 것인데[1], 왜냐하면 복음서 저자 성 누가가 바로 화가들의 수호성인으로 알려져 있기 때문이다. 첸니니는《예술의 서》첫 장에서 누가가 '최초의 기독교 화가'라고 언급한 바 있다. 헴스케르크의 그림 속에서 누가는 과학 서적과 물건들에 둘러싸인 인문주의 화가로 그려졌다. 그림에서 누가는 로마 궁전의 *안마당*에 앉아 있고, 위쪽에는 한 조각가가 바쁘게 작업을 하는 모습이 그려져 있다. 그림 속 이 장소는 고미술품들로 장식되어 있는데, 조각상 중 하나는 성모(그림의 전경에서 실제로 포즈를 취하고 있는)의 '고전적' 모델로 볼 수도 있고, 혹은 그림과 조각, 새로운 미술과 고전 미술 사이의 비교 요소로 볼 수도 있겠다. 행위가 일어나고 있는 중경에는 기술적 섬세함이 넘쳐난다. 팔레트는 색을 알아볼 수 있도록 배치되어 있고, 또한 성모와 아기예수의 초상이 스케치된 화면의 윗부분 절반쯤이 볼 수 있게 되어 있다. 첸니니의 취향에서 보자면 지나치게 강한 듯한 일광이 화면에 흘러넘치고 있다. 초상화는 아직 시작 단계인 것으로 보인다. 화가는 육화된 성모자의 윤곽을 그리고 있다. '육체의 그림자'를 가로지르는 '손의 그림자'는 심각한 이중의 위반을 감행한다. 그 하나는 외부의 그림자 투사에 의해 방해받는 '음영shading' 단계이고, 다른 하나는

(가장 중요한 것으로) 이 그림의 실제 주제다. 필자는 이 복음서 저자가 도상을, 항상 *아케이로포이에톤*(acheiropoieton : 영어의 'not made by the hand of man' 으로 풀이되는 그리스어—옮긴이)으로 일컬어지는 특별한 종류의 이미지, 말하자면 '사람의 손으로 만들어지는 것이 아닌' 것을 창조하는 중임을 시사하고 있는 것이다. '인간의 것이 아닌' 특성을 강조하기 위해 다른 화가들은 때때로 천사가 화가의 손을 이끌고 있는 것으로 묘사하곤 한다. 하지만 헴스케르크는 전혀 다른 길을 택하고 있다. 그가 그린 누가는 너무나 개성적인 얼굴을 하고 있어서, 우리는 그 얼굴이 화가의 자화상이 아닐까 추측하게 되는 것이다. 그는 사실상 숨겨 두어야만 하는 것을 강조하고 있다. 바로 화가의 손이다.[2)]

그림 표면에 그림자를 드리우고 있는 손은, 이미지가 막 그려지고 있는 순간의 충격을 나타낸다. '인간의 손으로 만들어지는 것이 아니지만' 그리는 자의 손 그림자가 이미지를 방해하는 바로 그 순간에 그려지고 있는 도상은, 말할 것도 없이 역설의 상황이며, 이에 대해 헴스케르크는 분명 인식하고 있었을 것이다. 이러한 역설이 어떻게 발생하는지에 대한 의문을 가지는 것은 당연한 일일 것이다.

필자는 이에 대한 설명을 르네상스기에 이탈리아에서 발전했던 새로운 예술적 감성에서 찾아야 한다고 본다. 헴스케르크가 이탈리아에서 '모든 화가는 자화상을 그린다' 는 유명한 금언을 들었을 것은 의심의 여지가 없다. 이에 대해 여기서 자세히 설명하기는 어렵지만, 어쨌든 작품 속에 나오는 화가의 얼굴이라는 개념은 하나의 주제로까지 발전되었다.[3)] 그와 관련해 우리는, 동일한 모티프가 알베르티의 자아도취적 패러다임에서 간접적으로 등장한 일이 있고, 또한 비록 많이 바뀌기는 했으나 미술의 기원에 대한 바사리의 새로운 신화에서 재등장했다는 사실(도판 6)을 되새겨보면 된다. 바사리의 《미술가 열전Le Vite De' Piú Eccellenti Architetti, Pittori, Et Scultori Italiani》이 1550년에 초판 발행되었던 당시는 최초의 이미지는 화가의 그림자라고 여겨졌다. 헴스케르크의 작품을 이런 의미 변화의 문맥 속에 위치시키지 않는다면, 또한 그 함의를 고려하지 않는다면, 그의 작품을 제대로 보기 어려울 것이다. 헴스케르크는 대단히 뛰어난 주도면밀함을 보이고 있다. 그의 그림은 '성모를 그리는 성 누가'라는 고전적 주제로 그려졌으며, 바로 이 주제가 왜 자기미메시스automimesis적 그림자 투사가 하나의 암시 이상이 될 수 없는지를 설명해 준다. 이 그림의 두 중요한 특성이 새로운 자아의식을 공표하고 있는데, 그 하나는 '자화상' 속성을 띠는 누가의 머리 부분이고, 다른 하나는 원칙적으로 '저자가 없는' 이미지에 부가되어 암시적 서명의 구실을 하는 손이다.

그러나 그려지고 있는 그림 위에 드리운 손의 그림자는 덧없는 존재일 뿐이다. 그림자는 관객으로 하여금 이 작가의 표식이 실제로 창조 행위 속에 기록되어 있다고 상상하도록 이끌어주지 않는다. 그림자는 그 그림자의 덧없는 현존처럼, 무상한 기호의 '부유'에 더 가까운 것이다.

다음에 소개되는 부알로Nicolas Boileau의 아름다운 아포리즘은 17세기에 쓰인 것이다.

> 그림에 광채를 주는 것은 그림자다.
>
> —《풍자Satire》, IX

이렇게 《시학L' Art Poétique》의 저자인 부알로는 미술 작품에 미완성의 원칙을 도입했다. 오로지 해석의 첫 단계에서만 이 금언은 '빛남'을 보증해 줄 뿐, 다른 경우에는 오류로 여겨질 수도 있다.[4] 부알로는 그림자에 정반대되는 것('광채')을 투사함으로써 어둠과 빛의 은유적 관계를 역전시킨다. 그는 부재하는 주제의 왜상화법歪像畫法: anamorphosis을 확립시키려고 한 것이다. 따라서 그림에 필요한 '그림자'를 드리워 바라보는 것은 관람자에게 달려 있으며, 그렇지 않고는 작품은 어떤 '광채'도 가질 수 없게 된다. 그러나 작품을 받아들이는 실제 행위에서 이미지를 떠올리게 하는 데 필요한 관람자의 그림자-형상shadow-figure은 그 자리가 현재 비어 있는 원본 형상을 대치할 뿐이다. 최초의 '그림 속 그림자'는 창조자 자신의 그림자인 것이다.[5]

서구의 재현의 역사를 통해 필자는 이 모티프의 아바타들이 누려야 할 이론적 지위를 확보하려는 연구에서 이정표들을 세우고자 한다. 비록 헴스케르크의 그림에서 발단하기는 하지만, 그 진정한 시작은 고전 시대에 있다. 그러나 그것이 번성하게 된 것은 우리 시대에 이르러서다.

벨로리Giovan Pietro Bellori는, 로마에 있는 성 누가 국립아카데미에서 1664년에 처음으로 발표된 '화가와 조각가, 그리고 건축가의 이데아'라는 제목의 선언-담화서manifesto-discourse를 1672년에 출판할 때, 에런드Charles Errand의 판화(도판 19)를 권두화卷頭畵로 선택했다. 이 작품에는 눈을 하늘로 향하고 있는 반라半裸의 여인이 보인다. 그녀는 왼손에 디바이더(divider: 길이를 측정하고 측정된 길이를 다른 곳에 옮기거나 또는 거리를 등분하는 기구—옮긴이)를 들고 오른손에는 붓을 들고 있으며, 그것으로 초벌그림이 거의 없는 화면에 붓질을 하고 있다. 그녀의 오른손은 화면에 그림자를 드리우고 있다.[6] 벨로리는 글에서 이러한 세부의 중요성에 대해 설명을 하고 있지는 않다. 플라톤주의와 아리스토텔레스주의를 합친 말투로[7], 벨로리는 다음과 같이 구체적 진술을 한다.

> …… 최초의 숙련자를 모방하는 고귀한 화가와 조각가들도 역시 최고의 아름다운 모델을 상상하고, 그것에서 눈을 떼지 않으면서 적당한 색과 선들로 자연을 수정해 나가는 것이다. 이 이데아, 혹은 그림과 조각의 여신은 …… 대리석과 캔버스에 형태를 부여하고 작업에 착수한다. 그녀는 자연에서 비롯되었지만 그 기원을 초월해 예술의 기원이 된다. 이성의 디바이더로 측정함으로써 그녀는 창조적 손의 척도가 되고, 또한 상상력을 배가함으로써 이미지를 현실화한다. 가장 위대한 철학자들은, 장인들의 영혼 속에서 주목할 만한 근원들을 찾아볼 수가 있으며, 그 속에서 자기들은 더없이 아름답고 절대적으로 완벽한 존재로 영원히 남는다고 주장해 왔다. 화가와 조각가의 이데아는 그들 마음속에 있는 이 완벽하고 훌륭한 모델이다. 이 모델은 우리가 보는 것들과 닮아 있는데, 우리가 보는 것들이 이데아의 시각화한 형태를 가시화해 주기 때문이다.[8]

위 텍스트를 면밀히 살핌으로써 에런드의 판화 작품을 한층 더 잘 설명할 수 있게 된다. 나체의 여인은 이데아 자체다(이데아/데아 Idea/Dea = 이데아/여신Idea/Goddess 간에 음의 유사함에 유의해야 한다). 나체의 여인은 벽돌과 대리석, 캔버스가 갖추어진 공간에 있는데, 이것

도판 19 지오반 피에트로 벨로리, 찰스 에런드의 판화, 〈이데아〉, 벨로리의 〈현대 화가, 조각가, 건축가들의 생애〉에서, 로마(이탈리아), 1672.

들은 모두 이데아가 바꾸어나가게 될 비어 있는 것의 상징들이다. 거의 기본적인 배경 속에서, 중요성을 가지는 최초의 대상은 분명 화면 맨 왼쪽에 있는 입방체다. 입방체의 표면에 새겨져 있는 이데아IDEA라는 낱말은 이 판화 작품이나 벨로리 글의 부제가 아니다(이데아라는 단어는 그림 바깥에 있는 소개문에 나와 있다. 이 단어는 그림 바깥에 그림을 소개하는 구절로 나타나 있다). 이 작품의 목적은 조각가들이 대리석 덩어리에 반드시 이데아를 새겨 넣어야 한다는 것을 말하려는 데 있다. 비록 (귀퉁이에 '돌새김'으로 재현된) 도입부가 실제로 완벽하고 섬세하게 균형이 잡힌 재현으로 발전되고 있을지라도, 입방체에 기대어 있는 캔버스/그림은 많은 세부 묘사를 더함으로써 플라톤적인 미학에 근거를 둔 담론을 지속시키고 있다. 알레고리가 숨겨진 여신의 나체는 덧없는 형상이다. 그녀의 눈은 완전한 아름다움의 모델이 존재하는 천상에 고정되어 있다. 이 모델은 측정기구인 디바이더 아래 있는 마음속에서('지성' 속에서) (재)형상화하고, 또한 (오른손을 통해) 캔버스에 전이된다. 여기서 두 이미지가 겹쳐진다. 이 두 이미지는 투영의 이미지들이다. 하나는 그림의 표면에 그려지고 있는 거의 알아보기 힘든 실루엣이고, 다른 하나는 손의 그림자다. 후자는 이 작품 전체에서 가장 '플라톤적인' 요소다. 이 손의 그림자는 '천상의 모델'(그 자체로는 비가시적이지만, 이데아의 황홀경에 빠진 눈에는 보이는)과 대비를 이루는 '실천'의 그림자다. 손은 아이디어를 실체화하기 위해 '실천'이 개입된다는 사실을 깨닫게 해주지만, 그 손은 또한 실천의 정확한 한계를 그리고 있기도 한 것이다.

> 옛 현자들은, 항상 자연물의 가장 아름다운 측면을 바라봄으로써 이데아와 미의 여신을 형상화했다. 기본적으로 실천에 근거한 다른 이데아는 끔찍한 것이고 대단히 악한 것이었기 때문에, 플라톤은 이데아가 자연에 뿌리를 둔 사물에 대한 가장 완벽한 이해가 되기를 원했다. 퀸틸리아누스는 어떻게 모든 사물이 예술에 의해 완벽해지는지, 어떻게 인간의 마음이 자연 그 자체에서 영감을 얻는지, 그리고 진정한 이데아가 어디에서 나오는 것인지에 대한 가르침을 준다. 결론으로, 진리를 모르는 자들, 그리고 자신의 작업을 전적으로 실천에만 두는 사람들은, 완성된 형상이 아닌 애벌레 단계의 형상을 그려내는 것이다.[9]

벨로리의 글과 에런드의 판화는, '나쁜 실천'에 대한 비판이며, 또한 미켈란젤로에서 그 절정을 이루는, '지성'과 '손'이 불균형을 이루는 철학에 대한 비난으로 여겨진다. 이 피렌체 사람은 자신의 시詩

속에서 '이성의 지령을 듣는 손'을 찬양하기도 했지만, 이는 초기 주석가들(바사리, 바르치Benedotto Varchi 등)이 만장일치로 비판하는, 개념을 '성취하는' 데에서의 모종의 무능력을 실천 단계에서 몰아내기 위한 방법에 지나지 않는다.

도판 20 치로 페리, 〈드로잉 학교〉, 1665~75경, 종이에 드로잉, 우피치 미술관, 피렌체(이탈리아).

플라톤의 모티프에 대한 벨로리 해석의 중요성은, 같은 논제에 대한 동시대인들의 다른 우의적 담론들과 비교할 때, 또한 벨로리의 해석이 이후에 다양한 형태로 재생되고 변용되는 것을 볼 때 가장 잘 드러나게 된다. 벨로리의 책에 권두화로 실린 에런드의 판화에 내재하는 깊은 함의는 이탈리아 미술가 페리Ciro Ferri의 드로잉에서 되풀이되면서 더욱 확실해진다(도판 20).[10] 이 드로잉은 벨로리가 만든 설정을 발전시킨 것으로, 그 배경이 미술학교의 작업실로 구체화하고 변형되었다. 이데아는 실제 이젤과 캔버스를 앞에 두고 작업실의 한가운데에 자리를 잡고 있다. 에런드의 작품에서처럼 여신은 빈 왼손에 팔레트 하나를 손에 쥘 수도 있음에도, 팔레트를 가지고 있지 않다. 이는 아마도 ―이론을 표현하고자 하는 이러한 그림 속에서― 이데아가 붓을 마치 천상의 모델에 직접 담그는 것처럼 보이게 하기 위한 것 같다. 따라서 손과 팔의 그림자만이 등장하는 캔버스 표면상에 시각기호가 부족한 것도 벨로리의 맨 처음 영감을 시각적으로 강화시킨다. 이 장면의 허무하고 덧없는 특성을 강조하는 부가 요소가 존재한다. 모래시계를 들고 마치 자신이 작업을 하는 것처럼 공중에 떠 있는 푸토(putto: 토실토실하게 살진 발가벗은 어린아이의 상像. 르네상스와 바로크 시대의 신화적 또는 종교적인 회화, 조각에서 자주 날개 달린 모습으로 나타난다―옮긴이)가 실천의 실제 순간이 상징적으로 멈추었음을 나타내는 장면이 바로 그것이다.

그러나 벨로리가 '그림에서의 그림자' 라는 주제를 해설한 유일한 미술사가는 아니다. 이탈리아계 스페인 사람인 카르두초Vicente Carducho도 판화 작품(도판 21)으로 이 주제를 말하고자 하는데, 그의 저서 《회화의 대화Dialogos de la Pintura》(1633)의 마지막 부분에 이 대목이 등장한다. 카르두초는 이 주제를 말하기 위해 엠블럼 예술을 이용한다. 빈 캔버스 위에 붓이 그림자를 드리웠다. 리본과 함께 얽힌 월계관이 화면을 에워싸고 있다. 리본에는 아리스토텔레스에게서 영감을 얻은 라틴어 문구가 새겨져 있는데, '힘' 에서 '행동' 으로의 변화를 통해 '백지tabula rasa' 상태를 뛰어넘는 것을 찬양하는 내용이다. 이 엠블럼의 의미는 스페인어 4행연구四行聯句 속에 설명되어 있는데, 그 내용은 '최상의 과학' 에 의해 인도된 붓만이 이러한 초월을 이룰 수 있다는 것이다. 여기 이 논의의 맥락 속에서 특히 흥미로운 것은, 아직도 '백지' 일 뿐인 빈 서판에 어떤 선도 그려져 있지 않고 어떤 '완성된' 이미지도 없다는 것이다. 단지 붓의 그림자만이 존재할 뿐이다. 이 그림자가 선의 기능을 흉내 내고 있거나 혹은 (적어도 한 순간만큼은) 대체하고 있는 것이다. 마치 그것이 '행위의 선' 이고 그 이미지인 것처럼 말이다. 이렇게 함으로써 카르두초가 얻어내고 있는 것은, '붓의 그림자' 와 '선' 사이의 은유적 동일성에 대한 제안이었다.

이러한 생각은 아마도 그 시대에 유통되고 있었던 엠블럼에 대한 책들에 영향 받은 듯하다. 이러한 엠블럼 중 하나로(도판 22), 플리니우스가 소개하는(《박물지》, XXXV, 84), 하루라도 선을 그리지 않은 날이 없었다는 전설 속의 인물 아펠레스Apelles의 일편단심에서 유래한 라틴어 경구가 들어 있는 일러스트레이션에서 보이는 선 그리기를 예로 들 수 있다. 카르두초의 그림에서와는 달리 이 그림에서는 선이 흐

도판 21 비첸테 카르두초, 〈타불라 라사〉, 카르두초의 《회화의 대화》의 마지막에 실린 판화, 마드리드(스페인), 1633.

도판 22 가브리엘 롤렌하겐, 〈하루라도 선을 그리지 않은 날이 없었다〉, 파리(프랑스), 1611.

려서 뚜렷하지는 않지만 가시적이다. 우리는 손뿐만 아니라 펜도 볼 수 있는데, 손과 펜은 둘 다 미묘한 그림자를 드리우고 있다. 이는 부유하는 창조 행위의 상징성을 강화시키면서, 그림자 모티프를 독립시키고 발전시켰던 카르두초의 엠블럼적 재현에서 비롯된 것이다.

그림자에 이렇게 상징적 의미를 부여하는 것은 카르두초가 자신의 자화상에 그림자를 사용함으로써 확실해진다(도판 23).[11] 이 작품은 이론적인 화가에 대한 (자기)헌정의 의미를 띤다. 관객은 카르두초가 《회화의 대화》를 집필하는 모습을 볼 수 있는데, 이 책에서 그는 미술적 재현과 '완벽한 화가'에 대한 자신의 생각을 기술했다. 그는 잠시 팔레트와 붓('색'의 도구들)뿐 아니라 종이와 직각자, 그리고 펜 홀더('드로잉' 도구들)를 (오른쪽) 옆으로 밀어놓고 있다. 자화상 속에는, 펜의 그림자가, 마치 그 책의 마지막 장에 그려진 판화에서처럼

도판 23 비첸테 카르두초, 〈자화상〉, 1633경, 캔버스에 유채, 91.9x85.1, 스털링 맥스웰 컬렉션, 폴록 하우스, 글래스고(영국).

(도판 21), 종이 위에 드리우고 있다. 카르두초는 이 책의 빈 페이지(제목만이 쓰여 있다)에 자신의 그림자가 생기는 것을 허용하고 있다. 이것으로 우리는 빈 종이를 기호로 가득 찬 페이지로 변모시킬 사람이 바로 '저자' 임을 알 수 있게 된다. 그는 '빈 서판' 의 잠재력을, 글과 드로잉이 가득한 완성 형태로 변모시키게 될 것이다.

이러한 문맥에서, 우리는 푸생Nicolas Poussin의 자화상(도판 24) 같은 고전주의의 유명한 자화상들의 충만한 당위성과 독창성을 새삼 인정하게 된다.

이 작품이 만들어지게 된 뒷이야기는 잘 알려져 있다. 1647년 4월 7일 로마에서 푸생은 자신의 친구이자 후원자인 샹틀루P. F. de Chantelou에게 한 초상화에 관해 편지를 썼는데, 샹틀루는 이 작품을 살 수 있기를 바랐다. 그러나 푸생은 샹틀루에게 '현재 로마에는 초상화

도판 7　　마에르텐 반 헴스케르크, 〈성모의 초상을 그리는 성 누가〉, 1553경, 나무판에 템페라, 205.5x143.5, 고고학 미술관, 렌(프랑스).

그림 8　　마리-루이즈 엘리자베스 비제-르브룅, 〈자화상〉, 1790, 캔버스에 유채, 100x81, 우피치 미술관, 피렌체(이탈리아).

살아 있지 않을 때 내가 이 작품 속에서 당신을 위해 행한 것을 나는 할 것입니다.[15]

이것은 단순한 상투적 인사말인가 아니면 그림의 경계에 놓인 어떤 행위에 대한 증거인가?

이 작품(도판 24)을 면밀히 살펴보자. 화면의 전경에 놓여진 것은 푸생의 반신 초상이다. 그림 속 푸생은 관객을 응시하고 있다. 그는 붓이 아니라 책을 들고 있다. 이것은 매우 중요한데, 곧 보게 되겠지만, 이 작품의 중심 주제가 재현의 '행위'이기보다는 재현의 '이론'이기 때문이다. 푸생의 뒤에는 캔버스가 여럿 보인다. 이 특별한 그림 속에, 미술과 문학의 관계는 특수하게 구성되어 있는데, 이 관계는 거의 모든 17세기 미술가의 초상화에서 어떤 형식으로든 등장하고 있다. 푸생은 연속된 캔버스들에서 빠져나와 전경에 위치해 있는데, 그의 자리는 예상되는 관객의 자리와 '배경'에 있는 예술의 자리 사이다. 왼쪽 그림의 편린들은, 벨로리가 이미 이해하고 있던 알레고리다.

이 그림 속에서 우리는 한 여인의 측면상을 볼 수 있는데, 그녀의 이마를 장식하고 있는 관冠에는 눈 하나가 그려져 있다. 이것은 그림을 상징한다. 두 손이 그녀를 감싸고 있다. 이 손은 그림에 대한 사랑과 우정을 나타낸다. 초상화 전체가 이 사랑과 우정에 봉헌된 것이다.[16]

화가의 반신상 바로 뒤에 있는, 틀이 짜여 준비된 캔버스는 이 작품의 비범한 면을 드러내준다. 여기에 새겨져 있는 메시지를 읽기/이해하기 위해서, 독자/해독자는 라틴어 읽기 능력을 기본 이상으로 갖추고 있어야 한다. 그는 무엇보다 아주 훌륭한 해석가여야만 하는 것이다. 최근의 성서해석학에서 지적하는 대로,[17] 그림이 없는 이 캔버스는 언어를 통한 실제 재현을 이야기하고 있다. '레장들리Les Andelys 출신 화가 푸생의 우상'은 무엇인가? 우리가 이 준비된 캔버스 *앞에서* 보는 것은, 프레임에서 나오는 것처럼 보이는 '유사성'(이 단어는 푸생과 후원자와의 서신 왕래에서 강박적으로 되풀이되었다)인가?

샹틀루는 분명, 푸생의 접근 방식의 미묘함을 알아차리고 이해할 만큼 충분히 지적인 인물이었다. 푸생은, 자신의 이름 POUSSIN이 쓰여 있는 곳에는 그림자를 드리우게 하고, 반면 다른 두 단어—EFFIGIES와 PICTOR—는 확실하게 보이도록 남겨 둠으로써 의미를 전달하고자 했다. 간단히 말해, 샹틀루는 이 작품이 초상화가 아니라는 사실에 바로 이 초상화의 유일무이성(푸생이 자신의 편지에서 강조한)이 있다고 이해해야 하는 것이다. 이와 유사하게, 이를테면 몽테뉴Michel Eyquem de Montaigne의 《에세Essais》(푸생의 작품과 함께 꽤 적절하게 비교가 되는[18])은 '자서전'이 아니라 '자아'에 대한 담론인 것이다. 푸생의 그림—샹틀루를 위한 우정의 징표인—은 초상화나 자화상이 아니고, 재현의 지위에 대한 생생한 담론이다.

여기서 부수적이지만 그 효과는 상당한 자료를 하나 밝혀야 하겠는데, 이 자료는 당시에 '그림자'와 '초상화'의 관계가 어떤 것이었는지를 드러내준다. 샹틀루는 자신이 펴내는 《저널Journal》(1665년 8월 19일자)에서 베르니니Gian Lorenzo Bernini의 견해를 자세히 언급한다.

밤에 누군가의 뒤에 초를 놓아 그의 그림자가 벽에 비치도록 한다면, 우리는 그 그림자에서 사람을 식별해 낼 수 있다. 어깨 위에 머리가 얹혀 있는 모양이 사람마다 다르기 때문이며, 다른 부분들도 마찬가지니 말이다. 더구나 초상화를 그릴 때 유사성을 위해 가장 먼저 보아야 하는 것은, 그 특수성을 고려하기 전에, 사람의 일반성이다.[19]

이 대목에서 놀라운 것은, '유사성'을 찾아내는 방법이 미술의 기원에 관한 그림자의 신화에 매우 밀접하게 연결되어 있다는 사실이다.[20] 그림자는 특수성보다 '사람의 일반성'을 드러내준다. 그림자는 그 원래의 상태에 대응한다. 푸생의 미장센에서 가장 중심적인 것은 푸생의 이름POUSSIN과 그의 그림자인데, 이 둘은 모두 빈 캔버스에 투영되어 있다. 캔버스는 미술가가 무엇인가를 그리는 중이기 때문에 존재하는 것이 아니라, 구성의 기교적 기법 때문에 거기에 있는 것이다. 푸생의 그림은 제작의 시나리오가 아니라,[21] 재현의 시나리오다. 따라서 이 '그림 속의 그림자'의 경우, 그림을 그리는 행위와 관계되는 것은 아무것도 없지만(이 장에서 분석했던 다른 그림들의 경우처럼), 유사성의 상태와는 관계가 있다. 15세기에 시작되었던 전통의 극점에서, 이 작품은 완벽한 미메시스에 대한 담론의 결말을 낸다.

이러한 맥락 속에서, 푸생의 매우 독특한 실험이 다음 세기 화가들에게 작은 영향을 미쳤다는 사실에 주목할 필요가 있다. 후대의 화가들이 푸생의 실험에 관심을 드러냈을 때는, 자신의 작품에 예술가의 존재를 반영시키는 틀거리 안에서 푸생의 실험을 재공식화하려는 하나의 목적을 가졌을 때다.

1790년으로 연대가 표기된 비제-르브룅Marie-Louise Élisabeth Vigée-Lebrun

의 자화상(그림 8)도[22] 역시 그림을 그리는 손 그림자의 관행과 관련이 있다. 이 그림은, 화가와 그림자가 함께 관객에게 보이는 방식으로 구성되어 있다. 그럼에도, 그녀의 손이 그림을 부지런히 그림을 그리고 있다는 사실과 비제-르브룅의 자세(그녀의 웃는 얼굴은 관객에게 정면으로 보인다) 사이에는 명백한 모순이 존재한다. '그림 그리기'와 '자세를 취하기'는 선험적으로 화해 불가능한 별개의 두 행위인 것이다. 그러나 그녀는 그 시대에 너무나 전형적이었던 지식을 가지고, 실제로 화면 속에서 얼굴과 손이 서로 다른 두 '자세'를 잡음으로써, 이분법의 불규칙성을 숨길 수 있었던 것이다.

도판 25 세바스티앙 르 클레르 2세, 〈그림〉, 1734, 캔버스에 유채, 발데크 성城, 졸로투른(스위스).

1734년에 예술과 과학에 대한 알레고리적 순환에 대해 저술한[23] 르 클레르 2세Sébastien Le Clerc II는 이와 유사한 성격의 난점들에 직면했다. 그러나 그는 자신의 작품에는 어떤 요소를 덧붙였다. 벨로리의 상징에서처럼, 그림을 의인화한 형상이 신적인 영감을 받는 순간을 묘사했던 것이다(도판 25). 푸토가 그림을 의인화시킨 인물의 주의를 끌어, 그녀, 그림의 화신이 캔버스 안으로 들어가야 한다는 패러다임의 세계로 이끌고 있다. 그러나 '아이디어'에서 '그림'으로의 전이를 수행하는 도구인 오른손은, 돌려진 그녀의 몸 뒤에 반쯤 가려져 있다. 그림자는 캔버스에 투영되어 있는데, 이 특징은 틀림없이 푸생에게 영감을 받은 것이다. 비록 이러한 설명의 혼성적 성격이 명백한 위기를 예고한다 하더라도, 이 경우에 그림자는 '그림의 패러다임' 구실을 수행하는 것이다.

응시의 그림자

> 인상impression…… 무엇보다 나에게 이것은, 먼 곳으로, 우울한 거리의 모퉁이로 사라지는 풍경이며, 그 모퉁이에는 보이지 않는 나무의 그림자가 드리워져 있다.[24]

이것이 졸라Émil Zola의 《작품L' Oeuvre》(1886)에 나오는 중요치 않은 인물인 가게르Gaguère가 자신의 '인상주의적' 꿈을 묘사하는 방법이다. 이는 시적인 정의이며, 여기서 이미지가 무엇을 포함하고 있는지에 대한 묘사는('우울한' 설정과 외딴곳에 있는 나무), 양식이나 구성, 혹은 회화 기법과 관련된 어떤 정보보다 더 중요하다. '내용'과 '형식'이 만나는, 이른바 그림자의 모티프 속에 한 지점이 존재한다. 그렇지만 그림자를(우리가 알고 있는 그림자는 거리를 더 우울하게 한다) 드리우는 대상은 이미지 속에 존재하지 않는다. 이것은 확장이자, '프레임 밖에', 즉 실제 세계에 남아 있는 어떤 것의 투사인 것이다.

이러한 기법을 가능하게 하는 철학은 여러 차례에 걸쳐 상세히 설명되었는데, 그 예로 말라르메Stephané Mallarmé가 마네Édouard Manet의 그림에 대한 분석을 시작하면서 모든 예술운동의 현실적 이정표를 다음처럼 확립한 바 있다.

> 프레임에 완전히 상상적인 경계의 매혹을 제공하는, 그림 자르기의 전적으로 새로운 개념 속에 비밀이 있다. …… 그림은 그런 것이고, 프레임의 기능은 그림을 분리시키는 것이다 이것이 미리 생각한 아이디어를 거스르게 되리라는 사실을 내가 깨닫게 되더라도 말이다. 예를 들어, 팔을, 모자를, 강둑을 그릴 때 그것들이 그림의 외부에 있는 어떤 사람 혹은 어떤 것에 속해 있다면, 그려지는 핵심은 무엇이겠는가? 당신이 할 일이란 —군중 속에서 혹은 자연 속에서— 자기를 즐겁게 해주는 부분을 찾아내는 데 익숙한 관객들이 전체 광경을 다시 연결할 수 있는지를 확인하는 것이다. 미술 작품에서 관객이 느끼는 관습적인 즐거움 중 하나를 빼앗고 유감스럽게 하려는 것이 아니라, 그것이 그림이라는 것을 인식하게 하면서도 관객이 보는 것이 진짜 풍경을 그린 것임을 반쯤 믿게 하는 것이다.[25)]

도판 26 피에르-오귀스트 르누아르, 〈퐁데자르〉, 1867~68, 캔버스에 유채, 62x103, 노턴 사이먼 미술관, 패서디나(미국).

가게르가 말하고 있는 생략된 그림자가, 이미지의 경계에 대한 새로운 개념과 그 기능이라는 문맥 속에서 보이지 않는다면, 그것은 이해 불가능한 것이 되고 말 것이다. 그러나 생략된 그림자가 혁명적이고 새로운 화면 구성법의 산물 이상이라고 평가될 만한 두 이유가 있다. 첫째 이유는, 그림 속에서 끝이 잘린 그림자는 단지 리얼리티의 '단편'이 아니라 '전달자'라는 것이다. 둘째 이유는 더 복잡하며, 그림자의 핵심 요소 중 하나와 연관된다. 자연에서 그림자는 낮의 바로 한순간에 대응하는 것이다. 결론적으로 그림 속에서 그림자는 존재와 생성의 통합을 이루어낸다.

몇 가지 예를 살펴봄으로써, 생략된 그림자가 픽션화하는 과정을 추적해 볼 수 있을 것이다. 먼저 르누아르Pierre Auguste Renoir의 1867~68년 작 〈퐁데자르〉(도판 26)를 먼저 살펴보자. 왜냐하면 이 작품이 젊은 미술가들이 도시 풍경의 특정한 면들을 드러내는 전형적인 감성을 보여 줌에도, '인상주의' 라는 용어가 만들어지기 전에 그려졌기 때문이다. 르누아르는 제2제정 시대 파리의 가장 호화스러운 장면 중 하나를 선택했다.[26] 화면의 오른쪽 절반은 케 말라케quai Malaquais고, 왼쪽 절반은 센 강 풍경이다. 퐁데자르 너머 멀리로는, 원근법의 소실점에 해당하는 지점에 회색빛 노트르담 대성당의 실루엣이 나타나 있다. 다른 건물들은 즉시 식별할 수 있게 그려져 있다. 왼쪽에는 샤틀레의 두 극장이 보이고, 오른쪽에는 프랑스학술원의 돔이 보인다. 사람들이 작은 무리를 이루어 빛이 쏟아지는 강둑을 따라 걷고 있다. 인물들은 짧고 빠른 붓질로 그려져 있음에도, 각기 다른 사회계층 출신이라는 것을 쉽게 알아볼 수 있다. 르누아르는 어느 근대 도시에서나 볼 수 있는 익명적이고 계층이 혼합된 전형적인 군중의 모습을 그려낸 것이다. 르누아르는 퐁뒤카루셀Pont du Carrousel에서부터 이 다리의 그림자를 화면 아래쪽에 묘사함으로써 장면을 재현하기로 마음먹었다. 이런 방식으로, 캔버스에 구도를 잡을 때부터 단편을 짜 맞춤으로써, 르누아르는 그림을 그렸던 오후의 바로 그 순간을 잡아낼 수 있었다.

보들레르는 놀라움을 금치 못했다.

> 근대적인 용어 개념에서 순수예술이란 무엇인가? 이는 대상과 주제, 미술가의 외부에 있는 세계와 미술가 자신을 다 포함하는 암시적 마술을 창조하는 것이다.[27]

우리는 르누아르가 퐁뒤카루셀에 기대어 군중을 응시하는 모습이나 지나가는 이미지를 그림 속에 담아내며 이젤 앞에 앉아 있는 모습을 상상할 수 있다(나아가, 그것을 상상해야만 한다). 이 그림에는 교묘하게 회피한 부분이 두 곳 있다. 바로, 둑에 사람들이 모여 있는 모습과 사람들이 다리를 지나가는 그림자들의 모습이다. 그림의 아래쪽에 투영되어 있는 그림자의 실루엣은 불확실하게 그려져 있다. 그 그림자 중 하나가 화가 자신인지, 그리고 다른 이들은 어깨 너머로 무심하게 바라보고 있는 행인인지를 우리가 규명하려면 너무나 많은 창의성이 필요하다. 그림자들이 너무나 피상적으로 그려져서 순간성과 일시성의 인상(impression, 이 단어가 여기에 적당하다)을 주게 되는 것은, 아마도 르누아르의 의도였을 것이다. 이는 그가 보들레르의 《현대 생활을 그리는 화가Le Peintre de la vie moderne》에 나온 미학에 깊이 심취했던 것과 관계가 있다.

> 완전한 견자flâneur, 열성적인 관찰자에게, 사람들, 동요, 행동, 회피, 무한함의 한가운데서 살아가기를 선택하는 것 이상으로 유쾌한 일은 없다. 집에 머물러 있지 말고, 집에서 모든 장소를 느껴라. 세상을 보고, 세상의 가장 중심에 있되, 그곳으로부터 숨겨진 채 남아 있으라. 이는 언어로는 어색하게 정의할 수밖에 없는 자유롭고, 열정적이고, 객관적인 정신에 의해 즐기는 작은 즐거움들인 것이다. 관찰자는 그가 어디를 가든 익명으로 즐기는 *왕자*다. …… 그것은 *비非자아*의 만족할 줄 모르는 *자아*이며, 매 순간마다 끊임없이 변덕스럽고 사라지기 쉬운 삶 그 자체보다 더 생생하게, 이미지로 그것을 그려내고 표현하는 것이다.[28]

이 인용문은 헤아릴 수 없이 많은 인상주의 그림에 거의 무한하게

도판 27 클로드 모네, 〈릴리 연못 위에 드리워진 모네의 그림자〉, 1920경,, 4x5, 필리프 피게 컬렉션, 파리(프랑스).

적용될 수 있는데, 왜냐하면 이 글은 '근대 미술가'가 리얼리티와 이미지를 마주할 때의 전형적인 태도를 묘사하고 있기 때문이다. 그러나 〈퐁데자르〉에서 르누아르는 —다른 동시대인들과는 달리— 관찰자의 덧없고 일시적인 형상을 투사시킴으로써 재현을 했던 만큼, 이 글은 르누아르의 경우와 특수한 연관을 가지고 있다. 간단히 말해, 르누아르는 그림의 아래쪽 절반에 외부 세계의 그림 속으로 침범함을 의미하는 어떤 것도 포함시키지 않는 방식으로 이미지를 쉽게 자를 수 있었던 것이다. 이런 방법은 그림을 그렇게 많이 변화시키지는 않는다. 여기에는 여전히 '견자'의, 화가의 관찰이 포함되어 있는데, 화가는 특히 보들레르의 충고를 따름으로써 완전히 '숨겨진' 채로 남아

도판 28 클로드 모네, 〈수련〉, 1906, 캔버스에 오일, 87.6x92.7, 시카고 미술원, 시카고 (미국).

있게 된다. 전경의 그림자는, 화가와 관객 양쪽을 모두 익명으로 두면서, 화가의 존재를 부분적으로 배신하고, 관객의 존재를 주제화한다.

그러나 이 경우, 작가적 *자아*의 투영은 보들레르의 기본적 미학의 경계를 넘어서게 된다. 더 극단적인 예들 가운데 하나를 검토해 보자. 그것은 그림이 아니라, 모네가 말년에 찍은 사진으로, 지베르니Giverny의 정원에 있는 유명한 동양식 '수련 연못'의 '일본식 다리'에서 찍은 것이다(도판 27). 사진 아래쪽에, 물의 표면에 비친 모네의 실루엣이 보인다. 우리는 이 이미지의 배경에 대해서는 거의 모르지만, 모든 연구의 결과 이것이 모네의 후기 자화상이라는 사실이 입증되었다. 이 사실은, 모네의 자화상이 매우 적고 또한 그의 작품 속에서 혼합 장르—(풍경화에) 통합된 자화상—가 정말로 부족함을 고려할 때 더욱 중요성을 띤다.

이 사진을 이해하기 위해서는, 모네가 말년에 가졌던 미학적 시각 속에 이 작품을 놓아볼 필요가 있다. 모네는 1893년부터 그 유명한 연못을 만드는 일을 포함해 지베르니의 정원을 정비했고, 1909년에 뒤랑-뤼엘Paul Durand-Ruel 갤러리에서 전시를 열어 '수련, 물의 풍경'이라 제목을 붙인 그림 48점을 선보였다는 사실을 우리는 기억해야만 한다.

모네에게 이 전시가 얼마나 중요한지는, 전시 개막 직전에 쓰인 편지 속에 잘 드러나 있다.

> 내가 내 작품에 빠져 있다는 것을 아시지요. 물과 물그림자가 있는 이 풍경들은 이제 강박관념이 되었어요. 이는 이 늙은이로의 힘을 넘어섭니다. 하지만 나는 내가 느끼는 것을 그려내고 싶어 하지요. 나는 어떤 것…… 을 파괴했습니다. 내가 다시 시작하는 어떤 것…… 그리고 나는 이렇게도 많은 노력을 쏟아 부은 뒤에, 어떤 것이 실현되기를 바랍니다.[29)]

모네가 수련을 '물과 물그림자의 풍경'이라고 부르는 것은 매우 흥미로운 일이다. 비록 모네가 물그림자라는 단어를 연작에 붙인 제목에서 뺐을지라도 말이다. 나는 이것이 그의 전략의 일부라고 보는데, 왜냐하면 모네는 제목에서 자신의 새로운 미학이 드러나는 것을 원치 않았기 때문이다(도판 28). 이는 실제로 관찰자와 관찰 대상의, 또한 프레임과 재현의 새로운 관계에서 나온 산물이다. 이 작품들은 용어의 실제 의미로 볼 때 풍경화라고 볼 수 없는데, 왜냐하면 여기에는 수평선도 하늘도 없기 때문이다. 그림의 표면은 물의 표면과 합쳐졌고, 외부 풍경(나무, 하늘)은 거울 효과에 의해 흡수될 때만 이미지로 나타난다. 관찰자는 풍경의 *앞에* 있지 않고, '그림'이 되는 물-거울 위로 몸을 *굽히고* 있다.

전시가 개최되자 놀랍게도 비평가들은 —다음 인용문에서 드러나다시피— 이 새로운 과정이 인상주의를 넘어서며, 따라서 새로운 미학을 확립하는 것이라고 거의 만장일치로 인정했다.[30)]

> 수련은 틀림없이, 그가 말했던 것처럼, 물의 풍경이다. 그러나 물은 하늘을 담고 있지 않다. …… 이 거울은 하늘과 구름과 나무와 모든 초목과 낙엽의 떨림을 담아내고 있다. 모든 것들은 그 안에 자신을 반영하고 있고, 그 안에서 자신을 다시 시작하며, 그 안에서 자신을 용해시킨다.[31)]

혹은

> 여기에는 그림 이상의 것이 존재한다. 그 자신을 반사시키는 물 그 자체, 그리고 물 앞에 놓인 감성.[32)]

다시 사진으로 돌아가 보자(도판 27). 이는 예술적 고백을 하는 상징적 작품으로 볼 수도 있다. 이러한 접근 속에서 —이미 연구된 바 있는 것처럼— 나르키소스 신화의 흔적뿐 아니라,[33)] 그림의 기원과 그 자기미메시스 사이의 관계를 밝힌 알베르티의 해석에 대한 궁극적인 주해를 발견할 수 있다. 그러나 우리는 모네의 철학과, 특히 그가 근본적으로 기원의 신화를 이용하기보다 뒤집으려는 선택을 한 것이, 계획된 일이었다기보다는 어느 정도 직관적인 성향을 띠고 있었다는 사실을 고려해야만 한다. 물의 반영된 표면 위에 떠 있는 것은, 모네의 거울 이미지가 아니라 그의 그림자인 것이다.

우리는 오비디우스가 나르키소스 신화를 최초로 시로 읊은 글에서, 반영의 다양한 단계를 제안했던 것을 떠올릴 수 있겠다. 그는 가장 선명도가 떨어지는 것—그림자—을 마지막에, '무'의 단계인 사라짐의 바로 앞에 위치시켰다. 만일 이 상징적인 사진에서 모네가 물 표면에 비친 그림자의 형태로 반영되는 방식을 택했다면 이는, 내가 느끼기에, *그가* 자기 자신을 사랑한다는 것을 암시하기 위함이 아니라, 자신의 상징적 세계에 대한 몰두를 보여 주기 위함이다. 사진이라는 근대적 매체는 모네로 하여금 자신의 말년 작품들에서 본질적인 것을 표현할 수 있게 해주었던 것이다. 그것은 바로 응시gaze의 그림자, 그림에 활기를 불어넣어 주는 것이다. 서양의 미메시스 전통과는 달리, 모네의 그림자는 손에 대한 *응시*에의(근대적) 우월함을 예고하고 있다. 또한 그림의 기원에 근거한 근대적 실험들(필자는 이중에서도 이미 익명적 존재의 암호가 되어 이미지 속으로 그림자를 끌어온 르누아르를 떠올리고 있다)과는 달리, 모네 *자신*의 그림자는, 존재/무상이라는 이중二重 상징의 비유적이고 역설적인 특징처럼 재현의 표면 위에 새겨져 있다.

이것이 바로, 하이쿠俳句 한 편만큼이나 짧은 그의 고백-사진 confession-photograph이 자기-반영 이미지의 역사에서 중요한 전환점으로 간주될 수 있는 이유다. 이는 서구 미메시스의 자아도취적 패러다임이, 그림자의 무상함에 관한 동양적 찬미로 바뀌는 것을 암시한다.[34] 더군다나 이것은 자신의 마지막이자 비정통적인 자화상을 만들어내고자 일본식 다리를 장소로 선택했을 때 모네가 암시하려 했던 바였다. 이 유리한 지점에서, '동시에 가변적이기도 하고 불변적이기도 한 것들의 영원한 니르바나nirvana 속에서 그 자신의 개인성을 거의 억누르는 지경에 이르기까지 형상과 색채에 대한 자신의 꿈을'[35] 추구하기 위해, 모네는 물 거울을 묵상했던 것이다.

사진의 시대에 등장할 그림자의 전조

모네의 사진에 날짜가 분명히 밝혀져 있지 않은 것은 그저 우연일지도 모르지만, 그렇지 않다면 이는 상징적 의도를 가진 필요조건일 수도 있다. 왜냐하면 물의 표면에 있는 모네의 실루엣은 무엇보다, 이미지 속에서 자신을 잃기 위해 그 안에 '빠지는' 이의 조용하고 무한한 현존을 보여 주고 있기 때문이다. 날짜가 밝혀져 있지 않음에도 이 사진은 '연대를 추정할 수' 있는데, 첫째, 이것이 '근대적' 재현 기법의 산물이기 때문이고, 둘째, 이 사진이 〈수련〉(1904~05쯤)과 관련된 초기 실험들로 시작해 1926년 작가의 죽음으로 끝나는, 모네의 예술적 여정의 한 국면을 보여 주기 때문이다. 이 고백-사진(도판 27)은, 이 두 시기 사이의 모네의 *세계관*의 이미지다.

모네가 이 사진에서 보이는 자기-반영적 특징들을 그림에 담아내고자 하는 생각을(혹은 그런 대담함을) 가졌을 것 같지는 않다.

화가가 완성한 것(드리워진 그림자를 통해 작가 자신이 투영되는 것)은, 동시대 사진가들 역시 행했던 것이었고, 새로운 재현 기법의 주된 실험 중 하나로 생각되었다.

19세기와 20세기 미술을 근본적으로 특징짓는 사진과 그림의 끝없는 논쟁을 다시 시작하는 것은 이 책의 계획도 아니고 또한 이 책의 범주 내에 있는 것도 아니지만,[36] 간략하게나마, 모든 것을 포괄하는 카메라숏이 사진 예술에서 보여 주는 다양한 방식들을 고려하기 위해서는 잠시 숨을 돌릴 필요가 있다고 느껴진다.

트라이포드tripod의 그림자를 담은, 가장 시기가 이른 것으로 알려진 사진은 1908년으로 기록되어 있다(하인Lewis Hine, 〈뉴스보이Newsboy〉). 자기 정의적인 반영 이미지를 가지고, 고전적 회화의 실험을 현대적으로 해석하려는 시험적인 작품들이 시작되었다.[37] 오래지 않아 그림자 투영이 좀 더 중요한 실험 주제가 되었다. 이들 가운데 가장 중요한 작품은 아마도 스티글리츠Alfred Stieglitz의 1916년 작품 〈호수의 그림자들〉일 것이다(도판 29). 우리는 이 작품을 짧게나마 살펴볼 필요가 있는데, 그것은 이 작품이 모네의 고백-이미지(도판 27)와 동시대의 것이어서만이 아니고, 두 작품의 목적이 놀랍게도 유사하기 때문이다. 이 두 작품은 완전한 주제의 일치를 보인다. 그림자는 물의 표면 위에 투영되어 있고, 새로운 이미지 기법이 그 순간성을 잡아내고 있다. 스티글리츠처럼 모네에게도, 물의 상태는 반영의 표면에서 투영의 공간으로 변화되고 있다. 그러나 둘 사이에는 현저한 차이가 있다. 스티글리츠의 그림자가 화면 전체를 뒤덮는 것처럼 나타나는 반면, 모네의 그림자는 이미지의 아래쪽에서 조심스럽게 나타나고 있다. 또한 스티글리츠의 사진이 뚜렷한 특징을 가진 두 사람의 그림자

도판 29 앨프리드 스티글리츠, 〈호수의 그림자들-스티글리츠와 발코비츠〉, 1916, 젤라틴 실버 포토그래프, 11.8x8.9.

를 보여 주고 있는 반면, 모네의 그림자는 모네 자신의 머리와 특이한 모자를 보여 준다. 모네의 그림자와는 달리, 스티글리츠의 사진에서의 행위는 '거울 효과'의 존재와, 외적인 인물들과 그 인물들의 내적인 쌍둥이 간의 역동적인 대화의 존재를 암시한다. 결국 스티글리츠는 물 표면의 '질감'에, 그 추상적 배경으로서 탁월함에 매혹되어 있었고, 이로부터 두 그림자를 거인같이 거대한 모습으로 나타나게 했던 것이지만, 모네의 작품에 등장하는 모자를 쓴 남자의 시선은 여전히 그림-이미지로 분류되는 이미지를 낳는다. 결론적으로 모네에게는 사진이 *그림의 알레고리*라면, 스티글리츠에게는 〈호수의 그림자들〉이라는 제목의 사진이 *사진의 알레고리*인 것이다.

이 실험을 이해하기 위한 가장 효과적인 방법은, 그 발생의 역사에 비추어보는 것이다. 스티글리츠의 글 덕분에 우리는 사진의 원판에는 두 남자의 실루엣이 반대로 위치했다는 사실을 알고 있다.[38] 사진을 찍자마자, 스티글리츠는 사진을 180도 회전시킬 것을 결심했고, 항상 이 위치로 전시되어야 한다는 상세한 지시문을 남겼다. 이 위치의 역전은 두 가지의 보완적 결과를 가져왔다. 첫째는 구체화인데, 사진의 위치를 돌려놓음으로써 스티글리츠가 거의 추상적으로 보이는 검은 얼룩 패턴의 구상적인figurative 성격을 회복시켰기 때문이다. 이 과정은, 칸딘스키Vasilii Kandinsky가 몇 년 전 어느 날 저녁에 자신의 구상미술 작품 중 하나를 바라보다가 추상미술을 '발명'해 냈다는 특이한 반전의 기억을 떠올리게 한다.[39] 둘째 결과는 그림자 단계와 거울 단계의 상호작용과 관련되어 있다. 두 사람의 실루엣은 오늘날의 관객의 공간을 차지하고 있는 것처럼 보인다. 그리하여 그들은 신중한 판단자의 구실, 그들이 처음부터 가지고 있지는 못했던 구실을 떠맡게 된 것이다. 간단히 말해, 그들의 기능은 모네가 자신의 자화상/사진에서 행한 기능과 닮아 있다.

그러나 모네도 스티글리츠도 성취하지 못했던(아마도 성취하고 싶지 않았던) 것은, 초상화(자화상)의 전통적 개념이 요구하는 실물 유사성이다. 실물 유사성이란, 당연히 거울 반영으로 통제되는 기준이지, 그림자에 의한 것이 아니다. 모네와 스티글리츠는 거울 반영을 실루엣으로 변형시켰고, 따라서 반사된 표면을 투영 스크린에서 분리시키는 경계를 흐리게 만들었다. 이 과정은, 사진이 발명되자마자 기반을 다진 서양 미메시스의 새로운 상황에서 전형적인 것이다.[40)]

19세기 전반기에는, 반짝이는 인상을 잡아내는 이 새로운 방법이 '휴대용 거울portable mirror' 이라 불렸다.[41)] 미국 실용주의가 사진 이미지에 미메시스의 가치(도상으로서)와 더불어 물리적 연관성을 뜻하는 *지표*index의 가치를 부여하는 상황에 이른 것은 그 —모네와 스티글리츠가 자신들의 실험을 제시했던 때— 이후의 일이다. 이 지표는 그림자와 사진 양쪽에서 다음과 같이 동일한 성격을 가진다.

> (사진은) 원래의 대상으로 되돌아가게 되는데, 그것이 대상을 닮아서라거나 유사해서가 아니고, 또 그 대상이 가지게 된 일반적인 속성들과 관련이 있어서도 아니다. 이는 사진이 한편으로는 개별 대상과 연관되며, 다른 한편으로는 타자에 대한 기호로 작용하는 인간의 감각 혹은 기억에 역동적으로(그리고 공간적으로) 연관되기 때문이다.[42)]

비록 다른 명칭이기는 했지만, 그림자의 지표적 특성은 이미 이전에 파악된 바 있다. 플리니우스는 그림자를 사람의 흔적으로 보았고, 17세기에 그림자는 개인의 '특수한 유사성' 이 아니라 '사람의 일반성' 을 드러내주는 것으로 인식되었다.

사진을 이용한 자기-투영이 도상적 유사물이자 지표로 여겨지기 전에는, 사진은 그림자의 미메시스를 버리고 거울의 미메시스로 돌아가야 했거나 —이는 다소 확정짓기 어려운 경우이기는 하지만— 지표의 유사성을 찾아내야 했다. 이것은 오로지 하나의 조건에서만 발생하는 것이다(그 이론적이고 역사적인 함의 때문에 이 조건은 대단히 중요하다) 즉 '유사성'에 이르기 위해, 그림자의 재현은 측면상의 상징적 형상만을 취해야 한다는 것이다. 이것은 사실상 미술의 기원에 관한 신화에 의해 전달된다고 생각되는 유일한 메시지인데, 그 이유는 측면상(옆모습) 그림자라는 형태로만 미메시스*와* 지표성이(유사성*과* 물리적 연관성이) 공존할 수 있기 때문이다.

그러나 그림자 자화상을 제작할 수 있는 가능성은 도대체 있기나 한 것일까? 이전에 살펴보았듯이, 바사리의 해법(도판 6)은 모순으로 가득 차 있다. 자기미메시스에서 가장 중요한 문제는, 옆모습은 항상 *다른 이의* 옆모습이라는 점이다. 그것의 재현은 상호작용의 결과로만 나올 수 있는 것이다. 효과적으로 사진 자화상의 역사를 확장시켜 나가다 보면,[43] 1920년대와 1930년대에도 이와 똑같은 경로를 따라갔던 적이 있었음을 알게 된다. 케르테스André Kertész의 1927년 자화상(도판 30)은 특별한 입지를 차지하고 있다. 이러한 종류의 (자기)재현에는 두 방법만이 존재한다. 여러 개의 거울을 극도로 복잡하게 사용하는 방법과(말하자면 그림자 단계와 거울 단계를 구별할 수 없을 정도로 혼합하는), 분열에 의한 방법(창조자와 모델 간의 실제적이고 은유적인 분리를 통한)이다.

그 복잡성에도 불구하고, 이 측면상 그림자의 상징적 형상이 자기재현의 형상이 된 것은 같은 시기 동안이었다. 초반기의 시도들 이후(예를 들면 뭉크Edvard Munch의 작품과 같은), 이러한 관행이 갑자기 확립되어 버렸다. 이러한 업적을 확고하게 한 미술가는 바로 피카소다.

〈피카소의 실루엣과 울고 있는 여자 아이〉(도판 31)라는 제목이

도판 30 앙드레 케르테스, 〈자화상〉, 1937, 젤라틴 실버 포토그래프, 20x19.8, 폴게티 미술관, 로스앤젤레스(미국).

붙은 이 그림에는, 피카소의 모습이 화면의 오른편을 전부 뒤덮으면서 검은 그림자의 형태로 나타난다. '특징적인 실물 유사성'이 보여주듯이, 이 그림자가 피카소의 측면상이라는 데는 의심의 여지가 없다. 전체 화면과 그림자의 관계는 명확하지 않다. 제작의 시나리오에 포함되어 있는 직접적인 지시사항이 전혀 없고, 더 중요한 것으로, 피

도판 31 파블로 피카소, 〈피카소의 실루엣과 울고 있는 여자〉, 1940, 캔버스에 유채, 162x130, 개인 소장.

카소의 측면상이 이미지의 중심 초점도 아니다. 반대로 그림자는 오히려 삽입된 것처럼, 아주 다양한 크기로 만들어진 형상들이 존재하는 공간 속에 투사된 것처럼 보인다. 측면상과 형상들 사이의 이러한 불균형은, 그림의 왼편에 검은 실처럼 보이는 실루엣과 대비됨으로써 일어나는 직접적인 결과다. 진정한 육체적 구속이 이 두 극단적 형상 사이에 존재한다. 왼쪽에 있는 인물의 팔 하나는 자신의 몸 윗부분을 감싸는 프레임에서 뻗어 나와, 빗나간 선처럼 이미지를 가로질러 마침내 다른 쪽 끝에 있는 그림자의 윤곽선과 합쳐진다. 따라서 이 그림이 제작 시나리오에 대한 단서를 포함하고 있다면 —케르테스의 사진에서 드러나고 있는 것과 비교해 보았을 때— 그들의 관계는 역전된다. 그림에 등장하는 이미지들을 창조하는 사람이 그림자 형상을 한 '피카소'가 아니라, 반대로, 이미지들에 의해 그림자의 형태로 창조되고 있는 것이 바로 피카소인 것이다. 이에 따라 둘째 해석이 가능해진다. 이는 어느 정도, 그 이론적 요소들을 노출시키는 방식으로 사진적 실험과 연관성을 갖는다. 왼쪽에 실루엣을 감싸는 프레임은 거울의 프레임이고, 그 안에 반영되는 형상이 —도형의 상태로 축약된— 작업을 하고 있는 피카소 자신인 것이다. 거울에서 '빠져나온' 그의 손은 중앙에 있는 그림(이 경우에는 울고 있는 여자 아이)을 그리고 있을 뿐 아니라, 그림자처럼 보이는 화가의 또 다른 얼굴을 그리고 있는 것이다. 따라서 피카소는 자기 반영의 전통과의 몇몇 관계를 분명히 확립시킨 것이다. 그 관계들 중 첫째 것은, 측면 자화상에 관한 더 최근의 실험(도판 30)에도 영향을 미치고 있다. 다시 말해, 자기를 그리는 그림 속에서, 거울 반영의 자기정체성에 반대되는 것으로서 그림자의 (그리고 측면상의) 타자성이 선언되고 있는 것이다. 둘째 관계는 하나의 형상을 다른 형상으로 변모시키는 것인데, 그림자를 '잡아내는' 거울에서 '빠져나오는' 실 같은 손이라는 모티프를 통해 피카소가 효과적으로 제안했던 것은, 자기정체성의 타자로의 변모, 관객의 눈앞에서 일어나는 변모였던 것이다. 이 선-손의 순환으로 인해 우리는 거울의 반영이 어디서 끝나는지 혹은 그림자가 어디에서 시작되는지를 알 수가 없다. 또한 일단 거울의 프레임을 지나간 선-손이,

이미 *그림자*가 되지 않았는지 어떤지를 알 수가 없다. 그리고 마지막으로, 캔버스의 오른편에 있는 커다란 검은 얼룩이 ―거울에 비친 사람에 의한― 재현의 짧은 순환을 통한 그림자인지 아닌지, 아니면 그것이 작품을 하는 손 그 자체에서 나온 것인지 아닌지 알 길이 없다.

피카소의 시나리오는 우리가 친숙해 있는 자기 투영의 시나리오에 극적으로 반대된다. 그의 그림은 실제로 손 그림자의 전통을 다시 정의하려는 시도로 여겨질 수 있는데, 고전 미학(그림 7, 도판 18, 19)에서 손 그림자는 작품에 남기는 작가의 흔적으로 여겨지는 반면, 이 경우에는 화가와 그림 사이의 경계가 궁극적으로 무너지는 것을 상징하고 있다.

작가의 그림자는 작가의 창조물에서 태어나고, 창조물과 만난다. 피카소의 모든 그림은 실제로, 캔버스 틀의 세계 속에 삽입되는 창조자라는 아이디어에 기반을 두고 있다. 작품의 가운데에는 삽입된 이미지의 형태로, 피카소가 같은 해에 그렸던 작품 중 한 점을 볼 수 있다. 바로, 그림자와 눈높이를 맞추고 그림자와 대화를 나누고 있는 모습이다. '그림자'와 '그림' 사이에는 크기상의 차이가 또 한 번 존재하지만, 그 차이가 그림자와 그림 사이에 있는 경계선을 무화시키지 않도록 혹은 그 형태들이 섞이지 않도록 막고 있지는 않다. 다른 프레임들은 그림 주변에 흩어져 있다. 프레임들은 겹쳐지거나 섞이고, 그 결과 전형적인 고전적 재현을 급진적으로 다시 만들어낸 복잡한 작품이 되었다. 간단히 말해, 푸생의 1650년작 〈자화상〉(도판 24)이 자화상을 재정의했던 것처럼, 이 작품도 균형을 깨고, 구성요소들을 섞어버리는 결과를 낳았다. 이 고전적 주제의 근대적 재구성으로 일어나는 모든 역전들 가운데, 가장 중요한 것이 바로 그림자의 구실이다.

푸생은 그것을 사람에 대한 은유로 보았다(그것이 바로 그의 이름이 화면 구조의 부분이 될 수 있었던 이유다). 피카소에게 그림자는, 무엇보다도 창조자와 창조물의 접촉점이다. 이러한 진전은 사진 기술에 의해 일어난 미학적 역전의 급진적 결과물이다.

우리는 사진에서 작가의식의 투영이 그림자를 통해 자기 반영 담론의 체계 속으로 들어오는 것을 이미 살펴본 바 있다(도판 30). 만일 피카소와 다른 '입체파 화가들' 이 자신들의 실험 안에 그것을 받아들이려 했다면, 그것은 사진적 재현이 불러온 모방적 경쟁에 대한 직접 반응이었을 것이다. 이들이 형태를 정의하기 위해 측면상을 발견하고 사용한 것도 이런 경로에서 비롯된 것이다. 피카소가 입체파를, 몇몇 시점들, 즉 '앞에서, 옆에서, 그리고 위에서 보이는 사물의 물질적 형상에 대한 모사' 에서 시작한 형식적 구성의 산물로 생각했다는 사실을 잊어서는 안 된다.[44] 이러한 문맥 속에서 측면상의 시점은 실제인 것의 '국면들' 중 하나가 되고, 종합을 통해 고전적 재현의 분해를 촉진시키는 구실을 한다. 우리에게 더 흥미로운 것은 입체파의 '탄력적 도상성' 인데[45], 피카소는 본능적으로 그림자와 측면상을 동일하게 다루었다. 이는 각기 다른 시기에 그려진 연작들을 모두 살펴보면 명확히 알 수 있다.[46] 그중 하나를 골라 그 작업 과정을 살펴보자.

1939년작 〈슬픔에 빠진 어린 소녀〉(도판 32)는 세 가지 시점을 가진 작품이다. 소녀가 앉아 있는 의자는 위에서 내려다본 것처럼 그려져 있고, 달걀 모양의 얼굴은 정면에서 바라본 것이지만, 그녀의 코와 다른 얼굴 부분들은 옆에서 본 모습이다. (그림자가 드리운 것으로 표현된) 옆모습 부분은, 얼굴이 그림자를 얼굴에 드리우는 인상을 주기 위해 (밝게 그려진) 정면의 모습에 포개져 있다. 이러한 그림의 과

도판 32 파블로 피카소, 〈슬픔에 빠진 어린 소녀〉, 1939, 캔버스에 유채, 92x60, 개인 소장.

도판 33 파블로 피카소, 〈화가와 모델〉, 1928, 캔버스에 유채, 130x163, 뉴욕 현대미술관, 뉴욕(미국), 시드니 앤드 해리어트 재니스 컬렉션.

정은 서양 구상미술의 전 역사 속에서 선례가 없는 것이다. 이렇게 함으로써 피카소는 그림자를 '성육신'의 필요 불가결한 동반자로 보는 오랜 전통의 끝을 장식한다. 피카소에게 그림자는 신체를 '만드는' 한 방법일 뿐 아니라, 그것을 해체하는 방식이기도 한 것이다.

1920년대 말부터 피카소는 이 개념을 가지고 메타회화적metapictorial 반영을 연구했다. 이러한 관점에서 가장 흥미로운 예시작은 〈화가와 모델〉(도판 33)이다.[47] 캔버스의 채색은 완전히 원색적이고, 흑백의 지배를 받고 있다. 네거티브 사진을 떠올리게 하는 조화되지 않는 상호작용이 화가의 영감을 불러일으킨 것처럼 보인다. 우리는 화가가 이젤 앞에 앉아 있는 모습을 본다. 화가는 흰색 측면상으로 나타나지만, 그의 눈은 정면으로 그려진다. 검고 기하학적인 영역을 형성하면서 어두운 색들이 뭉쳐 있다. 머리와 신체의 부분, 그리고 특별히 팔레트가 작업 중인 캔버스에 겹쳐져 있는데, 이것들도 검은색이다. 캔버스의 왼쪽 경계는 명확히 한정되고 있지만, 오른쪽은 애매하게 그려져 있다. 사실상, 캔버스가 어디에서 끝나는지 그리고 화가의 모습이 어디에서 시작되는지를 정확하게 확정짓기는 어렵다. 그리고 변이체 게임의 결과로, 화가가 캔버스에 흡수되어 버린 것인지 어떤지를 규명하는 것도 다소 어렵다. 확실한 것은 그가 거기에 있다는 것이다. 역설적으로 캔버스에는 모델의 이미지는 보이지 않고, 마치 투사의 특수효과로 나타난 것처럼 모델의 측면상이 왼쪽 구석에 그려져 있다. 그러나 이 인물은 윤곽선으로 스케치만 한 것이어서 피상적인 인상만을 준다. 이것은 또한 기하학적으로 도형화한 세계의 가장 유기적이고 가장 모방적인 형상이다.

'실물 유사성'에 대해 생각해 보자면, 몇몇 작품들에 측면상 형태로 나타나는 피카소의 얼굴을 알아보는 것은 어려운 일이 아니다. 앞에서 분석했던 작품에서 네거티브 형태로 나타기도 했지만(도판 31), 이 측면 자화상들은 모두 같은 기원을 공유하고 있다. 결국 이 모든 그림들이 '모든 화가는 자신을 그린다' 라는 고대적인 주제에 대한 극단적인 변형들이기 때문이다.

모델과 화가의 관계는 주지하다시피 피카소의 강박관념이다. 〈화가와 모델〉(도판 33)에서 모델은 캔버스를 떠나 작가 자신의 형상으로 대체되고 있다. 이는 1950년대에 피카소의 여러 작품에 다시 나타나게 되는데, 이 작품 중 같은 날(1953년 12월 29일) 발라우리스Vallauris에서 그렸던 두 점이 특히 중요하다. 제르보Christian Zervos의 〈카탈로그 레조네catalugue raisonné〉에서 이 작품들은 〈여인 위에 드리워진 그림자〉(그림 10)와 〈그림자〉(그림 11)라는 제목으로 소개되어 있다.[48] 이 제목들의 간결함은 메타회화적 서사 안에서 서로 다른 두 순간을 가리킨다. 처음 그림에서(그림 10), 우리는 피카소가 좋아했던 거장인 드가 같은 19세기 미술가들이 이미 보여 준 바 있던 관음주의의 경우를 다루게 된다. 그다음 작품(그림 11)은, 관음주의적 설정이 그림의 계획에 의해 어떻게 변형되는지를 보여 준다. 이러한 변이를 분석해 보자.

〈여인 위에 드리워진 그림자〉(그림 10)는 유령 같은 것이 이미지 안으로 들어가기 위해 관객의 영역을 떠나고 있는 것처럼 보인다. 이것은 거대하고 무시무시한 수직의 형상으로, 기대어 누워 있는 인물에 겹쳐져 있다. 이 유령의 보이지 않는 눈을 통해 관객은 개인 침실을 침범해, 방 안 내부를 매우 성적인 시나리오로 변모시킨다. 누워 있는 여인의 색은, 그림자가 그녀의 벌거벗은 몸에 닿을 때 갑자기 홍조를 띠며 변화한다. 여인의 몸을 달아오르게 하는 것은 침입자의 시선이 아니라, 몸에(수평적이고 여성적인) 겹쳐진 그림자(수직적이고 남성적인)임에 주목할 필요가 있다. 역설적으로, 붉게 빛나고 있는 곳은 가슴과 복부, 그리고 치골이다. 이를 통해 이 그림은 서구의 회화적 전통에 하나의 회화 장르로서 '누드'의 새로운 개념을 전해 주려는 것이다. 피카소가 이 그림에서 강조하고자 했던 것은, '누드'가(서양 전통에 의해 규정된) 투사의 산물, 폭력적이고 급진적인 관음주의 행위의 산물이라는 것이고, 이것이 그림의 두 부분의 서사 중 하나를 형성하고 있다.

피카소의 접근은 실제로 하나 이상의 전통을 결합시키고 있다. 이들 중 두 전통은 꽤 조화롭게 들어맞는데, 바로 그림자를 화가의 기호로 보는 전통과 그림자 속에서 관객의 구현물을 발견하는 전통이다. 실제로 이 두 입장은 조화를 이루어, 더 높은 상징화의 수준에서, 근대 서양 회화의 선구적 지위를 되찾아 주었다. 우리는 1538년에 회화 교본용으로 제작된 뒤러의 교훈적 판화 작품을 살펴봄으로써(도판 34), 수단으로서의 원근법적 재현은 사실상 매우 세련된 관음주의적 고안이었다는 것을 깨닫게 될 것이다. 그러나 여기서 두 가지 사실을 고려해야만 한다. 그 하나는, 재현에 관한 고전적 원칙들이 모두 그렇지는 않겠지만, 뒤러에게는 눈이라는 기관이 투사물을 창조할 수 있는 능력 때문에 물신이 되었다는 것이다. 나머지 신체의 부분들을 건너뛰고, 더 아래의 신체기관을 통해 눈은 손에 명령을 직접 전달한다. 다른 하나는, 고전 미학은 관찰 대상을 표면 위에 투사시켜 재현케 한다는 사실이다. 간단히 말해, 뒤러에게, 벌거벗고 누워 있는 (따라서 수동적인) 여인은, 단축법과 원근법을 통해 누워 있던 자리를 '떠나',

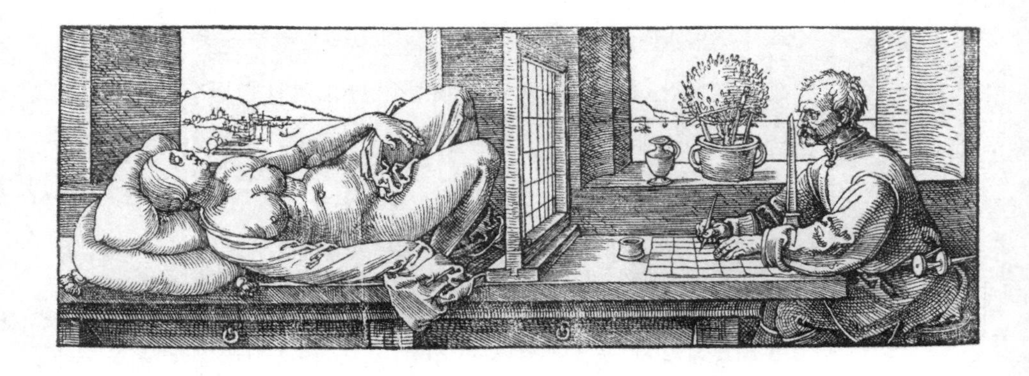

도판 34 알브레히트 뒤러, 〈화가〉, 뒤러의 《측정을 위한 지침》 제3판 및 개정판에서, 7.5x21.5, 뉘른베르크(독일), 1538.

자신과 미술가 사이에 가로놓인 장막을 통해, 화가 앞에 펼쳐진 종이 위에 그녀 자신을 투사시키고 있는 것이다.

피카소는 다시 한 번 고전적 상황을 역전시키고 있다. 그림자를 다시 등장시킴으로써 피카소는 뒤러의 투사를 역전시킬 수 있었던 것이다. 보통, 비가시적 프레임의 존재를 초월할 수 있는 사람은 관음자다. 이러한 폭력은 물신으로서의 눈뿐 아니라 몸 전체와 관련되어 있다. 전체 그림(그림 10)은 사진가들이 '이중노출'이라 부르는 선들을 따라 구축되어 있다. 이 그림은 여인의 몸에서 뿜어져 나오는 붉은 기운을 통해, 마치 —그림자에 관한 고대 신화처럼— *성육신*의 마술적 힘처럼, 은유적으로 수태를 시키는 능력처럼, 예술가가 신이고 모델은 그의 미천한 노예가 되는 연극처럼 표명되었다. 피카소의 담론에서 이렇게 마술적 힘을 가진 그림자에 전념하는 것은 말할 것도 없이 재현의 문제와 연관되어 있다.[49] 따라서 모든 측면상의 기저는 완전히 은유적이다.

연작의 다음 그림은(그림 11) 상황을 명확하게 만들어준다. 그러나 이 작품도 앞 작품(그림 10)의 맥락 속에서 보아야 이해가 될 수 있다. 〈여인 위에 드리워진 그림자〉는 욕망이라는 주제를 재현의 하부구조로 제시하고 있다. 이 그림 속에서 '누드'는 '벌거벗은 여자'다(이 작품의 제목에서 추측할 수 있듯이). 서양의 재현 방식이었던(적어도 뒤러의 시대 이래로) 욕망에 기반을 둔 재현이라는 문맥 속에서, 조용히 자고 있는 이 '벌거벗은 여인'은 나중에 그릴 그림의 모델이었을 것이다. 이 그림은 다음 그림에서(그림 11) 이젤 위에 놓여 있는 것으로 나타나 있다. 이 작품(그림 11)은 처음 그림의 관음주의적 장면에 따르고 있고, 욕망의 최종 결과물을 프레임을 가진 형태로 변모시켰다. 붉은색이 처음 그림에 중심이 되었다면, 그다음 그림에는 급격한 '냉각'이 드러나고 있고, 따라서 주된 색채는 푸른색이다. 두 그림에서 동일하게 나타나는 그림자의 관음주의적 태도는 실제로 중요한 변화를 보여 준다. 둘째 그림에서 그림자는 더 작고, 덜 위협적이고, 그림자의 몸은 '누드'의 몸과 더 이상 접촉하고 있지 않다.

첫째 그림의 제목이 〈여인 위에 드리워진 그림자〉라면, 둘째 그림의 진정한 제목은 〈그림 위에 드리워진 그림자〉여야만 했다.

4. '섬뜩한 것' 주변에

목자, 부타데스의 딸, 그리고 중국인

잔드라르트Joachim von Sandrart는 《독일 아카데미Teutsche Academie》에서 이탈리아의 걸출함에 기반을 두고 있는 전체 서양미술사의 시각을 옹호하면서도 먼 나라의 미술을 비중 있게 다루지 않을 수 없었다. 비록 중국 미술을 다룰 때 명백히 냉담한 태도를 취하기는 했지만, 잔드라르트는 중국 미술을 가장 미묘한 영역으로 생각했다.

> 그들이 그려내는 모든 것들은, 그림자를 포함하지 않는 윤곽선만으로 모사되어, 지나치게 단순화해 있다. 그들은 입체감을 만들지 않고 색의 층위를 단순하게 적용함으로써 사물을 묘사한다. 그들은 사물을 입체감 있게 재현하는 방법, 혹은 공간적 깊이를 재현하는 방법을 알지 못하고, 또한 자연성을 따를 필요성도 느끼지 못하는데, 이는 유럽 화가들이 이루어내고자 했던 모든 측면들을 무시하고 있다는 말이다. 그들은 이 모든 것들을 전혀 알지 못하고 있으며, 그들의 이미지는 단지 측면상으로만 재현된다. 정면의 재현은 그들에게는 낯선 일이다.[1]

중국 미술에 대한 잔드라르트의 묘사는 그 유의미함에도 불구하고 옳지 않다. 잔드라르트의 눈에는 중국 미술이 더할 나위 없이 '낯설고' 또 '먼' 것이었다. 서양 회화와의 관계에서 중국 미술은 '다른 미술'이다. 인용문을 주의 깊게 읽어보면, 중국 미술이 유럽적 개념들을 무시하기 때문에 '다르다'는 것을 알 수 있다. [잔드라르트에 따르면] 이 시대에 중국 회화는 아직도 고대적 재현 공식(윤곽-표면-측면상)의 산물이기 때문이다. 중국의 이미지는 공간이나 입체감, 그리고 그림자를 묘사하지 않는데, 그것은 아직…… 그림자이기 때문인 것이다. 우리는 잔드라르트가 그림의 기원에 관한 플리니우스의 신화를 동양 회화에 적용시키려 한다고 가정하는 데서 잘못을 바로잡을 수 있을 것이다. 그는 동양 미술이 그림자 단계에 머물러 있다고 말하는 것처럼 보인다. '중국의 그림자' 전통—당시 막 유럽에 알려졌던[2]—이 이런 견해가 발전하는 데 얼마만큼 기여했는지 알기는 어렵다. 확실히 말할 수는 없지만 이 인용문은 그것에 대한 직접적인 언급으로 보인다.

《독일 아카데미》의 서두에 잔드라르트는 그림의 기원에 관한 고대의 신화를 소개하고 있다. 이를 설명하기 위해 그는 판화 작품을 이용하는데(여기에는 그의 아들 요한 야코프 잔드라르트Johann Jacob Sandrart가 제작한 다소 변형된 판이 실려 있다)(도판 35)[3] 판화 작품은 서로 다른 두 이미지로 플리니우스와 퀸틸리아누스의 내용을 전개시켰다. 아래쪽에 있는 이미지에서 부타데스의 딸이 등불 빛으로 벽에 애인의 옆모습을 그리고 있는 장면을 볼 수 있고, 위쪽에는 막대기로 모래에 자신의 그림자를 그리는 양치기의 모습을 볼 수 있다. 이러한 분리의 의미는 무엇인가?

도판 35 요한 야코프 잔드라르트, 〈회화의 발명, 요아힘 폰 잔드라르트의 〈고급 회화 예술 아카데미〉 43쪽 판화, 뉘른베르크(독일), 1683.

그 이유 가운데 하나는 작가가 말해 주고 있다. 잔드라르트는 두 전설에 따라 그림자-그림shadow-painting이 태양빛에 의해(퀸틸리아누스) 혹은 불빛에 의해(플리니우스) 태어났을 것이라고 쓰고 있다.[4] 이 구분은 중요하며 전형적인 17세기 미술의 상황과도 관련되어 있다. 당시에는 '낮의' 혹은 '밤의' 그림이 때때로 서로 우위를 선점하기 위해 경쟁하면서도 공존하고 있었다.[5] 그러나 무리요가 강의용 그림을 그리면서 강박관념을 가졌던 것과는 달리(도판 7), 잔드라르트는 퀸틸리아누스의 글에 충실한 삽화를 그리는 것에 제한을 받지는 않았다. 잔드라르트는 아이디어를 확장시켰으며, 우리는 그것을 재구성해 보아야 한다. 피렌체의 집에 그린 바사리의 프레스코화(도판 6)에서처럼, 잔드라르트의 판화에 나오는 양치기 장면은 근본적인 모호성을 포함하고 있는데, 이것은 알베르티의 나르키소스 신화를 플리니우스의 신화와 일치시키려는 잔드라르트의 시도에서 비롯된 것이다. 동시에(여기서 잔드라르트는 바사리와 확연히 다르다) 이 양치기 이야기(도판 35)는, 퀸틸리아누스에 기반을 둔 무리요가 그랬듯이(도판 7) 고대의 신화를 다른 것과 교체하기 위해 그려진 것도 아니다. 잔드라르트는 역사적 시나리오를 자연적 시나리오로 변형시킬 수 있는 새로운 이야기를 제안하고 있는 것이다. 양치기가 실제로 수행하는 것은, '자연적 생명'의 가장 깊은 곳에서 미술을 발견하는 것에 대한 상징이며, 이는 플리니우스의 우화가 미술을 역사의 가장 깊은 곳에 투영시키는 것과 같은 방법이다. 이 이야기에 앞서 인용했던 중국 미술에 대한 묘사를 덧붙인다면, 잔드라르트가 그림자의 미술을 지리적으로, 역사적으로, 문화적으로 먼 것으로 생각하고 있었다고 결론을 내릴 수 있을 것이다.

행간을 읽음으로써 이러한 분열의 최종적인 이유를 발견할 수 있다. 잔드라르트가 이야기를 그대로 받아들이지는 않았을 것이라 하더라도 잔드라르트의 시각으로 본 양치기의 외양은, 플리니우스의 미술의 기원설에 나오는 여성적 특성을 일거에 휩쓸어버리는 이점이 있었다. 양치기 이야기는 부타데스의 딸 이야기와는 정반대인데, 그것은 낮/밤이 대조를 이루기 때문만이 아니라 남성적인/여성적인 것의 대비 때문이다. 잔드라르트는 미술의 기원 시나리오에 남성적 특성을 부여하려고 노력한 유일한 인물은 아니었다. 광원의 변화에 따라 이 과정이 얼마나 자주 달성되는지는 놀랄 만하다.

이 과정이 빛 속에서 우연히 일어나게 된 일이라는 것을 보여 주는 방법만은 대단히 뛰어나다.

> 그림으로 다시 돌아가 보자면, 여기에는 미술의 기원에 관한 또 다른 신화도 있다. 고전 저자들에 따르면 한 젊은이가 살았는데, 그는 사랑에 영감을 받아 최초로 드로잉을 한 사람이다. 그는 애인과 막 헤어지려 하고 있었는데, 그때 지는 해에 의해 벽에 드리워진 그림자를 발견하고, 그는 그녀를 벽 가까이 서게 하고는 목탄으로 사랑하는 여인의 옆모습을 그렸다.[6]

요한 야코프 잔드라르트의 판화 작품(도판 35)이 이 '남성 중심적' 메시지를 그려내는 방식을 보자. '태양빛 아래, 빛과 그림자에 대해 스스로 의문을 제기하는 사람, 그리고 최초의 드로잉을 마침내 창조하는 사람은 남성이고, 이에 반해 여성들은 동물들과 함께 앉아 조용히 양모를 잣고 있다. 우리는 이 판화가 어떤 방식으로 이 이야기를 동양화하는지에 주목해야 한다. 낙타와 야자수처럼 원 텍스트에는 언급되지 않는 요소들이 등장하고 있기 때문이다. 이런 방식으로 기원의 시나리오는 먼 원시적 성격을 가지게 될 뿐 아니라 허구적 동양의 성격도 지니게 되었다.

한편, 잔드라르트는 미술 이론에 관한 담론에 심한 균열을 초래하게 됨에도 이 두 이미지에서 낮의 빛이 주는 효과와 밤의 빛이 주는 효과에 대한 지나치게 명확한 구분을 피하고 있다. 고대 철학자들의 확신을 이용해 알베르티는 15세기에 이미 이 차이에 관한 생각들을 기록한 바 있다.

> 태양과 달, 아름다운 별 금성에서 빛이 나는 것처럼, 어떤 빛은 별에서 온다. 또 다른 빛은 불에서 나오는데, 이들 사이에는 큰 차이가 있다. 별에서 오는 빛은 몸과 대등한 그림자를 만들어내지만, 불은 그림자를 더 크게 만든다.[7]

다 빈치와 뒤러 이래로(도판 11, 12, 13, 14) 이러한 개념은 더 명확해졌다. 모든 그림자들은 원근법에 따르는 왜곡의 산물이 되었다. 이러한 진화의 결과로,[8] 잔드라르트 생전의 대중적 견해는 다음과 같았다.

> 서로 다른 빛은 서로 다른 그림자를 만든다. 빛을 주는 대상이 빛을 받는 대상보다 크다면 그림자는 원래의 대상보다 작아질 것이다. 그러나 두 대상이 대등하다면 그림자는 빛을 받는 대상과 대등하게 보일 것이다. 그러나 빛이 대상보다 작다면, 그림자는 항

상 대상보다 크게 보일 것이다.[9]

이 독일 학자는 이 사실을 잘 알고 있었다. 부타데스의 집에서는 (도판 35) 푸토가 들고 있는 등불이 이 장면을 비추고 있다. 왼쪽 벽에 있는 그림자는 그 크기가 몸과 비슷하다. 그러나 양치기를 묘사한 이미지 속에서 그림자는 단순한 형태의 검은 얼룩으로 축소되었다. 두 경우 모두 투영의 기하학적 정확성이 화가의 주된 관심으로 보이지는 않는다. 잔드라르트의 드로잉은 그렇게 복잡하지는 않다. 그는 단지 양치기와 부타데스의 딸(여기에 중국인도 덧붙여야 할 것이다)이 원시적 미술 행위를 하고 있는 것을 보여 주고자 하는 것이다. 이런 방식으로 조율된 광원의 표현적 가치는 먼 과거 예술에 속해 있는 것이 아니라, 그로부터 진화하는, 또 그에 대한 반작용으로 진화하는 전통에 속해 있다. 양치기와 부타데스의 딸이 (그리고 중국인도) 미술을 그림자로 보았던 반면, 유럽 미술은 —재현 속에서— 그림자에 의미를 부여했다.

필자는 지금까지 서양 미술이 그림자에 부여하는 다른 의미들을 검토하고자 했다. 필자가 처음 내리는 결론은, 그림자는 유럽 회화에서 신체와 입체감과 살덩이의 확인으로서 나타났다는 것이다. 나는 특수한 두 예에 초점을 맞추었다. 하나는 성육신을 증명하기 위한 것이었으며, 또 하나는 작가의 현존을 그려내기 위한 것이었다. 이제 필자는 이전까지 인정받아 온 미술의 기원 신화와는 별개로, 그림자의 의미를 다루고자 한다.

악마화의 결과

적은 빛을 이용해 얻는 가장 주요한 결과는, 투영된 그림자가 확대된다는 것이다. 레오나르도 집단의 강의 모습을 담은《코덱스 호이헨스》의 드로잉(도판 14)에서는, 방 한가운데 놓인 양초가 벽에 사람들의 거대한 옆모습 그림자를 드리우게 한다. 반디넬리Baccio Bandinelli의 로마 아카데미를 묘사한 베네치아노Agostino Veneziano의 1531년 작 판화(도판 36)는, 촛불에 의한 드로잉 습작이 드문 일이 아니었음을 우리들에게 확인시켜 준다. 탁자를 둘러싼 몇몇 학생들은, 고대의 것이거나 고대 것으로 보이는 작은 조상彫像을 모사하는 데 열중하고 있다. 방 뒤쪽에 있는 선반 위에는 다른 조상들이 있고, 그 실루엣이 벽에 투영되고 있다. 오른쪽 벽에 있는 그림자들은 방에 있는 사물들과 사람들의 것이다. 그러나 반디넬리 아카데미의 학생들은 탁자 위에 놓인 미술품들에만 집중하고 있는 것처럼 보인다. 아무도 벽에서 무슨 일이 일어나고 있는지를 의식하지 못한다. 베네치아노가 참고하고 있는 반디넬리의 드로잉(대영박물관, 런던)에는 그림자가 이렇게까지 눈에 띄지는 않는다. 하지만 이 '드로잉 아카데미'의 멤버들이 그림자를 무시하고 있다는 사실에도 불구하고, 이 작품에서는 그림자의 구실이 중요하다.

우리는 다른 근거들을 언급함으로써 그들이 무엇을 하고 있는지 추측할 수도 있다. 이를테면 리돌피Carlo Ridolfi는 틴토레토Tintoretto의 생애를 언급하면서, 물체에 닿는 인공조명의 효과에 대한 연구를 용이하게 하기 위해 작은 밀랍 조각이나 석고 조각을 썼다고 기록하고 있다.[10] 더군다나《코덱스 호이헨스》의 드로잉(도판 14)은 오른쪽에 거

도판 36　　아고스티노 베네치아노, 〈바초 반디넬리의 아카데미, 1531, 판화. 메트로폴리탄 미술관, 뉴욕(미국).

대한 그림자를 드리우고 있는 인물에 대한 가치 평가를 미루고 있지만, 조각상들과 왼쪽 벽면에 드리워진 그림자들이 어떻게 이용되고 있는지에 대해서는 확실하게 말해 주고 있다. 비록 베네치아노의 판화 작품에서 아무도 그림자에 주목하고 있지 않다 하더라도(도판 36), 그 그림자들은 표현적인 관점에서 중요하다. 우리가 보고 있는 뒷벽의 그림자들은 작은 조각상들의 실루엣을 복사하고 확대시켜서 그 제스처에 수사학적 기능을 부여한다. 실물과 유사한 그림자는 거의 살아 있는 것처럼 느껴져, 서로 대화라도 나눌 수 있을 듯하다. 이러한 효과를 얻기 위해서는 어느 정도 확실한 조작이 필요하다. 가운데 조각상의 들어올린 팔 그림자는 조각상과 일치하지 않는데, 이는 판화가의 유희적인 목적에 따라 변형된 것이다. 오른쪽에는 미술가가 더 개입한 증거가 있다. 인물 가운데 한 사람의 그림자는 너무나 왜곡되어 있어서, 거의 궁정 어릿광대의 그림자처럼 보일 지경이다. 오늘날에 와서 이 인물이 누구인지, 혹은 이러한 시도의 정확한 목적이 무엇인지를 밝히기는 어렵겠지만, 중요한 것은 베네치아노가 그 인물의 옆 사람(반디넬리)은 이렇게 왜곡하지 않았다는 것이다. 베네치아노는 벽과 이 인물 사이에 다른 인물을 넣어 애매한 실물 유사성이 생기지 않게 했다.

최근의 연구서들은 그림자 때문에 만들어지는 왜곡에 대한 탐구가 매너리즘에 전형적인 형태 늘이기의 중요한 자극제가 되었다고 한다.[11] 이러한 가정은 건전하고 흥미롭다. 하지만 이는 단지 (가정에 의해) '그림자'가 어떻게 '형상figure'이 되었는지를 설명하고 있을 뿐이다. 그러나 밤의 조명과 관련된 실험들 이후에 등장하는 발전은, 이 실험들이 실은 그림자의 표현적 가치에 대한 연구라는 틀 속에서 이루어졌다는 것을 보여 준다. 이러한 연구가 실행되었을 뿐 아니라 이론화했던 것은 17세기, 알프스 이북에서였다.

렘브란트의 제자였던 네덜란드 화가 호그스트라텐Samuel van Hoogstraten은 1675년에 출간한 책에서 자신의 미학적 신념을 표명했다. '완벽한 회화는 자연의 거울이다'라는 것이었다.[12] 이러한 신념은 호그스트라텐이 자신의 책에서 그림자의 재현을 비중 있게 다루는 것을

도판 37 사무엘 반 호그스트라텐, '그림자 춤', 호그스트라텐의 《Inleyding tot de Hooge Schoole der Schilderkonst》 260쪽 판화, 로테르담(네덜란드), 1675.

막지는 않았고, 호그스트라텐은 매우 훌륭한 판화 작품으로 이를 설명했다(도판 37).[13] 이 작품은 그림자에 대한 연구가 단지 원근법의 문제가 아니라 빛과 입체감의 경험적 처리의 산물이라는 것을 보여주고 있다. 우리가 보고 있는 것은, 작업실에서 견습화가가 하고 있는 실험 장면이다. 아주 작은 불빛이 왼쪽 구석 바닥에 놓여 있다. 다양한 자세를 하고 있는 사람들은, 광원과 벽 사이에 제각각의 거리를 두고 자리를 잡고는 벽에 으스스한 그림자를 드리우고 있다. 이것은 틀림없는 그림자와 빛의 나열이고, 전혀 다른 두 장면을 —크기와 의미면에서— 만들어내는 결과를 낳는다. 왼쪽 벽에는 날고 있는 두 푸토

putti와 춤을 추는 세 사람이 보인다. 그림자를 만들어내고 있는 이 인물들과 대상들이 벽에 가까이 있기 때문에, 그들의 그림자가 원래 형상보다 조금 크기는 하지만, 전혀 위협적으로 다가오지는 않는다. 반면 뒷벽에 투영되고 있는 그림자들의 경우는 사정이 다르다. 이 장면의 가장 인상적인 특징은, 그림자의 거대한 크기가 그 악마적인 성격과 함께 간다는 것이다. 우리는 천국과 지옥이라는 두 상징적인 장면들을 두 벽에 보여 주는 것이 호그스트라텐의 의도였다는 인상을 받게 된다. 그림자의 표현적 힘이 끝까지 탐구되는 것은 이 두 번째 재현에서다. 그림자 투영이 —왜곡과 확대를 통해— 사람의 몸을 꼬리와 뿔을 가진 것으로 변형시키는 방법에 주목하는 것도 흥미로운 일이다.

이 특징은 우리가 충분히 주목할 가치가 있다. 이 작품보다 몇 년 앞서(1656) 예수회Jesuit의 키르허Athanasius Kircher는 《빛과 그림자의 위대

도판 38 아타나시우스 키르허, 〈자가발전 기계〉, 《빛과 그림자의 위대한 예술》의 905쪽 판화, 로마(이탈리아), 1656, 뮌헨 국립도서관, 뮌헨(독일).

한 예술Ars Magna Lucis et Umbrae》에서, 이집트 오벨리스크(해시계)의 원리를 환등기의 원리와 결합시키는 '자가발전적parastatic'(마음에 어떤 것을 제안하는 특성을 가진) 고안을 보여 주었다(도판 38). 키르허가 묘사한 주된 실험은, 투영 효과를 통해 지옥에서 온 듯한 악마 같은 그림자를 만들어낸 것이다.[14] 키르허의 해시계와 같은 유형을 이용했던 호그스트라텐의 실험은, 《빛과 그림자의 위대한 예술》에서 묘사되었던 방식을 다시 되풀이해 적용한 것으로 보인다. 이러한 되풀이(와 변형)가 영향을 미친 실제 방법들을 연구할 수도 있겠으나, 이는 유용하지 않은 일이다. 필자의 견해로는, 키르허와 (더 특별하게는) 호그스트라텐의 작품에 나오는 그림자의 악마성의 의미를 고찰해 보는 것이 더 중요하다고 생각한다.

이 현상의 뿌리는 집단무의식 깊은 곳에 숨어 있다. 인류학자들과 심리학자들은 오랜 시간에 걸쳐 그것을 연구해 왔다.[15] 우리 연구의 틀 속에서 그 문제는 특히 곤란한 논점인데, 기원의 신화에는 그림자가 전혀 악마적이지 않은 것으로 그려지기 때문이다. 그렇다면 그림자가 서양 미술에서 자주 부정적인 것으로 그려지는 걸 어떻게 설명해야 할 것인가?

이러한 물음에 대한 가장 손쉬운 해결책은, 그림자의 재현에 부여되는 타자성otherness에 있다. 이미 살펴본 대로, 이 개념은 이중상二重像 제작과도 관련이 있는 기원신화에 본질적으로 내재하는 것이다. 서양 철학이 부여하는 이미지에 관한 이 특별한 측면을 단념한다는 것은 패러다임의 급격한 변화를 가져오는데, 이는 그림자-재현을 신화적 기원의 시대나 먼 나라의 신화적 공간으로 격하시키게 되는 것이다. 그 결과, 서양 미술은 '그림자의 그림'이기를 그만두었고, 많은 비유적이거나 상징적인 도구 가운데 하나로 그림자를 이용하는 그림이 되었다. 따라서 르네상스 시대부터 그림자의 재현은 원근법적 투사의 원칙을 따라야만 했다. 그림자의 재현은 (때로는 서로 방해하는) 서로 다른 층위에서, 이를테면 고체물의 창조, '실제적 현존'의 상징화, 작가적 행위의 주제화 등으로 나뉘어 통제되고 조절되었다. 결국 그것은, 재현의 핵심에서, 부정적인 순간과 이 순간의 타자성을 그려낼 수도 있을 것이다. 이 마지막 예에서 이중상의 개념이 다른 것으로 변모되어 다시 나타난다. 바로 그 계기에서 '섬뜩한uncanny' 것의 효과에 대해 언급할 수 있고, 이 개념의 정의를 위해 우리는 프로이트로 돌아가야 한다.

> 섬뜩함의 감정을 특히 강력하고 결정적인 형태로 우리 안에 일으킬 수 있는 사물들과 사람들, 인상들, 사건들, 상황들을 재고해 보려 할 때, 가장 먼저 필요한 것은 분명 시작을 위한 적당한 예를 선별하는 일이다.
> 엔치J. Jentsch는 (1906년의 글에서) '명백히 움직이는 존재가 진정 살아 있는 것인가에 대해서, 혹은 생명이 없는 물체는 움직이지 않는 것인가에 대해 의문을 가지는' 매우 좋은 예를 제시했다. 또한 그는 이러한 연계성 속에서 밀랍인형과 정교하게 만들어진 인형과 자동인형…… 등이 주는 인상을 언급한다. 이 모든 것들이 말을 하고 행동을 할 때, 섬뜩함이라는 특성은, 오래전에 극복되었던 정신의 초기 단계, 말하자면 친근함을 더 많이 띠고 있던 단계로 회귀되는 존재인 '이중상'으로부터만 도출되는 감정인 것이다. '이중상'은 마치 종교의 몰락 직후에 신들이 악마로 돌변하는

것처럼, 점차로 공포의 형태가 되어간다.[16)]

이 부분에서 필자는 그림자를 자발적인 힘의 표현으로 다루고자 한다. 필자는 다양한 시대에서 그 예를 찾고, 또 상이한 형상적 기법들을 언급함으로써 이 주제를 다룰 것이다. 그러나 그전에, 호그스트라텐의 작품을 더 자세히 보는 게 유용하리라 생각되는데, 그것은 이 작가가 그림자의 문제를 놀라운 방법으로 그려내고 있기 때문이다. 이 시대에 투사의 방법은 재현의 상태와 직접 연관되었다. 이 시점에서 코르네유Pierre Corneille의 《희극적 환상L' Ilusion Comique(1635) 속 알캉드르Alcandre의 동굴에 대한 유명한 묘사를 다시 읽어보는 게 도움이 될 것이다.

> 모든 자연에 대해 말할 수 있는 이 마법사는
> 이 어두운 동굴을 자신의 거처로 선택했다
> 밤은 이 황폐하고 황량한 소굴에 퍼져
> 베일을 벗겨 비현실적인 낯을 맞이하고,
> 그리고 그 불확실한 광선의,
> 오로지 그늘과 맺는 관계만을 허용한다.[17)]

이 컴컴한 장소는 극장에 대한 꽤 적당한 은유로 생각되었다.[18)] 그러나 이 장소는 또한, 호그스트라텐의 판화(도판 37)에 있는 장소처럼, 재현을 위한 무대였을 수도 있다. 또한 이 장소는, 또 다른 예시작인 헤인 2세Jacques de Gheyn II의 〈숨겨진 보물을 찾는 세 마녀〉(도판 39)에서 동굴을 지배하고 있는 것과 같은 허구적 장소의 수사학을 설명

도판 39 자크 드 헨 2세, 〈숨겨진 보물을 찾는 세 마녀〉, 펜과 잉크(부분적으로 회갈색 담채), 1604, 28x40.8, 애슈몰린 박물관, 옥스퍼드(영국).

할 수도 있을 것이다. 여기서 우리가 보는 것은 전형적인 '저주받은 동굴'이다. 전경에는 기름 항아리와 해골, 움츠린 개구리와 빗자루 등 마법을 거는 데 필요한 물건들이 어지럽게 흩어져 있다. 마녀들이 실험을 하고 있는 남자의 갈라진 몸은 화면 가운데 놓여 있다. 왼쪽에는 동물의 뼈가 있다. 천정에는 등이 매달려 있고, 바닥에는 가마솥이 삼발이 위에 놓여 있다. 이러한 장면에 전형적인, 다른 '통상적 방문자들', 박쥐와 고양이와 쥐들은 이 그림을 완성시킨다. 세 마녀는 서로 다른 행동에 몰두하고 있다. 왼쪽 마녀는 낡은 책을 읽고 있고, 가운데 앉은 이는 연기가 나는 양초를 쥐고 있으며, 그 오른쪽에는 또 한 사람의 동료 마녀가 오른손을 들어 아마도 보물이 묻혀 있을 것으로 보이는 곳을 가리키고 있다.[19] 우리가 여기서 제시하는 것은 허구적인 지하세계의 이미지이며, '가짜 빛줄기'—이것이 중요하다—와 '그림자 속에서의 거래'가 구성의 핵심 부분인, 17세기의 소름 끼치는 상상력의 산물이다. 더군다나 이 드로잉에서 가장 중요한 세부이자 헨 2세가 남기고 있는 우울한 강렬함의 근원은, 바로 마녀들 중 하나가 동굴 벽에 드리우고 있는 환상적이고 거대한 그림자다. 이 그림자의 초인간적인 크기는 제의적인 힘의 은유이며, 이는 악이 증가하는 것을 구체화시켜 준다.

그림자를 왜곡하고 과장하는 것은, 조형 예술에서 인간의 부정적인 측면을 강조하기 위해 가장 빈번하게 쓰이는 기법 가운데 하나다. 이제 또 다른 예를 검토해 보고자 하는데, 이 작품—제작된 시대와 이유 면에서 매우 급진적인—은 약간 변형된 플리니우스의 우화가 '섬뜩함'의 효과를 유도하는 방법을 잘 보여 준다. 내가 말하고자 하는 작품은 '사회주의 리얼리즘의 기원'이라는 제목이 붙은, 코마르와 멜라미드Vitaly Komar & Aleksandr Melamid의 1982년 그림(도판 40)이다. 이 캔버스 안에 존재하는 담론이 미술 기원의 신화에 관한 아이러니한 해석이라는 것은 너무도 명백하다.[20] 스탈린주의 건축의 전형인 신고전주의적 장식의 밑부분에서, 이 인민의 아버지는 '사회주의 리얼리즘'의 화신이거나 혹은 그것을 찬양하는 뮤즈로 보이는 반라의 여인이 자신의 초상화를 그리는 것을 분명 즐기고 있다. 사회주의 리얼리즘의 미학에서, 이미지를 그릴 때 타협 없이 충실하게 실제를 모사해야 한다는 신념을 권장했다는 것은 잘 알려진 사실이다. 이 신념에서 이탈하는 것은 심각한 범죄를 저지르는 것과 같으며, 중형을 받을 수도 있는 행위였다. 이것이 바로 이 그림을 그린 이가 그림자를 '변형'하지 않기 위해 애썼던 이유다. 스탈린의 그림자는, 스탈린이 예술에 대

도판 40　비탈리 코마르 & 알렉산드르 멜라미드, 〈사회주의 리얼리즘의 기원〉('향수 어린 사회주의 리얼리즘' 연작에서), 1982~83, 캔버스에 유채, 72x48, 개인 소장.

도판 41　예두아르트 다예게, 〈회화의 발명〉, 1832, 캔버스에 유채, 176x135.5, 베를린 국립미술관, 베를린(독일).

한 프로그램에 요구하는 대로 '타협 없이' 그리고 '충실하게' 그려져 있다. 그러나 또한 명백한 것은, 1982년에 이 그림이 그려질 당시 코마와 멜라미드는 스탈린의 과거와, 또한 페레스트로이카를 선도하는 소비에트의 신예술가 세대와 거리를 둘 수밖에 없었다는 것이다. 그들은 사회주의 리얼리즘 프로그램의 '원시적' 측면을 발견했고, 그 배후에 있는 사람이 초상화로 그려지고 있는 이 남자라는 것을 보여 주고자 했으며, 또한 이 프로그램은 하나의 '그림자', 즉 스탈린의 그림자만을 생산해 낸다는 것을 암시하고자 했다. 그들은, 이 독재자의 그림자가 그의 부정적 인성과는 별개로, 동일한 창조의 과정에 의해 태어난다는 것을 보여 준다. 스탈린의 옆모습은, 비록 '섬뜩한' 느낌은 있지만, 변형되지도 왜곡되지도 않았다. 이 인상은 부수적이고 잘 분류된 요소들의 전체 시리즈에 의해 뒷받침된다. 자세히 관찰해 보면, 관객은 '뮤즈'가 이 유명한 인물의 머리를 왼손으로 그리고 있다는 놀라운 결론에 이르게 된다. 이는 몇 가지 심오한 의미를 가지고 있는 것이 틀림없고, 이 그림의 구성에서 단순한 실수로 치부될 수 없다. 이러한 인상은 이 그림의 모델이 되었을 다른 작품과 비교해 보면 한층 강화된다(도판 41).

이 소련 미술가는, 아이러니를 가미하기는 했지만, 19세기 초, 중반에 부타데스 이야기를 그림으로 나타낸 작품들에서 실제로 영감을 받았다. 이를테면 다예게Eduard Daege의 〈회화의 발명〉(도판 41)에 최소한의 변형만이 가해져 〈사회주의 리얼리즘의 기원〉(도판 40)이라는 작품이 되었다. 독재시대에 인기 있는 승리주의 양식triumphalist style 특유의 건축구조가 자연적인 구조를 대체했고, 인공조명이 자연조명을, '서기장' 유니폼을 입고 있는 거대한 몸이 나체의 젊은 그리스 영웅을 대체했다. 사랑의 행위로서의 그림은 여전히 거기에 있지만, 그것은 의미 변화의 산물, 완전히 그 의미가 바뀌는 프로이드적 전환의 산물인 것이다.

이러한 의미상의 변화는, 〈회화의 발명〉이 〈사회주의 리얼리즘의 기원〉이 되면서 왼쪽/오른쪽이 역전되는 현상에 의해 강화된다. 이 러시아 화가들의 해석의 구조는, 다른 두 언어, 그러나 상호보완적인 방법으로 해석되어야 하는 단어들로 만들어진 연극과 같다. 그 첫째는 옛 소련 권역에서 예술가들이 쓰던 암호화된 언어에 기인한다. 왼손으로 칠하고 그리고 쓰는 것은, 그들이 완성된 작품에 어떤 미학적 가치가 있다고 믿지 않는다는 것을 말하며, 편의상 그렇게 했거나 그렇게 하도록 강제당했을 것이다. 이 그림의 둘째 함의는 보다 문학적이고 지적인 기원을 가지고 있으며, 또한 소련 지식인들의 언어와 연관되어 있다. 왼쪽 손은 '좌파' 예술을 실천할 뿐 아니라, 사물의 진정한 본성을 드러내는 것이기도 하다는 것이다. 이 경우, 그것은 윤곽선으로 둘러싸인 그림자의 그늘지고 불길한 측면과 관계된다.

그림자 이야기들: 탈출, 추격, 그리고 기대

프로이트는 자아의 이중복제가 '섬뜩함' 효과를 만들어내는 필수요소라고 설명했다. 랑크Otto Rank는, 이중상이 자아의 파괴를 막는 보험이고, '죽음의 법칙에 대한 강력한 거부'라고 거칠게 주장했다.[21] 필자는 1장에서, 플리니우스의 이야기가 그 모든 분파들 속에서 드러내고 있는 것이, 재-복제 체계라는 실제적인 문맥 속에 있다는 것을 밝혀내고자 했다. 일단 그림자의 악마화라는 역전이 이루어지자, 서양의 화가들은 그 부정적인 면을 그려내고자 그림자를 끝까지 탐구하게 되었다. 이 여정의 끝에서 —그리고 여기서 코마와 멜라미드의 그림(도판 40)이 중심을 이루는데— 그림자의 '악마화' 와 그것이 만들어내는 '불멸화' 가 조우한다.

서양 미술의 근본적이고 이론적인 요소들이 전개되었던 때인 17세기 언어를 검토해 보면, 최초의 프랑스어 사전에서 '그림자' 라는 단어에 부여한 의미들 중 하나를 볼 수 있다.

> 그림자, 그것은 상상의 적이라고 생각한다. 우리는 계속 우리 *그림자*와 싸울 것인가? 달리 말해, 우리의 의혹들과 우리의 사상들과 싸움을 계속할 것인가.[22]

이 개념 정의에서는, 그림자의 내면화를 개인의 투영으로, 부정성이 탄생하는 영혼의 '어두운' 부분으로 묘사하고 있다. 이 특별한 '상상의 적' 의 실제 모습은 엠블럼에 대한 책들에서 찾아볼 수 있다. 이는 우연의 일치가 아니다. 왜냐하면 그림자는 일면 부정적 반복의 엠블럼이라고 할 수 있기 때문이다.

이러한 이미지들 중 하나(도판 42)로, 자기 앞의 땅 위에 누워 있는 자신의 그림자를 공격하려고 칼을 빼 든 남자를 볼 수 있다. 그 남자의 제스처는 단순하지만 의미심장하다. 그림자와 그림자 주인의 태도의 차이는 특별히 중요하다. 그림자 주인의 공격적인 태도는 그림자의 겁먹고 방어하는 자세로 변화되었다. 우리는 여기서 미술 아카데미에서는 한 세기 전에 이미 인식되고 있었던(도판 36), 표현적 가치를 지닌 조작된 그림자를 본다. 엠블럼을 설명하는 텍스트는 통상 우리가 이미지를 이해하도록 도와주는데(도판 42), 이 그림이 본질적으로 말하고자 하는 것은 이러하다.

> 칼로 무장한, 자신이 저지른 범죄 때문에 아직도 가슴이 무거운, 그 남자는 자신의 길을 계속 가고자 한다. 때때로 그는 자기 자신의 그림자를 보고 겁에 질려 발걸음을 멈춘다. 그는 그림자를 공격하고 멀리 가버리라고 그림자에 명령한다. 그러나 그림자에서 자신과 똑같은 상처를 발견하고는, 그는 '내 범죄를 배신한 자가 여기에 있다!' 라고 소리 지른다. 오, 살인자들은 자신의 양심의 가책으로 광기의 환영을 얼마나 많이 만들어내며, 또한 그 환영들과 싸우기 위해 얼마나 많이 무장을 해야 했던가.[23)]

이 텍스트는 자기 자신의 그림자에 앙심을 품는 기이한 행동에 대해 설명을 하고 있다. 우리는, 은유적 오해를 불러일으키는 이중상의 형이상학 영역에 놓인 특수한 전개에서 이 텍스트의 기본적 필요조건을 찾을 수 있다. 이 남자는 그림자(자신의 타자)가 자신의 범죄를 목격했다고 생각한다. 그는 그림자로 하여금 침묵하게 하고 싶어하지만, 그렇게 할 때 그 타자가 '자신' 이라는 것을 깨닫게 된다. 독자 또한, 그 엠블럼이 사이코드라마로 가는 열쇠를 제공하고, 그림자를 죽이고자 하는 싸움은 결국 자살로 끝 맺는다는 사실을 깨닫게 되는 것이다. 여기서의 투쟁은 유럽 문화의 부분으로 성장하게 될 청사진이다. 그것은 낭만소설이 압도적으로 선호하는 주제이며, 지금까지도 지속되고 있는 것이다.[24] 우리는 이미 현대적 이미지에서 예를 골라보았다(도판 5). 필자는 이 광고를 분석하면서, 이것이 나르키소스적 상황의 역전에 기반하고 있다는 사실을 강조했던 것을 독자들에게 다시 상기시키고자 한다. 우리는 삼부쿠스Johannes Sambucus 엠블럼들에 대해 숙고할 때 이러한 관찰법을 다시 반복할 필요가 있다. 특히 이러한 역전의 행위 속에서 *이미지*와 *문자* 간의 독특하고 엄청난 모순이 명확해지기 때문이다.

더구나 텍스트에는 자살의 전조인 '똑같은 상처'를 입히는 같은 사람끼리의 싸움이 언급되어 있음에도, 우리는 공격하는 이미지인 남자와 두려움에 움츠러든 그림자를 본다. 텍스트에 기술되고 있는 것을 이미지로 묘사하는 것은 불가능하다. 싸움에서 지는 것은 그림자의 태도에 있는 은유적 성격으로 짐작할 수 있을 뿐이고, 은유는 시각적으로 나타낼 수 없는 것이다. 텍스트는 환영이고, '보다'라는 동사는 오로지 이 환영을 확장시키는 의미로만 쓰이고 있다. 이 시대에 존

도판 42　요한네스 삼부쿠스, 〈죄책감〉, 삼부쿠스의 《엠블레마타》 판화, 안트웨르펜(벨기에), 1564.

도판 43 모리스 & 고시니, 〈럭키 루크〉, 1996.

재하는 이러한 긴장은 우리 시대의 것과 매우 다르다는 것을 반드시 알아야 한다. 앞서 분석했던 광고 장면(도판 5)에서, 행동의 사이코드라마적 성격은 엄청나게 축소되어 있었다. '에고이스트'는 자신의 애프터셰이브 병을 빼앗긴다 하더라도 자신의 목숨을 잃지는 않는다. 구성의 동기가 다르고, 그림자는 삼부쿠스의 시대에 가능하지 않았던 방법으로 조작되어 있다. 우리는 이 주인공이 충분히 강하고 직접 상황을 조종할 수 있겠다는 인상을 받는다. 그러나 이것은 공정한 싸움이 아니다. 이러한 논쟁의 대상—병—이 한순간 위험에 처한다 하더라도, 누가 승리자가 될 것인가에 대한 어떠한 의심도 들지 않는다.

마지막으로 제시하게 될 예에서는, 투쟁이라는 주제가 나르키소스적인 상황을 역전시키고 그림자의 타자성을 악마화하는 관념이 강화되는 것을 볼 수 있다. 카우보이 럭키 루크Lucky Luke가 영웅으로 나오는, 모리스와 고시니Morris & Goscinny의 만화 한 장면을 검토해 보자(도판 43). 이 이미지는 상징적이다. 이 장면은 독자의 마음에 —일단 독자가 책을 다 읽고 덮은 후— '자신의 그림자보다 더 빨리 방아쇠를 당긴 남자' 라는 캐릭터로 정의되는 행동을 떠올리게 한다. 럭키 루크는 결코 아무도 죽이지 않는 자이기 때문에 이 마지막 그림은 그 무엇보다 의미심장하다. 이 이상적인 세계에서, 이 어리석은 살인을 저지르는 총알은 단지 우리 영웅의 우월성을 순수하게 전달하는 것 이상 아무것도 아닌 것이다. 이 장면은 다른 한편으로는 유머와 인간 정신의 깊이를 결합시킨다. 이는 명백하게 영웅의 심리 세계와 그의 추종자들을 대표하는 빠른 반작용을 찬양하고 있는 것이다. 럭키 루크의 검은 이중 이미지가 자신의 총을 쥐기도 전에, 카우보이의 총알은 그를 관통하고, 그의 배에 작고 흰 구멍을 남겼다. 이로써, 상처/탄생의 상징은 상처/죽음의 상징이 된다. 총알의 궤적은 —'네거티브' 이미지 같은— 땅에 그려진 검은 선들과 평행을 이루고 있다. 결국, 영웅과 그림자를 연결하는 이 선들의 네트워크를 통해, 상징들은 역전된다. 럭키 루크의 머리 모양은 냉담함을 나타내지만, 그 그림자의 모습에서는 공포가 드러난다. 영웅의 모자는 행위의 속도를 보여 주지만, 그림자에 묘사된 모자는 놀라움을 표현한다.

필자는 럭키 루크가 삼부쿠스의 《엠블레마타Emblemata》와 오비디우스의 《변신 이야기》, 혹은 퓌르티에르Antoine Furetière의 《보편사전Dictionnaire universal》을 읽었으리라고는 생각하지 않는다. 만일 럭키 루크가 이것들을 읽었다면, 아마도 그는 자신의 그림자에 대한 살의(모든 모험의 끝에 반복되는 행위)가 단순히 왜곡된 사랑의 산물이고, 죄의식의 신호

도판 44 윌리엄 리머, 〈도망과 추격〉, 1872, 캔버스에 유채, 45.7x66.7, 보스턴 미술관, 보스턴(영국).

이며, 마침내는 자신이 표적 연습을 위해 정기적으로 사용하는 두 번째 인물인 검은 그림자가 '상상의 적'에 대한 표명 이상은 아무것도 아니라는 것을 깨달았을 것이다. 그러나 이러한 생각들은 아마도 용감한 카우보이의 반작용을 느리게 만들었을 것이고 —누가 알겠는가?— 그 사랑스러운 영웅으로 하여금 만화의 밝은 세상을 영원히 저버리게 하는 일종의 강점强點을 그의 그림자에게 부여했을 것이다.

반사작용의 순수한 자발성은, 타자와의 만남이라는 위대한 주제의 본질에서 볼 때 특수한 상황에 지나지 않는다. 이러한 만남 —그림자에 대한 꿈에서의— 의 두 번째로 중요한 징후이자 공격 다음으로 이어지는 것은 도망이다. 미국의 화가 리머William Rimmer의 1872년 그림 〈도망과 추격〉(도판 44)은 이 점을 어떤 다른 작품들보다 잘 보여준다.

〈도망과 추격〉의 설정은 매우 신비롭다. 궁전을 가로질러 뛰어가고 있는 한 남자가 있다. 그림 속 건축은 혼성적이며, 환상과 맞닿아 있다. 고전적인 언어에 동양적인 요소가 혼합된 건축 형식, 풍부하지만 난해한 벽 장식, 평행하게 끝없이 펼쳐져 있는 것처럼 보이는 복도는 이 장면의 환각적인 성격을 한층 가중시킨다. 이미지의 바깥쪽에서 들어오는 거친 빛은 바닥에 긴 그림자를 드리우면서 이 신비스러운 이야기 속에서 동인動因 구실을 한다. 가장 중요한 그림자는 오른편에 있는 것이다. 이것은 (가시 영역 밖에 머물러 있지만) 재현의 영역 속에 투사되고 있는 한 사람의 혹은 몇 사람의 그림자다. 이것은 매우 힘이 넘치는 그림자인데, 이는 이미지 속으로 진입할 수 있는 그들의 능력 때문일 뿐만 아니라, 이미지의 영역을 떠나려고 하는, 왼쪽에 있는 달려가는 남자의 그림자에 대응되기 때문이기도 하다. 그와 동일한 성급함으로 우리는 이 그림 속으로 들어갔다가 빠져나온다. 그림을 자극하는 이야기는 글자 그대로 전체를 *가로지르고* 있고, 또한 선적이면서 순환적이다. 이 순환성(그 꿈같은 특성을 과장시키는)은 행위의 시작과 전개, 그리고 대단원에 의문을 제기하는 최종 결과다. 이 남자는 눈에 보이지 않는 적에게서 달아나고 있는 것인가? 그러나 그는 강해 보이고 무장까지 했는데 왜 도망가고 있는가? 아마도 그는 추격자이고, 그가 쫓고 있는 사람은 (그의 바로 뒤를 쫓아가고 있는 사람의 그림자가 보이는) 왼쪽에 있는 계단을 밟고 이미 우리의 시야에서 떠났을 것이다. 도망치는 그림자는 들어오고 있는 그림자의 어김없는 동운同韻이 아닌가? 이 이야기가 어디서, 언제, 어떻게 끝나는

지, 우리가 보고 있는 모든 것은 눈 깜짝할 사이에 지나가는 환상적인 연속 장면인가?

이야기의 시작과 끝에 관한 문제들은, 관객의 잠재의식에 영향을 미치는 형태심리학의 과정을 통해, 리머가 공들여 모호하게 만들어놓은 것이다. 몇 세기 동안 구상회화의 이야기의 서술적 전개는 텍스트 읽기의 구조에서 나온 관례에 의존했고, 이에 따라 이야기의 시작은 시각 영역의 왼쪽에 위치하고 끝은 오른쪽에 위치하도록 요구되었다. 리머는 왼쪽에서 오른쪽으로 읽기 대신 오른쪽에서 왼쪽으로 읽는 방식을 사용했다. 그 결과 시작은 끝의 자리를 빼앗고, 끝은 시작의 자리를 빼앗았다. 이 이야기의 잠재적인 순환성은 반복의 자각에 의해 울려 퍼진다. 이를테면, 그림의 한가운데 부분인 중경에는, 유령의 형상이 공간을 가로질러 가는 모습이 보인다. 이는 전경에 있는 남자의 모습이 멀리에서 반사된 것처럼 보인다. 이 유령도 또한 달리고 있고, 몸은 앞으로 숙여져 있으며, 똑같은 쪽—오른쪽—의 다리가 들어 올려져 있다. 이 사람은 모호한 존재이고, 천으로 감싸여 있음에도 거의 투명해 보인다. 또한 거의 투명해 보임에도, 그는 땅바닥에 그림자를 드리우고 있다.

이런 경우에는 대부분 제목에서 힌트를 얻을 수 있지만, 이 그림은 그렇지도 않다. *도망*과 *추격*이라는 두 단어는, 그 단어들이 개념적으로 동일한 존재라는 측면으로 이해되어야 한다는 사실만을 강조할 뿐이다. 도망과 추격/추격과 도망, 어디에서 그것이 시작되고, 어디에서 끝나는 것인가? 제목이 확인시켜 주는 대로, 이 그림은 일반적인 상황을 모호한 것으로 바꾸어놓았다. 이 작품의 내용들을 구체화하기 위한 여러 시도들이 있어왔지만,[25] 이러한 시도들은 오도된 원칙들로 귀착될 뿐이었다. 모든 요소들이 우리로 하여금 신비스러운 형상들을 통해 기능하는 이야기를 창조하는 것이 리머의 의도였다고 믿게 만들기 때문이다. 이러한 이유로 리머의 그림은, 이후 몇십 년 동안 만나지 못할, 그림자의 공식적 연대기의 모든 요소들을 포함하는 선구자적인 실험처럼 보인다.

그림자에 수반되는 가장 복잡하고 신비로운 서술적 특성들은, 데 키리코Giorgio de Chirico의 형이상학적 그림들에서 볼 수 있다. 이 화가는 수차례 '기하학적이고 정확한 그림자들'에 대한 자신의 열정을 피력한 바 있는데,[26] 이는 1910~19년에 그렸던 대다수 그림들의 배경이 되었던 신고전주의 건물의 거대한 콜로네이드colonnade: 列柱들의 그림자와 그곳에 깃들인 거대한 사람의 그림자를 의미하는 것이다:

> 로마인들이 만들어낸 *아케이드*의 신비에 비견될 만한 것은 없다. 거리, 아치: 태양은 로마식 벽을 빛으로 물들일 때, 달라 보인다. 모든 로마 건축에는, 프랑스 건축에서보다 더 묘하게 구슬픈 어떤 것이 존재한다. 로마의 아케이드는 숙명이다. 그 목소리는 기이한 로마 시로 가득 찬 신비함으로 말한다. 낡은 벽의 그림자와 기이한 음악과 심오한 푸른 빛…… [27]

혹은,

> 과거와 현재, 미래의 모든 종교 속에서보다, 태양 속에서 걷는 사람의 그림자가 더 많은 신비함을 가지고 있다.[28]

도판 45 지오르조 데 키리코, 〈거리의 우수와 신비〉, 1914, 캔버스에 유채, 87x71.5, 개인 소장.

1913년의 것으로 기록된 이러한 묵상은 데 키리코의 몇몇 형이상학적 그림을 소개하는 방편으로 이용될 수 있는데, 그중 하나가 〈거리의 우수와 신비〉(도판 45)다. 지중해의 강한 태양이 공간을 대조되는 두 영역, 깊은 그림자의 영역과 태양빛으로 가득 찬 영역으로 나누고

있다. 전체 형태들이 그런 것처럼, 이는 분명한 분할이다. 작가는 '빛과 그림자, 선과 각도, 입체감의 모든 신비가 말하기 시작한다' 고 다른 곳에서 진술했다.[29] 그러나 고백을 하려는 이런 시도는 결코 모든 것을 완전히 밝히는 선언이 되지는 못했다. 그림에 의해 제기되는 의문들은 사실들보다 더 중요하다. 은유적으로(혹은 형이상학적으로) 말하자면, 우리는 어떤 일이든 벌어질 수 있는 혹은 아무것도 먼저 얻을 수 없는 갈림길에 서 있다. 왼쪽에서 오른쪽으로 이미지가 가로지르는 궤적은 앞으로 있을 만남을 주제화하고 있다. 두 행위자들은 부분적으로만 묘사되어 있다. 한 사람은(어린 소녀) 막 들어서고 있고, 그림의 반대편 다른 한 사람은 그림자를 드리움으로써만 존재한다. 우리는 이 그림자가 누구의 것인지를 도무지 확인할 방법이 없다. 그러나 이것은 본질적으로 명백히 공격적이고 위협적이다. 화가의 진술이나 다른 현대 작품들을 잘 알 때에만 이것이 조각상의 나른한 그림자라는 것을 인식할 수 있다. 계몽되지 않은 관객들은 예감과 임박한 위험을 구별할 수 없다. 그런 관객이 할 수 있는 일이란 두 행위자 사이의 빈 공간을 가로질러 가는 자기 모습을 그려보는 것뿐이다. 이 그림의 이야기는, 작품의 중심 주제가 꿈의 잠재의식적 상징이라고 알려진 대상들에 수반되는 조용한 긴장감이라는 데서 드러난다. 그 대상들 중 하나는 굴렁쇠이고, 다른 하나는 수직으로 그려진 지팡이다. 그림자들의 투쟁이라는 수위에서 모든 일이 벌어진다. 어린 소녀는, 그녀가 거리 모퉁이 돌기를 잠복해 기다리는 그림자와 같은 재료로 만들어진 것처럼 보인다. 그 그림자가 지켜보는 역할을 하는 수동적 요소임에 반해, 소녀는 활동하는 요소다(들어 올린 발로 이 점이 강조되어 있고, 그녀의 머리와 옷은 바람에 날리고 있다).

아른하임Rudolf Arnheim은 이 그림에 대한 유명한 해설문을 남기고 있는데, 여기에서 데 키리코가 공간적 모순을 기술적으로 조작함으로써 '섬뜩함'의 효과를 얻는 방법을 밝혀내고 있다.

> 얼핏 보기에 이 장면은 충분히 견고해 보이지만, 굴렁쇠를 든 무사태평한 소녀가, 보이지 않는 봉합선을 따라 균열이 생기려 하는, 혹은 모순된 조각들로 산산이 흩어지려 하는 세계에 의해 위협당하는 것이 느껴진다. 대략 같은 축을 가진 짐마차는 실제적인 왜곡이 이루어지고 있는 건물들이 수렴되는 지점을 부정하고 있다. 더군다나, 두 콜로네이드가 보여 주는 원근법은 서로를 부정한다. 지평선을 높게 잡고 있는 왼쪽 콜로네이드는 공간 편성의 바탕을 이루고 있고, 오른쪽 콜로네이드는 바닥을 관통하고 있다. 반대의 조건에서 지평선은 그림의 가운데보다 아래쪽 눈에 보이지 않은 어딘가에 위치하게 되고, 빛나는 열주들과 함께 위로 멀어지는 거리는 아이를 무의 세계로 뛰어들게 하는 믿을 수 없는 신기루일 뿐이다.[30]

우리가 이 그림의 비논리성을 원근의 법칙과 관례를 습득하지 못한 무능력의 산물이라고 여긴다면 잘못된 해석으로 나아가는 길일 것이다. 이와는 반대로, 그림 속의 모든 것은 데 키리코가 원근법을 몰랐던 것이 아니라 원근법을 조작했던 것임을 알려 주고 있다. 몇 년 후에, 〈우리, 형이상학자들We, Metaphysicians〉(1919)이라는 글에서, 그는 자신을 이끄는 심층적인 동기들을 밝혔다.

우리, 화가들, 우리는 예술의 논리적 의미를 버리려는 생각을 가졌던 최초의 사람들이 아니다. …… 예술은 근대 철학자들과 시인들에 의해 해방되었다. …… 쇼펜하우어와 니체는 삶의 난센스의 의미심장함을 보여 주었던 최초의 인물이다. 그들은 이 난센스가 어떻게 예술로 바뀌는지를 보여 주었다.[31)]

이러한 선언을 기초로 우리는 실제로 역사적, 문화적 염세주의의 전환을 얻는 방법을 탐구한 이 예술가의 비밀스러운 실험실에 침투해 볼 수 있다. 우리가 찾는 것은 재현의 고대적 코드를 염세적으로 해석하는 것과 관계된 그의 기법이며, 이는 그가 뮌헨 미술 아카데미에 다니는 동안 익힌 것이다. 염세적 경향으로 무장한 화가가 어떻게 내용과 생명이 결여된 원근법 투사의 과학적 일관성이 있는 곳에서 부조리성을 발견할 수 있었는지를 우리가 이해하기 위해서는, 원근법에 대한 고전적인 지침들을 깊이 연구해 볼 필요가 있다. 몇몇 텍스트들—그중 한 예로, 라이레서Gérard de Lairesse의 《회화총서Le Grand Livre des peintres》(1707)를 읽음으로써, 이 문제에 대한 일말의 해답을 얻을 수 있을 것이다.

그림의 아름다움을 배가시키는, 빛으로 가득 찬 공간에서의 그림자가 특별히 요구되는 길이와 넓이, 강도, 경도를 가져야 할 뿐 아니라, 그림자가 투영하는 대상, 이를테면 기둥, 오벨리스크, 네모진 스타일로베이트stylobate 같은 대상들의 형태가 주어져야 하는 것임은, 논쟁의 여지가 없다. 조각상의 그림자는 바닥에 서 있든 좌대 위에 서 있든, 이 조각상이 보이지 않게 가로막는 대상의 뒤에 위치한다 해도 그림자에서 그 조각상의 자세를 예측할 수 있도록 명확히 그려져야 한다. 왜냐하면 이것이, 그림을 밝히는 것은 태양빛이라는 것을 나타내기 위해 우리가 임의로 사용하는 주된 방법들 중 하나이기 때문이다. 어떤 화가들은, 이런 식의 요구가 지나치게 정밀한 것이라고 여기며, 자신들이 할 수 있는 것은, 그림자가 기둥이나 사람…… 등을 닮았는지에 대해서는 고려도 하지 않고 땅 위에 멋대로 선을 긋는 것뿐이라고 상상한다. 조각상이나 다른 어떤 대상조차 또 다른 것 뒤에 숨겨져 있을 때, 그림자에서 그 대상의 형태나 조각상의 자세를 식별할 수 있다는 것은 매우 중요해진다.

태양빛을 지적으로 이용하는 방법을 아는 화가들은, 다른 이들이 갖지 못하는 유리한 점을 가진다. 왜냐하면 그들은, 전경에 있는 대상들을 밝게 만들고 멀리 있는 것들은 사라지도록 하기 위해 땅 위 여기저기에 많은 그림자를 만들어내기 위해서, 나무와 언덕, 공장들을 자신의 작품에 그려 넣어야 할 필요가 없기 때문이다. 그들은 적당하다고 느끼는 곳에 그림자를 배치하기만 하면 되고, 여기에는 항상 논리적인 이유가 존재하는 것이다.[32]

데 키리코의 방법은 이 안내 지침이 주장하는 내용의 주변부에 기록되어 있다. 데 키리코의 그림(도판 45)과 고대 책들의 삽화들(도판 46, 55)을 비교해 본다면, 어떻게 이 매뉴얼 안에 이미 그의 언어가 가진 모든 요소들이 실제로 존재하는지를 살펴보게 될 것이다.

데 키리코가 한 일은 이들을 연결한 것이다. '선생님 없이 영어를 배우는 방법'과 이오네스코Eugène Ionesco의 《대머리 여가수La Cantatrice chauve》 사이에 존재하는 관계를, 〈거리의 우수와 신비〉(도판 45)와 라이레서의 《회화총서》에서도 똑같이 찾을 수 있다. 데 키리코가 이 안내 지침과 그 도해들을 '형이상학적' 회화로 번역함으로써 달성하는 데 키리코의 그림자 이면에는 '논리적인 이유들'이 존재한다. 달리 말해서, 데 키리코는 매뉴얼에 있는 형태들에 '의미'를 부여하지만, 이 '의미'는 그 형태들 자체의 신비가 가지는 공허와 다름없다. 원근법 투사의 문제인, 그림에서의 그림자의 논리적 재현은, 따라서 데 키리코의 '섬뜩함' 효과를 담보하는 신비한 잠재요소들을 타고나는 것이며, 여기에서 주된 주제는 서양 재현의 코드를 유유히 조소하는 것이다.

17세기에 다듬어진 요소를 재생시킨다는 것, 그림자를 과장시키는 일에 의지하는 것(도판 36, 37, 38, 39)은 피투라 메타피스카Pittura Metafisca의 잔잔한 수면을 어지럽혔다. 그러나 그것은 영화라는 새로운 매체에서의 승리였다. 만일 우리가 우리 시대의 가장 주목할 만한 영화들 가운데 몇몇 제목들을 일별한다면, 그 안에서 주제적인 강박을 발견하게 될 것이다. 마크Max Mack의 1913년 작 《타자Das Andere》, 루비치Ernst Lubitsch의 1919년 작 《인형Die Puppe》, 무르나우F. W. Murnau의 1922년 작 《유령Phantom》, 로빈슨Arthur Ribison의 1923년 작 《경고하는 그림자들Schatten》(프랑스어 제목은 '그림자의 주인Montreur d' Ombres' 이었다), 레니Paul Leni의 1924년 작 《밀랍인형의 방Das Wachsfigurenkabinett》 등이 그 예다. 표현주의 영화들에서 발견되는 가장 유명한 몇몇 장면들을 검토해 봄으로써, 우리는 그림자 미학의 결정적인 특성을 발견할 수 있다. 그러나 그전에, 필자는 설명이 순서에 맞게 되었으면 한다. 영화의 한 프레임을 독자적인 이미지인 것처럼 다루는 것은(고대적인 그림들과

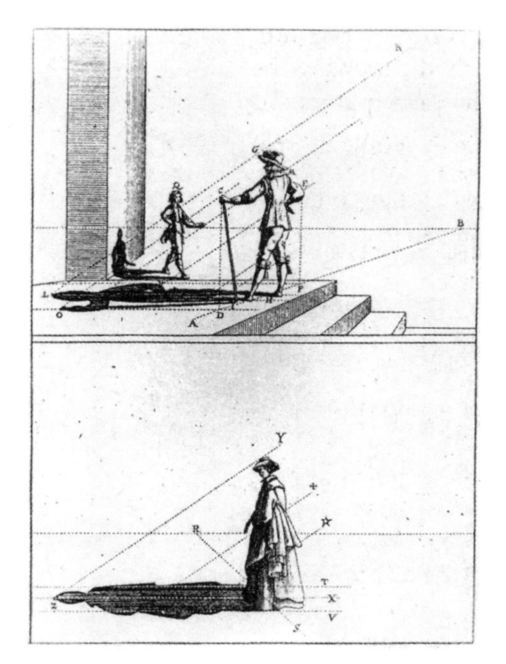

도판 46 장 뒤브뢰이, 〈그림자 습작〉, 《원근법 실습》 1권 135쪽 판화, 파리(프랑스), 1651.

도판 47 헤이라르트 더 라이레서, 〈그림자 습작〉, 《회화총서》, 파리(프랑스), 1787.

드로잉들, 판화들과 비교해), 이론적인 관점에서, 공식적으로 인정되는 과정이 아니다. 그러나 독일 표현주의 영화는 여러 이유로 예외라고 볼 수 있다. 비네Robert Wiene와 무르나우는 과거의 그림에 빚을 지고 있음을 공개적으로 인정하는 감독들이며, 필자는 그들의 작품에서 두 프레임을 인용하려 한다(도판 48, 49). 영화 전문가들과 영화사가들은 이 감독들이 제유법에 기반을 둔 영화 이미지의 수사학을 발전시켰다고 강조한다. 결론적으로 각각의 이미지, 각각의 프레임은 이런 방식으로 이해된다. 각 이미지나 프레임이—유추 혹은 대조를 통해—전체 영화에 관련되는 방식으로, 그리고 영화가 각각의 긴 쇼트로 얻어지는 '가로지르는 응시'의 개념 또는 그것에 대한 열망에 따라 정해지는 방식으로 말이다.[33] 따라서 독자적인 하나의 프레임을 분석하는 것은, 이 경우에는, 이단이 아니라 의무적인 해석학 과정이다. 이것이 또한, 독일 표현주의 영화들의 프레임들이 그렇게도 쉽게, 그 효과를 잃지 않으면서 책에 복제되어 등장하는 이유다.

도판 48 로베르트 비네 & 빌리 하마이스터의 영화 《칼리가리 박사의 밀실》(1920) 스틸.

도판 49 F. W. 무르나우의 영화 《노스페라투, 새벽의 심포니》(1922) 스틸.

그러므로 비네와 하마이스터Willy Hameister가 만든 영화《칼리가리 박사의 밀실》(1920)에서 유명한 '그림'을 떼어내 보고자 한다(도판 48). 이 장면에서 우리는 왼쪽에 있는 박사와 오른쪽에 있는 거대한 그의 그림자를 보게 된다. 사람의 형상보다 큰, 그림자의 크기는 의미심장하다. 그것은 사람의 내면적 자아에 대한 외적 표현인 것이다. 그것은 마치 카메라가 우선 무엇보다도 그림자를 통해 사람의 마음속으로 들어갈 수 있어서, 사람의 내적 자아를 벽에 투영할 수 있다는 것처럼 보인다. 외적 이미지인 그림자는, 인물의 내면에서 벌어지고 있는 일과 그 인물의 사람됨을 드러낸다. 칼리가리의 자세, 가슴을 보호하는 팔 (부분적으로) 구부린 왼쪽 주먹과, 오른쪽 그림자의 대비를 살펴보자. 그림자는, 그의 영혼을 비추는 내적 스크린에 발산, 왜곡, 투영으로서 제시된다. 이러한 왜곡에도 그림자는 형태를 드러낸다. 옆모습은 어렴풋이 유인원처럼 보이고, 느슨히 풀어지는 주먹은 뒤틀린 손가락을 드러낸다. 손이 행위의 도구로서 강조되는 것은, 이 경우에는 그림자가 행위의 도구이자 악의 도구가 될 수 있다는(된다는) —이미 살펴보았던 드 헨의 작품(도판 39)에서와 유사한 방법으로 제시되었던— 생각을 주제화하고 있다.

그러나 이 이미지에는(이 영화 전체에는) 근본적인 모호함이 존재한다. 이 영화는 광인의 환상을 실현시키고 있으며, 이 광인(프란시스)은 전체 영화 이야기의 해설자다. 우리가 보는 것은 '사영射影들'이며, 이 사영들은 그 자체로 이해되어야만 한다. 그것은 분명히 해설자

가 영화감독의 이중상이고, 그림자 투영은, 그것이 비유적인 테크닉인 한, 영화의 이중상임을 누차 지적하는 것이 가능한 이런 상호작용 때문이다. 이 프레임(도판 48)에 관한 한, 그림자의 메타 시적metapoetic 메시지는 명료하다. 그것은 은유이고, 좀 더 정확하게는, 표현주의 영화에서 가장 중요한 수단인 과장법—'클로즈 업'—이다. 그림자는 따라서 영화 제작의 본성 자체에 도전하며 그 호소 기법에도 도전하는 것이다.[34]

이러한 분석의 영향은 아마도 무르나우의 1922년 작 《노스페라투, 새벽의 심포니》(도판 49)에서 더 커질 것이다. 이 영화에서 그림자의 기능은 보다 미묘하다. 계단을 올라가는 그 유명한 실루엣은, 흡혈귀 자신인가 아니면 그의 그림자인가? 팔과 손에 가해진 왜곡은(그리고 이는 반 호그스트라텐과 드 헴 같은 미술가들이 이전에 만들어냈던 것과 같은 왜곡의 원리를 따르고 있다) 두 번째의 대답이 맞다고 믿게 할지도 모른다. 그러나 옛 전통에 따라, 무르나우와 관객은 모두 흡혈귀에 그림자가 존재하지 않는다는 것을 알고 있다. 따라서 우리가 이를 수 있는 유일한 결론은, 이것이 메타 담론의 범주에 해당된다는 것이다. 이 실루엣은 노스페라투 '자신'이고, '촉수 모양의 폴립polyp, 반투명의, 실체가 없는, 가상의 유령'인 것이다. 그는, 문과 복도와 계단의 숨은 세계에, 프로이트적 무의식의 선을 따라 구축된 세계에 산다. 빛 속에서 보여지듯이, 감독의 기능은 '그림자-주인'의 기능을 효과적으로 수행하고 있다. 그는 마음의 어두운 요소들을 그려내고, 그 요소들이 하나의 스토리가 되도록 하는데, 이는 모든 외형들에 대해 '그림자'와 '영화적 이미지' 사이의 유사를 강조하는 미학이다. 스토리 안에서 이러한 메타 미학적 해석이 이루어진다는 증거는, 영화 끝부분에 브레멘Bremen을 비추는 최초의 빛이 노스페라투를 절멸시키는 순간, 그리고 영사실에 불이 켜지고 스크린이 다시 한 번 하얗게 되는 바로 그 순간에만 관객에게 주어지는 것이다.

5. 사람과 그의 이중상

내 마음의 상을 찾아내다
그림자 혹은 이곳에서
—《디오티마Diotima》, 횔덜린J. C. F. Hölderlin

계몽과 그림자

계몽의 철학자들에게, 신화는 동화일 따름이다. 그림의 여명기를 비추었다고 주장하는 이도 예외는 아니다.

> 그림의 기원을 찾는 데 상상력이 많이 동원되었다. 그리고 이는 시인들이 쓴 가장 매력적인 동화들에 기반을 두고 있다. 만일 우리가 그것들을 믿는다면, 그 주인공은 시골 처녀이며, 그녀는 애인의 초상화를 그리고 싶어서, 지팡이를 가지고 벽에 드리운 젊은 남자의 그림자 윤곽을 최초로 선으로 그려냈다.[1)]

《백과전서Encyclopédie》에 실린 이러한 내용은, 문제를 명확히 밝히기 보다는 흐리게 할 것이 분명한 모험을 하면서 출처들을 섞어버린다. 이는 플리니우스에게서도 이미 명백했던 불확실성을 강조하는 것처럼 보인다: 그림은 불명확성에서 시작되었다! 이것이, 루소Jean-Jacques Rousseau의 《언어기원론Essai sur l' origine des langues》(1781)의 첫 장에 있는 암시에 특히 중요한 문제가 감추어져 있는 이유들 중 하나다. 미술의 발명을 둘러싼 '역사적' 논쟁에 관해서라면, 이 저자는 보다 이론적인 접근을 선택한다.

> 사랑이 드로잉의 발명자라고 일컬어진다. 그는 또한 불행하게도 말을 발명했다. 자신을 표현할 수 있는 다른 행위의 방법들은 존재하지 않았기 때문에, 말에 만족하지 못하고, 사랑은 말을 쫓아버렸다. 애인의 그림자를 그토록 사랑스럽게 따라 그렸던 그녀는, 전하고자 하는 것들이 있었다! 그녀가 막대기를 가지고 이러한 움직임을 성취했다는 것은 어떻게 들리는가?[2)]

이것은 플리니우스 우화가 명백히 사랑의 신화로 간주된 최초의 경우다. 게다가 그림자의 윤곽선을 그리는 행위가, 회화적 표현의 원시적 상황이 아니라, 사랑이 표현되는 원시적 언어로 생각되었던 최초의 경우다.[3)]

이런 식으로, 18세기를 떠나지 않던 기원에 관한 꿈속에서, 부타데스 우화가 그림의 주요 테마 중 하나가 되었다.[4)] 루소의 생각 중에서 중요한 어떤 부분이, 플리니우스적인 도상학이 역점을 두어 다루던 그 방식으로 19세기 초에도 여전히 살아남아 있었다. 지로데-트리

도판 50 안-루이 지로데-트리오종, 〈드로잉의 기원〉, 《유고집》의 판화, 파리(프랑스), 1829.

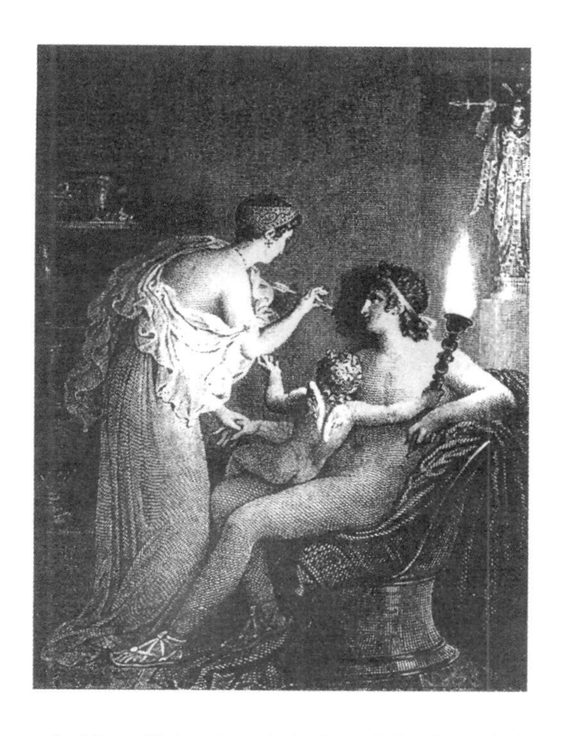

오종Anne-Louis Girodet-Trioson의 《유고집》(도판 50)에 수록되어 있는 판화에서는, 사랑의 신이 직접 횃불을 들고 장면을 밝히면서, 코린트의 소녀가 아마도 큐피드의 화살통에서 뽑았을 화살로 애인의 옆모습을 그리는 동안 그녀의 손을 이끌어주고 있다. 이 장면은 멈추지 않는 순환과도 같다. 지혜의 여신 미네르바 조각상의 경계 어린 시선 아래, 두 연인과 사랑의 신의 손은, 횃불에서 벽에 그려지는 검은 초상화로 이르게 하는 계속되는 연쇄고리를 형성한다. 이 복잡한 신체 언어는 또한 고양된 '사랑의 언어'를 변모시킨다. 두 연인 사이에 앉아 있는 작은 사랑의 신은 젊은 남자의 벗은 몸을 가려준다. 하지만 —그의 자세 때문에, 그리고 상징들(날개, 횃불)을 통해서— 도주와 열정의 기운이 남아 있다. 비난과 승화—이 판화의 진정한 주제들—는 루소가 배치한 길 위에서 끝을 맺는다. 지로데-트리오종은, 사랑에는 드로잉이라는 실제적인 예술을 통해서보다는 '자신을 표현하는 좀 더 활동적인 방법들이 존재한다'는 것을 아마 알았을 테지만, 그는 이 사랑의 장면을 '힘의 이전'으로, 혹은 그가 이 판화에 덧붙이는 시에서 일컬었듯, (지로데-트리오종에게는 기본적으로 남성적인) 성애적 에너지를 (여성적) 대리 이미지 창조로 돌리는 '천상의 이동'으로 그려내기로 했던 것이다.

> 아직도 그녀는 이 그림에 맹세한다
> 침묵의 동경 속에서, 그리고 그 충실한 그림은
> 그녀가 그림의 주인공에게 맹세한 진실을 담고 있다.[5)]

지로데-트리오종이 자신의 시와 판화를 제작했던 때, 그림자의 윤곽선을 그리는 것이 원시적인 사랑의 언어라는 견해는 이미 받아들여지고 있었다. 스위스 미술가인 퓌슬리Johann Heinrich Füssli가 런던 왕립 아카데미에 보고한 첫 번째의 회의 기록(1801)에서 이에 대한 훌륭한 예를 찾아볼 수 있다.

> 그리스 미술은 유아기에 있었지만, 미의 여신들이 요람을 흔들어 주고, 사랑의 신이 말을 가르쳤다. 만일 전설이 조금이라도 믿을 가치가 있다면, 비밀 램프 때문에 생긴 그녀의 떠나가는 애인의 그림자를 따라 그리는 코린트 소녀의, 우리의 동정심에 호소하는 사랑스러운 이야기야말로 그럴 만한 가치가 있는 것이다. 동시에 그 이야기는, 그림에 대한 최초의 기술적 에세이들에 관한 몇몇

도판 51 토머스 할러웨이, 〈실루엣을 드로잉하기 위한 기계〉, 라바터의 《관상학에 관한 에세이들》 영문판 제2권 제1부 179쪽 판화, 런던(영국), 1792.

고찰로 우리를 이끈다. *그 선을 이용한 방법은*, 빙켈만J. J. Winkelmann이 거의 인지하지 못하고 지나쳤음에도, 회화 제작의 기본으로 지속되어 온 것처럼 보이고, 오랫동안 사용되지 않았던 도구가 주로 사용되었음에도 그러하다. 〔……〕 미술에 관한 최초의 에세이들은, 실루엣이라는 이름 아래, 관상학을 배우는 학생들과 그 관련자들이 저속하게 사용하는 것들과 유사한, *투사도* skiagrams이자, 음영에 대한 단순한 개요에 불과했다.[6)]

퓌슬리의 관찰은, 초기 회화 언어를 떼어내 18세기 중 · 후반의 유행에 접목시키는 것이었는데, 이는 루이 15세 시대의 프랑스 수상인 실루에트Étienne de Silhouette가 했던 말장난pun에서 유래했다. 그림자놀이

('실루에트')는 유럽 전체에 퍼져나갔고, 상류층에서 가장 인기 있는 파티 게임 가운데 하나로 사랑받았다. 비록 퓌슬리는 이것이 플리니우스 우화의 유산이라는 것을 알고 있었지만, 또한 그는 이러한 기법을 매우 경멸했던 것처럼 보인다. 비록 이보다 몇 년 전, 그가 동료인 라바터Johann Caspar Lavater가 저술한 《관상학에 관한 에세이들Essays on Physiognomy》의 영문판에 삽화를 그려줌으로써 이 기법의 대중성에 기여한 바 있지만 말이다.

라바터의 책에는 실루엣을 그려내는 새로운 장치가 묘사되어 있다(도판 51). 이 '기계'에 관한 삽화는, 첫 번째로 나왔던 독일어판(라이프치히와 빈터투어, 1776)보다 영문판에서 더 명확하게 나타난다. 《관상학에 관한 에세이들》에 나온 판화와 부타데스 이야기를 현대에 그린 것들과 비교해 보면, 그림의 기원에 관한 플리니우스의 시나리오가 기계적인 방법을 통한 옆모습 재현을 목적으로 하는 실제적인 자세 잡기의 과정으로 변모되었다는 것을 알 수 있다. 우의적인 장치는 사라지고, 성역할이 역전되었다. 모델—여성—은 특수 제작된 의자에 앉아 있는데, 이 의자에는 스크린이 붙은 이젤이 장착되어 있다. 스크린의 다른 쪽에는, 가까이에서 타오르는 촛불에 투영된 모델의 옆모습 윤곽을 그려내고 있는 사람이 서 있다. 이 방법으로 성공하기 위해서는, 모델이 완전히 고정되어 있어야 하고 스크린에 바짝 붙어야만 한다. 그림에서 보듯 이 과정은 옆모습의 네거티브 이미지를 되도록 충실하게 그려내고자 고안된 것이다. 이것이 바로, 종종 이 장치가 사진의 직접적인 조상들 중 하나라고 여겨지는 이유일 것이다.

라바터의 관상학에 대한 담론의 구조 속에서 볼 때, 비로소 이 '실루엣을 그리기 위한 기계'의 작동, 더 특별하게는 그 기능을 이해할 수 있을 것이다. 그림자-이미지의 정의에서 시작되는 라바터의 주장을 지금부터 살펴보고자 한다.

> 그림자는 가장 약하고, 가장 생기 없는 것이지만, 동시에, 빛이 적당한 거리에 떨어져 있고 옆모습을 정확하게 잡아낼 수 있도록 얼굴을 적절히 비추어준다면, 그림자야말로 사람에게 주어질 수 있는 가장 진실한 재현일 것이다.—가장 약하다는 것은, 그림자가 양화가 아니라 음화이며, 또한 얼굴 반쪽의 윤곽선이라는 측면에서다. 가장 진실하다는 의미는, 그림자가 자연의 즉각적인 표현이지, 가장 능력 있는 화가가 자연을 따라 손으로 그려낼 수 있는 것이 아니라는 것이다.
> 살아 있는 사람의 이미지가 그림자보다 못할 수 있는 것인가? 하지만 이 얼마나 말의 과잉인가! 가치가 덜한 것이 가장 순수한 것이다.[7)]

라바터에게 그림자의 윤곽으로 이루어진 옆모습은 사람의 가장 최소한의 모습, 즉 *원형*Urbild이다. 이러한 특성 덕분에 측면상은 인간의 본성을 해석할 때 선호되는 분석 대상이 되었다.

라바터는 관상학 연구의 고대적 전통을 통해 사람의 얼굴은 영혼의 지표들을 담고 있다고 믿었다. 그러나 그는 윤곽선으로 그린 옆모습이 중요하다고 간주했기 때문에, 그 전통에서 벗어나게 되었다.

> 나는 모든 다른 종류의 초상화들보다도 오로지 그림자에서 관상학적 지식을 쌓았고, 변덕스러운 자연을 묵상하기보다 봄으로써

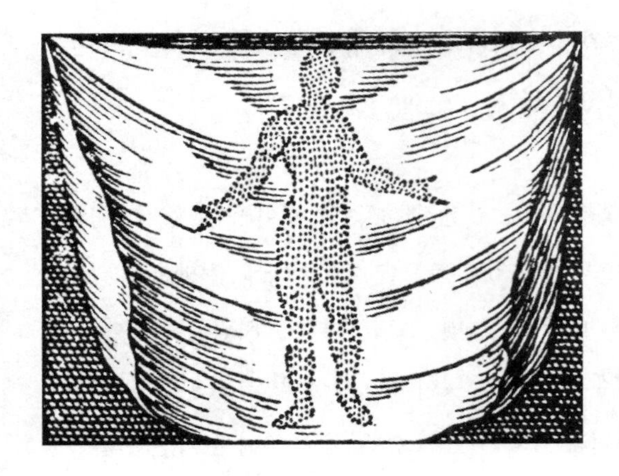

도판 52 작자 미상, 〈인간의 영혼〉, 〈그림의 세계〉, 뉘른베르크(독일), 1629.

관상학적 감각을 증진시켰다.

그림자는 빗나간 주의력을 집중시키고, 그 주의력을 윤곽선으로만 한정시켜, 관찰을 더 단순하고 쉽고 정확하게 할 수 있게 한다. 관찰, 결과적으로는 비교를.

관상학은, 그림자에 의해 부가되는 것보다 더 명백한 진실의 확실성을 가지고 있지는 못하다.[8)]

라바터는 이런 확신을 가지고 중요한 개념적 도약을 이룬다. 그는 사실상 영혼을 반영하는 것은 —전통적으로 받아들여지듯— 인간의 얼굴이 아니라 얼굴의 그림자라고 본다. 이는 근본적인 차이가 있는데, 이런 견해가 —아마도 무의식적으로— 다른 고대적 전통을 탐구하는 것이기 때문이다. 즉, 인간의 영혼을 그의 그림자 속에서 인식하고, 그림자를 그의 영혼 속에서 인식하는 전통이다(도판 52). 이런 이탈이 갖는 함의는 복잡하다. 그림자를 분석하는 것은 독자적인 심리분석과 같은 것이다. 라바터에게 윤곽선으로 그린 옆모습은 해독되어야 할 상형문자다. 이 작업은, 한 언어를 다른 언어로 번역할 때의 모든 증표들을 가지고 있는, 진정한 해석학으로 여겨진다.

> 진정한 관상학자는 가장 생생하고 강하고 포괄적인 상상력과 섬세하고 재빠른 위트를, 가장 명확하고 심오한 오성과 통합시켜야 한다. 상상력은 정확성을 가지고 그 특성들을 이용할 필요가 있고, 그렇게 함으로써 그 특성들은 수시로 새로워질 수 있게 된다. 또한 마음속에 있는 그림들을, 마치 계속 보이는 것처럼 완벽하게, 가능한 모든 질서를 가지고 정돈해야 한다.
> 위트는 관상학자에게 필수적인 것으로, 관상학자는 위트를 통해 대상들 사이에 존재하는 유사성을 쉽게 지각할 수 있게 된다. 예컨대, 관상학자가 어떤 인물의 특성인 머리 혹은 이마를 보았다고 하자. 이러한 특성들이 관상학자의 상상력을 작동시킬 것이고, 위트를 통해 그 특성들이 무엇을 닮았는지를 발견해 낼 것이다. 그러므로 더 많은 정확성과 확실성과 표현이 그의 이미지들에 부가된다. 관상학자는 그가 감지하는 개별적인 특성들의 근사치를 통합할 수 있는 능력을 갖추어야 한다. 또한 위트의 도움으로 근사치의 차이를 정의해야 한다. …… 위트만이 관상학적 언어를 만들어낸다. 그 언어는 현재, 형언할 수 없을 정도로 빈곤하다. …… 표현될 수 있는 모든 언어를, 관상학자는 표현할 수 있어야 한다. 그는 새로운 언어의 창조자가 되어야 하며, 이 언어는 정확하면서도 암시적이어야 하고, 자연스러우면서도 지적이어야 한다.[9]

따라서 우리가, 리히텐베르크George Christoph Lichtenberg를 필두로 한 계몽단체들의 공격 초점이 되었던, 라바터 신봉자들의 '그림자 분석'의 형성을 언급하는 것이 정당화될 것이다.

> 얼굴에서 가장 비밀스러운 생각들과 영혼의 움직임을 읽어내는 척해야 하는 저 관상학자의 오만불손에, 누구도 나보다 더 웃지는 않을 것……[10)]

라바터의 방법을 공격하는 이러한 모든 비판에도 불구하고 1800년경에는 이 방법이 널리 행해졌으며, 이것은 오락과 과학적 실험의 사이 어딘가에 위치하고 있었다. 방법론으로서 관상학은 그림자를 개인의 발산물로 간주했고, 개인의 내적 자아에 대한 진정한 정보를 제공하는 것과 관계된 것들보다 더 유용한 것으로 보았다. 관상학은 개인의 '표정'이 아니라(모델은 절대적으로 움직이지 않고 고정되어 있어야만 한다) '특성들'을 해석하는 것이다. 표정과는 달리 특성들은 얼굴의 깊은 구조와 관계된다.[11)] 이러한 이유로, 관상학자에게는 그 앞에 실제로 살아 있는 얼굴보다 포착된 그림자가 더 귀중하다. 사람이 감추는 것을, 그림자는 드러낸다. 이것이 바로 그림자놀이가 파티 게임으로 왜 그렇게도 인기가 있었는지를 설명하는 이유 중 하나다. 그림자놀이에 참가하는 모든 이들은 불안과 기대를 가지고 게임을 한다. 불안은, 참가자들이 영혼의 끔찍한 무질서를 드러낼까 봐 걱정하기 때문에 생기는 것이었고, 기대는, 참가자들이 헤아릴 수 없는 숨겨진 특성들을 모두가 볼 수 있게 드러내리라고 희망하기 때문이었다.

《관상학에 관한 에세이들》 네 권을 전부 읽는다고 해서 인간 옆모습을 해독할 수 있는 열쇠를 얻으리라고 믿는다면 그 역시 잘못일 것

도판 53 요한 카스파르 라바터, 〈관상학적 습작〉, 라이프치히와 빈터투어, 1776.

이다. 라바터는 계속 효과적으로 이 에세이를 수정해 나갔다. 비록 책의 저자가 그 문법을 확립하는 데 결코 성공하지 못했을지라도, 이 에세이들은 언어를 코드화하기 위한 반복된 시도의 종합이라고 볼 수 있다. 라바터는 이마에서 턱으로 흐르는 선을 해석하기 위해 노력했지만(도판 53), 이 노력들은 시험적이고 직관적인 상태로 남아 있다. 그것이 바로, 우리의 연구가 라바터에 대한 실천적인 결론보다는 그에 대한 해석학적인 기원과 구조에 더 관심을 쏟게 되는 이유다. 우리의 연구는 환상의 영역에 속해 있기 때문이다. 우리의 임무는, 그 과정이 정상적이냐 불합리하냐를 판단하는 것이 아니고, 라바터의 해석학이 그림자를 통해 인간을 도덕적 존재로 이해하려는 데 목적을 두고 있었다는 근본적인 사실을 조명하는 것이다. 이 방법론의 상징적 의미는, 라바터에게 관상학 연구는 신교 목사가 되기 위해 노력했던 종교적인 소명의 결과라는 사실을 염두에 둘 때에만 이해될 수 있다. 초반기에 이러한 관상학적 해석의 발전에 개입한 바 있는 괴테는 에커만Johann Peter Eckermann과 이야기를 나누면서 상당히 개방적으로 이 사실을 인정했다. '라바터의 방법론은 도덕, 종교를 수반한다.'[12)]

바로 이것이 라바터가 행했던 관상학적 해석의 실천이 인간 존재에서 신적인 것을 찾아내는 사랑의 행위였던 이유다. 이 책의 완전한 제목은, 있을 법한 비방에 대한 경고처럼 보인다: "인간 지식과 동료에 대한 사랑의 증진을 위한 관상학적 단편들."

라바터의 '그림자 분석'은 새로운 '영혼에 대한 치료Seelensorge'가 되어야 한다는 데 목적이 있었다 이 방법은 인간의 신적인 기원을 고려하는 개념에서 출발한다. 인간은 신의 이미지와의 유사성으로 만들어졌다. 그러나 죄가 인간이 가진 신과의 유사성을 잃게 했다. 그 신성과의 관계는 육체에 의해 빛을 잃었다.[13)] 이러한 논리를 고려한다면, 관상학을 실천해 인간에게서 신적인 것을 찾는 행위가 훌륭한 신앙에서 나온 것이라는 라바터의 주장에 의구심을 가지게 된다. 더 정확하게 말하자면, 라바터의 주장은 다음과 같은 의문을 일으킨다. 정말로 우리는 *인간의 그림자*에서 신을 만날 것 같은가? 오히려 우리는 이에 반대하는 모든 이유를 댈 수 있을 것이다. 라바터가 실제로 찾고자 했던 것은 인간이 가진 긍정적이고 신적인 측면이 아니라, 부정적이고 죄 많은 측면이었다. 이것은 심각한 논쟁점이고, 밝혀져야 할 부분이다.

그러므로 라바터가 생각하는 윤곽선으로 그린 옆모습의 의미를 다시 한 번 검토해 보자. 이것은 단지 제유법적인 가치만을 가지고 있으며, 인간의 그림자가 의미심장한 이미지라는 개념에 기반을 두고 있다.

> 모든 각도에서, 이를테면 머리부터 발끝까지, 정면에서, 배면에서, 측면으로, 반측면으로, 4분의 3면으로, 실루엣으로 보이는 인간은, 인간 신체의 전체 의미적인 본성에서 만들어진, 근본적으로 새로운 발견들을 가능케 할 것이다.[14]

여기서 함축적으로 이야기되고 있는 것은, 그림자 투사에서 무엇보다도 인간이 '자기 자신'이라는 개념이다. 옆모습에 부여된 중요성은, 그 실제 구성이 영혼의 직접적인 구체화로 여겨진다는 사실에 있다. 분명하게 솟아오른 코는 특히, 내면적 힘의 가장 두드러진 창조물들 가운데 하나다. 라바터는 코가 '뇌의 지지대'라고 믿었다.[15] 라바터의 견해로는, 윤곽선으로 그려진 옆모습과 인간 영혼의 평행 관계는 너무나 완벽해서, 그 표현들은 서로 교환 가능하고, 또한 종종 구분 없이 사용된다는 것이다. 윤곽선으로 그려진 옆모습은 외적 영혼이고, 관상학이라는 것은 옆모습을 그 구성요소인 영혼의 에너지로 이동시키는 연습이다.

> 좁은 의미에서 말하자면, 관상학은 힘들에 대한 해석, 혹은 힘들의 기호를 연구하는 과학이다.[16]

그러나 가장 중요한 질문에 대한 대답이 빠져 있다. 만일 라바터의 관상학이 오로지 옆모습의 선에 대한 해석에 기반을 둔다면, 왜 삽화들에서는 선적인 윤곽선만 보여 주는 게 아니라 사람의 머리 전체를 거대하고 검은 형상으로 보여 주는 것일까? 이러한 딜레마는, 라바터가 친구인 치머만Johann Georg Zimmermann의 도움을 받아 저서의 초판을 출간하기 위해 전문사항들을 마무리할 무렵, 일찍이 제기된 바 있다. 처음에는 결정을 하지 못했지만, 결국 라바터는 빈 윤곽선을 그리는 것보다는 그림자를 그려넣는 것을 선택했다. '그림자 이미지는 검게 표현되어야 한다' 고 결정한 사람은 치머만이었다. 라바터는 처음에는 다소 말을 아끼는 것처럼, 아니 보다 정확하게는 조심스러워 하는 것처럼 보였다. '실루엣은 정확하게 표현되어야 한다; 우리는 검정색을 사용하는 미술로부터 거리를 두어야 한다' . 라바터는 회색 그림자를 사용한다는 절충안을 찾았지만, 이는 마지막 순간에 포기되었다.[17] 《관상학에 관한 에세이들》의 1775년판 첫째 권에는, 이어지는 세 권에서 그러하듯이, 검은 윤곽선으로 그린 그림자가 중요하게 그려져 있다. 그러나 그가 처음에 주장했던 제한조건들과 최종적인 선택에서 모두, 상징적 함의들이 있는 그림자 이미지가 너무 강렬해서 라바터 자신도 그 이미지들이 지나치게 과장될 것을 염려할 정도였음을 알 수 있다.

18세기 후반을 특징지었던 색채의 수사학의 문맥 안에서 말고는, 라바터의 유명한 그림들이 막 명성을 얻으려는 시점을 특징짓는 관상학적 측면상의 색채에 대해 그가 취한 우유부단함은 아마도 이해하기 어려울 수 있다. 1778년, 커즌스Alexander Cozens가 *'단순한 아름다움'* (도판 54)을 그리고자 했을 때, 그는 얼굴을 완전히 선적으로 그린 옆모습 초상을 선택했는데, 이는 흰 배경이 드로잉의 상징주의로 통합되

도판 54 알렉산더 커즌스, 〈단순한 아름다움〉, 《Principles of Beauty, Relative to the Human Head》, 런던(영국), 1777~78.

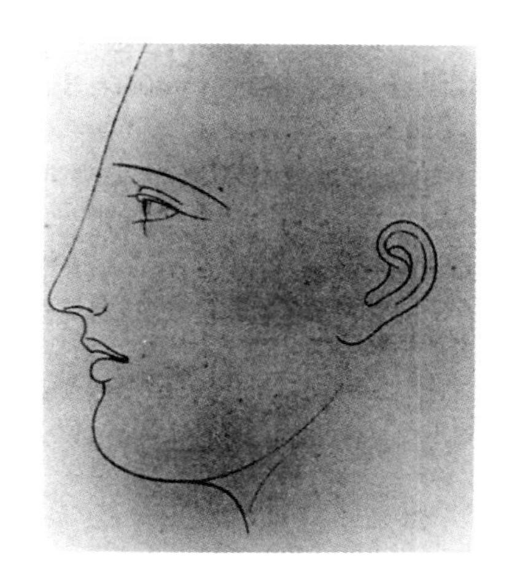

어가는 결과를 낳고 말았다. 그러나 커즌스는, 자신의 그림이 순수하게 '통계적' 이고, 지적인 과정의 산물이라는 것을 알고 있었다.[18] 커즌스는 아마도 결코 검은 그림자로 단순한 아름다움을 묘사하지는 못했을 것이다. 그 시대에는 검은색이 숭고라는 또 다른 미학적 범주의 구조 안에 있는 핵심 색채로 엄격하게 분류되었기 때문이다. 버크 Edmund Burke는 '어둠은 숭고의 원천들 중 하나' 라고 주장했고, 우리는 그것이 경외와 공포, 심지어 테러와도 연관되는 '미학적 불쾌' 의 연원이 된다는 것을 잊어서는 안 된다. 그의 논문들 중 가장 중요한 장들의 하나인 '검은색의 힘' 에 할애하고 있는 장에서, 버크는 검은색의 지각적 힘과 추락의 충격을 비교한다.[19]

버크가 검은색의 매력 속에서 발견했던 '낭떠러지의 위험' 은, 그림자 조작이 담고 있는 유사 마술적 성격을 재빨리 알아차렸던 라바터에게 전혀 낯선 것이 아니었다.

나는 검은 예술을 가르치지 않는다. 그것은 만병통치약이 아니

고, 내가 숨기고자 하는 비밀이다.[20)]

라바터의 이러한 진술은 아마도 상황에 따른 것이었을 것이다. 우리는 라바터가 완벽한 비밀 법칙들을 만들었고, 따라서 그림자 전체를 읽을 수 있었다는 것을 안다. 비록 그것이 '대중의 불결한 손들로 향하지는 않는다' 해도 말이다.[21)] 또한 우리는, 라바터의 개인적 생애와 그가 접한 환경 속에 기이한 사건들이 존재했다는 사실도 알고 있다. 그의 삶은 신경증과 자살, 엑소시즘을 빼고는 말할 수 없는 것이다. 그러나 이것이 전기의 구성요소이기 때문에,[22)] 모든 개연성에 따라, 우리는 라바터의 관상학이 누렸던 짧은 성공은 관상학이 또 다른 예언의 형태였다는 사실에 대체로 기인했다는 것을 확실히 할 필요가 있다. 몇몇 그의 동시대인들이 수상학에 빠져 눈썹이나 커피밭의 선을 읽어내려 했던 반면, 라바터는 …… 그림자를 읽었다.[23)]

역설적으로, 그 과정은 계몽의 정신 속에 자리 잡고 있는 신화들을 철저히 연구하는 것이다. 라바터가 인간 영혼을 이해하기 위해 그림자의 윤곽선을 연구하는 방법을 발전시켰고, 간접적으로나마 그것을 설명하는 동안 벌어진 중대한 사건은, '악마의 죽음'과 관련될 수 있는 것이었다.[24)] 1776년은 악마 연구의 역사에서 중대한 해였다. 그 해에 무명의 저자가 쓴 《악마의 비-존재에 대하여Ueber die Non-Existenz des Teufels》라는 책이 베를린에 나타났기 때문이다. 그 책의 저자가 킨트레벤Christian Wilhelm Kindleben 목사라는 사실이 곧 밝혀졌다.[25)] 저자는 유례없이 명쾌하게, 악마는 오로지 신학자들의 마음과 악마 같은 인간들의 마음속에만 존재한다는 견해를 피력했다. '악마를 외부에서 찾지 마라, 악마를 성경 속에서 찾지 마라, 악마는 당신의 마음속에 있다'.[26)]

중대한 진전이 이루어졌다. 악마는 악을 위해 길을 비켜주고, 사람의 마음에 사는 정신 철학적psycho-philosophical 원리가 되었다.[27)]

따라서 라바터의 그림자는 글자 그대로 계몽운동에 의해 성격이 부여된 그림자다. 그것은 악마의 대체물이 아니라, 악마의 육체적 표현인 것이다.

이러한 확신의 시각에서, 다시 라바터의 '실루엣을 드로잉하기 위한 기계' (도판 51)로 돌아가 보자. 의자에 앉아 있는 여자는 스크린 뒤의 남자가 불법적인 일을 하고 있다는 것을 알지 못한 채 앉아 있는 것일 수도 있다. 그는 해석학적 과정의 첫 단계로, 그녀의 영혼의 이미지를 잡아내려는 시도를 하고 있었을 것이다. 라바터의 '기계' 가 어떻게, 플리니우스 이야기에 영감 받은 아이디어를, '영혼의 치료' 를 위해 기독교에서 전통적으로 사용하던 도구인 고해소(신교에 의해 폐지된)와 결합시킬 수 있었는지 주목해 보는 일은 대단히 흥미롭다.

그 장면은 고해를 시각적 용어로 번역한 것으로 여겨질 만하다. 내적 삶의 언어화(고해 시간에 하게 되는)는, 내면이 그림자의 도움에 의해 외부로 투영되는 것으로 대체된다. 관상학자는 투영 스크린을 통해, 신부가 실체가 없이 살창을 통해 들리는 익명의 목소리를 듣는 것과 똑같은 방식으로, 제시되는 이미지를 바라본다. 마치 고해신부처럼, 관상학자는 영혼의 비밀에 접근하고, '신의 형상에 따라' 창조된 인간이기보다는 영락한 인간을 발견하게 된다. 라바터가 관상학자를 '기독교의 예언자' 라고 묘사했을 때, 그는 이런 과정을 염두에 두었던 것이다.

그(훌륭한 관상학자)는, 정신을 식별하고 영혼의 생각들을 읽어

낼 줄 아는 능력이 있었던 사도들과 초기 기독교도들의 인성을 가져야 한다.[28]

라바터가 인간의 영혼을 읽어내지는 않았지만, 그는 그들의 그림자를 읽었다. 그에게 그림자는 영혼이 죄로 가득한 모습을 드러내는 이미지의 영역이었다. 이것이 바로, 관상학적 해석이 그림자-영혼에 대한 질문과 해석을 통한 연습으로 간주될 수 있었던 이유다. 어느 정도까지는 이것이 사랑의 행위로도 보일 수 있었지만, 한 가지 조건, 즉 인간의 본성에 관해서 기본적으로 염세주의적 입장을 가지는 조건에서만 가능했다. 이는 단지 라바터의 철학의 특성만이 아니었고, 염세주의는 계몽주의에 내재되어 있었다. 디드로Denis Diderot는 이 주제에 관해 다음과 같이 말했다.

전체 세상 속에서, 홀로 완전히 이루어진, 완전히 건강한 인간을 찾아볼 수는 없다. 인간 종이란 다소 왜곡되고 병든 개인들이 모

도판 55 요한 카스파르 라바터, 〈벨베데레의 아폴로에 대한 관상학적 습작〉.

인 집단일 뿐인 것이다.[29]

따라서 우리는 라바터가 —당시에는 완전한 것으로 여겨졌던— 벨베데레Aopllo Belvedere(도판 55) 이미지를 관상학적으로 분석한 것에 지나치게 놀라서는 안 된다. 라바터는, 빙켈만이 1764년에 고대 미술사에 관해 쓴 《고대 미술의 역사Geschichte der Kunst des Altertums》에 실린 그 조각상에 대한 열정적인 찬양을 인용한 것으로 보아, 관련 사실들에 대한 충분한 지식을 가지고 그렇게 했던 것이다.

> 천상의 미의 왕국을 영혼으로 관찰하고, 이러한 천상의 본성을 창조한 이를 그려보고, 또한 자연을 초월하는 미로 당신의 영혼을 채우도록 노력하라. 여기에는 죽음이 존재하지 않고, 또한 인간적 비열함이 존재하지 않는다. 따뜻한 피가 흐르지도 않고, 신경이 살아 있지도 않다. 아니다, 그것은 온화한 강물처럼 흐르며 이 형상의 전체 윤곽을 채우는 천상의 육신인 것이다.[30]

라바터는 빙켈만의 호소를 반쯤만 들은 것이다. 그것은 이중상의 그림이다. 페이지의 흰 부분으로 채워져 있는 첫 번째의 윤곽선 그림은 커즌스의 '단순한 아름다움' 삽화(도판 54)를 연상시킨다. 두 번째 그림은 아폴로의 머리를 윤곽선으로 둘린 그림자로 환원시킨 것으로, 이는 불멸의 신을 다루는 정통적인 방법은 아니다. 분석의 시작은 꽤 긍정적이지만, 결말은 거의 파국에 가깝다.

나는 두 차례 그림자의 형태로 이 아폴로의 머리 부분을 그렸고,

그런 다음 그것을 단순하게 환원시켰다. 나는 빙켈만의 느낌을 확실하게 하는 뭔가를 소생시킬 수 있으리라 생각한다. 아무도 이 아폴로의 윤곽들을 찬찬히 바라보는 일에 싫증내지 않을 것이다. 진실로, 우리는 그것에 대해 아무 말도 할 수 없으며, 전율하고, 우리가 말하는 어떤 것이든 용납할 수 없을 것이다. 그럼에도 불구하고, 우리는 그 혼란스러운 대중으로부터 흥미를 집중할 수 있다.

이마의 숭고함, 어떻게 이마가 전체로서의 얼굴과 연관되는가; 얼굴의 아랫부분과 연관되는 눈썹의 곡선; 이마턱이 목으로 구부러져 들어가는 모습.

코의 윤곽이 완벽하게 직선을 그린다면, 옆모습은 *고상한 힘*의 인상을, 심지어 *신적인 힘*의 인상을 주게 될 것이다. 옆모습에서 코가 움푹하게 들어가 보인다면, 그것은 모종의 유약함을 알려주는 것이다.[31]

라바터의 이러한 최종적인 관찰의 효과는, 도덕적 가치들을 지탱하는 전체 구조의 파괴에 비견될 만하다. 이 도덕적 가치들은 빙켈만이 물신적인 이미지를 표현하기 위해 구성했던 미학적 가치들에 기초를 두고 있다. 모든 것은 아폴로의 코에 달려 있고, 아폴로의 유약한 성격은 그림자에 의해 *드러난다*.

라바터의 주장을 좀 더 면밀히 살펴보면, 그의 주장은 하나를 다른 것에 끼워 맞추는 환원에 기초하고 있다. 조각상은 머리로 환원되었고, 머리는 그림자로 환원되었으며, 머리의 그림자는 코의 선으로 환원되었다. 문제가 되는 선은 완벽한 모델로 간주되는 신체(아폴로

도판 56　토머스 할러웨이, 〈예수의 실루엣〉, 라바터의 《관상학에 관한 에세이들》 영문판 제2권 제1부 212쪽 판화, 1792, 런던(영국).

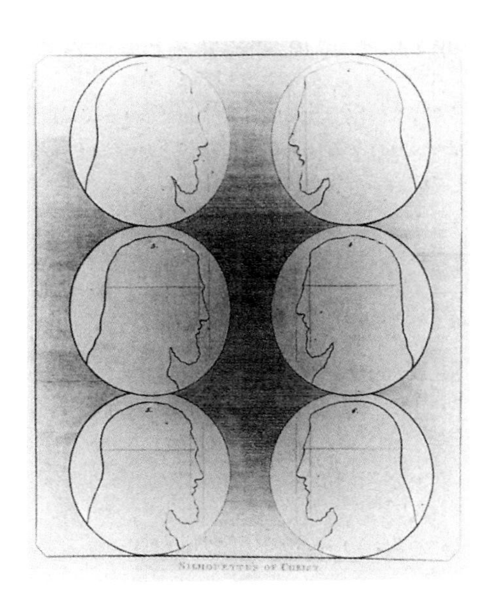

의 신체)에서 신비감을 지워낸다. 그것은 직접적으로 빙켈만의 텍스트와 그가 사용하고 있는 윤곽이라는 개념을 문제 삼고 있다. 요컨대 빙켈만에게 윤곽은 신적인 정신을 가지고 있기 때문에 *중요한 선*으로 생각된다. 그러나 빙켈만에게 신적인 정신이 몸의 윤곽선을 통해 드러나는 것이었다면, 가치 체계에서 신체를 무자비하게 제거해 버린 라바터에게는 또 다른 윤곽선—코의 윤곽선—이 신적인 힘의 존재를 상쇄시켜 버렸고, 이 (빛의) '신'의 근본원리들 중 하나가 될 수 있었으며, 이제 '그림자'로 환원되었다.

그 과정이 상징적이기에 우리는 이를 계속해서 검토해 볼 필요가 있다. 아폴로는 보통 신이 아니고, 빛의 신이다. 라바터의 환원은 빛의 직접적인 안티테제인 그림자를 상정하고 있으며, 따라서 고대의 판테온을 직접 겨냥하는 것이다. 아폴로 벨베데레의 '그림자 분석'에 의해 제기되는 문제의 핵심이 밝혀진 것은 먼 훗날의 일이 아니다. 라바터가 관상학적 완벽함의 원형을 밝혀냈던 것은, 자신의 《관상학에 관한 에세이들》(1776년판)의 둘째 권에서였다(도판 56). 예수의 옆모습 그림 여섯 개를 (지나치게 전형적인 방식으로) 나열하고 있는 이 삽화를 일별해 보면, 라바터가 아폴로 벨베데레에서의 부재를 그토록 개탄했던 코의 선이 바로 드러나 보인다. 또한 한눈에, 책의 다른 도판들과 그리스도의 여섯 개 실루엣이 구별되는 이유는, 그것들이 모두, 역설적으로 표현하자면, '그림자 없는 그림자의 옆모습' 이기 때문이다.

황금의 땅에 누운 아무도 아닌 자

악마가 완전히 죽은 상태가 아님을 증명하기라도 하는 듯, 라바터의 《관상학에 관한 에세이들》 제2권의 삽화에 나오는 악마는 자신의 앞에 놓인 그려진 실루엣들을 바라보는 것처럼 보인다(도판 57). 아마도 악마는 라바터의 말을 되뇌고 있었을 것이다.

> 살과 뼈를 가진 사람의 이미지가 그의 단순한 그림자보다 부족한 것은 무엇인가? 그러나 이것이 말하지 않는 것은 무엇인가? 거기에는 금은 없지만, 가장 순수한 것이 존재한다![32]

조금 더 상상을 전개해 보자면, 위에 인용된 말은 1814년의 슐레밀Peter Schlemihl의 그림자를 가져가고 있는 '회색 남자' 가 했던 말일 수도 있다(도판 58).

이 이야기는 유명한 것이다. 일거리를 찾아다니는 가난한 소년 슐레밀은 백만장자들의 모임을 우연히 알게 된다. 가난 탓에 쫓겨난 슐레밀에게 회색 옷을 입은 이상한 남자가 접근하는데, 그 남자는 호주머니에서 온갖 예상치 못한 물건들을 꺼내어 사교계를 즐겁게 하는 사람이다. 그는 슐레밀에게 제안을 하나 하고, 슐레밀은 이를 수락한다. 그림자와 바꾸는 조건으로 그는 슐레밀에게 항상 금으로 가득 차 있는 마술 주머니를 준다. 그리하여 슐레밀은 갑자기 엄청난 부자가 되지만, 또한 그만큼 불행해진다. 사람들은 그림자를 잃어버린 슐레밀을 의혹의 눈으로 바라보고 배척했던 것이다. 회색 옷을 입은 남자는 두 번째의 교환을 제안한다. 슐레밀은 주머니를 계속 가지게 되고, 그림자를 되찾을 수 있지만, 죽을 때 회색 옷을 입은 남자에게 영혼을 주어야 하는 조건이었다. 슐레밀은 이 유혹에 저항해 악마를 물리치고 마술 주머니를 심연 속으로 던져버린다. 슐레밀은 자신의 영혼을 구했지만, 그림자를 되찾지는 못했다. 운명적으로 그는 한걸음에 일곱 리를 갈 수 있는 부츠의 주인이 되고, 세계를 여행할 수 있게 된다. 그 순간부터 슐레밀은 완전한 고립 상태에서 살게 되고, 식물학에 대한 열정으로 예전의 평안함과 행복을 다시 찾게 된다.

이 이야기의 저자인 샤미소Adelbert von Chamisso는, 그것이 '놀라운 역사', 거의 의심 없이 우리가 놓인 지점이라는 것을 확신시킨다. 이 이야기가 1839년에 프랑스에서 출간되었을 때, 샤미소는 '그림자가 무엇인가를 호기심으로 배우는 학문적인 서문'을 첨부했다.

고체는 발광체에 의해 결코 밝혀질 수 없고, 빛이 제거되고 밝혀

도판 57 요한 카스파르 라바터, 〈실루엣들 앞에 있는 사티로스〉, 판화.

도판 58 조지 크룩생크, 〈페터 슐레밀의 그림자를 빼앗는 회색의 남자〉, 《페터 슐레밀》의 판화, 1827.

> 지지 않은 부분이 있는 영역을 우리는 '그림자' 라고 부른다. 따라서, 원칙적으로 말하자면, 그림자는 그 형태가 발광체 형태에, 고체 형태에 의존하고 있을 뿐 아니라, 고체와 발광체의 거리에도 의존하는 것이다. 그림자는 그것을 만들어내는 고체 뒤에 위치한 표면에서 보이기 때문에, 그림자를 재현하는 고체 속에 있는 이 표면의 한 부분일 따름이다.

이러한 설명의 순진한 과학적 어조는, 도덕적 뿌리가 있는 꽤 엄밀한 객관성을 가지고 있으며, 이는 명백한 의미론적 비약의 결과로서 구체화된다.

> 재정학이 우리에게 돈의 중요함을 가르치는 반면, 그림자의 과학은 널리 알려져 있지는 않다. 내 어리석은 친구는 고체에 대한 생각은 없어도 자신이 가치를 아는 돈을 간절히 욕망한다. 그는 자신이 기꺼이 값을 치르는 교훈에서 우리가 이익을 얻기를 바란다. 그의 경험은 외친다. 고체를 생각하라고.[33]

그 부분에 대한 작가의 이 놀랍고 다소 의심스러운 경고는, 수년 동안 그 유명한 이야기를 주제로 삼은 많은 해석들을 불러일으켰다. 나는 이 해석들을 다루기보다는[34], 원칙의 문제를 논의하려고 한다. 말하자면, 그림자의 상호 교환성이다. 이야기를 몰아가는 교환은 본래부터 역설적이다. 그림자는 제거할 수 없는 기호의 원형이다. 그림자는 그것이 복제하는 대상으로부터 떼어놓을 수 없고, 함께 공존하며 또 동시에 존재하는 것이다. 그러한 교환을 제안하려면(그리고 수

행하려면), 우리는 그림자가 '교환 가능한' 것이고 또한 교환 가치가 있다는 것을 받아들여야 한다. 따라서 우리는 그 구체화를 받아들여야 한다.

교환이라는 에피소드가 강조하는 것은, 이 특수한 상황이다. 그 불가사의한 구매자는 동료(그리고 독자)의 눈앞에 단계적으로 크기와 가치가 증가하는 물건들을 전부 늘어놓는다. 그의 주머니에서는 영국제 석고, 망원경, 카페트, 밧줄과 철근이 함께 기둥을 이루는 텐트, 마침내는 안장을 얹은 말 세 마리까지도 나온다. …… 물론 이것은 가장 중요한 순간, 즉 회색 옷을 입은 남자가 교환의 자격을 부여하는 그림자의 구체화에 대한 서두에 불과하다.

> 당신 곁에서 저 자신을 찾는 행복을 누리고 있는 그 짧은 시간 동안, 저는, 선생님, 수차례 —이 이야기를 당신께 드리도록 허락된다면— 그 아름답고 아름다운 그림자를 이루 말할 수 없는 경외심을 가지고 바라보았습니다. 그림자는, 말하자면, 모종의 고매한 경멸로, 당신 자신은 그것을 알아차리지 못하고, 태양빛 속에서 당신에게서 던져집니다. 당신의 발치에 있는 그 고귀한 그림자. 당신이 이 그림자를 내 것으로 건네줄 수 있다면 하는, 이런 무례한 상상을 하는 것을 용서하십시오.[35]

회색 옷을 입은 남자의 이야기는, '아무것도 아닌 것' 인 그림자를 '어떤 것' 으로 변화시킨다. 여기서 우리는 어떻게 그림자가 아무것도 아닌 것에서 교환 가치를 부여받은 존재로 단계적으로 변모되는지를 관찰하게 된다. 그 기이한 사람은 효과적인 사업상의 언어(사는 것과 파는 것)를 사용하지 않고, 완곡하게 '그 그림자를 그의 것으로 건네준다' uberlassen라는 말을 사용한다. 비록 이것이 질문의 형태로 드러나기는 했지만, 필요한 방도를 강구하는 것은 다름 아닌 슐레밀 자신에게 달린 것이었다.

> 내 그림자를 파는 이런 독특한 제안을 하려면 어떻게 해야 하나요?

이 질문이 발화되자마자, 그림자는 그 남자를 떠나 회색 옷을 입은 남자의 주머니로 들어가거나 나올 수 있는 물건들의 체계의 일부로 편입된다.

> 선생님, 제 주머니에는 당신께 쓸모없지 않을 많은 것들이 들어 있고, 이 더할 나위 없이 귀한 그림자에 대해서라면 그 아무리 높은 값을 쳐드려도 충분치 않을 거라 생각합니다.

그림자는 두 번의 작용을 거치게 된다. 첫 번째는 구체화되었다는 것이고(회색 옷을 입은 남자는 그림자를 잔디밭에서 떼어내어 접은 다음 자신의 주머니에 넣는다), 두 번째는 헤아릴 수 없는 재산이라는 형태로 물질화된 계산 불가능한 가치, 끝없는 가치를 부여받았다는 것이다. 따라서 그림자는 최고로 상징적인 소유물이 되는 셈이다. 여기서 회색 옷의 남자와 라바터가 만난다. 만남 또한 상징적이다. 따라서 사실적인 차원에서 라바터가 샤미소에게 미친 '영향'을 살펴보는 것은 무의미한 일이다. 그들의 길은 상징적인 차원에서 교차되는데,

그것은 —회색 옷의 남자에게서나 관상학자에게나— 그림자는 영혼의 대체물이라는 점에서만 무한한 가치를 지닌 것이기 때문이다. 두 사람 모두에게, 존재가 정의되는 것은 그림자를 통해서고, 거기서 자기정체성이 확정된다. 따라서 당신의 그림자를 판다는 것은, 당신의 정체성을 잃어버린다는 것과 같다. 한순간 당신은 '누군가somebody'가 되고, 그다음 순간에는 '아무도 아닌 자nobody'가 된다.

《페터 슐레밀》이 연극 《누군가와 아무도 아닌 자Jemand und Niemand / Somebody and Nobody》가 완성된 직후에 출판되었다는 사실을 염두에 둔다면, 샤미소의 철학을 이해하기 더 쉬울 것이다. 아르님Achim von Arnim은 그 연극에서 영국의 옛 이야기를 최신판으로 바꾸면서, 아무도 아닌 자의 모험을 자세히 그리고 있다.[36] 샤미소가 쓴 소설의 일편 전체는, 그림자 없는 인간이 '아무도 아닌 자'라는 자신의 처지를 극복하고 '누군가'가 되는 노력에 초점을 맞춘, 일종의 언어적 게임으로 생각될 수 있다.[37]

이를 염두에 두고, 슐레밀이 일단 자신의 그림자를 팔고 호텔방의 고독 속으로 다시 돌아오는 장면을 살펴보자.

> 나는 내 품에서 그 불행을 가져오는 돈주머니를 끄집어내어, 내 안에서 활활 타오르는 대화염大火焰처럼 자기복제적으로 자라나는 일종의 절망감에 휩싸여, 금을, 금을, 금을, 또다시 금을 꺼냈고, 그것을 바닥에 흐트려놓고, 그 사이를 걸어 다니고, 그 화려함과 견고함을 내 가난한 마음에 양식으로 삼아, 계속 금을 금에 던졌다. 권태로움에 빠져, 금 무더기에 빠지고, 탐닉하고, 구르고 흥청거릴 때까지 말이다. 그렇게 낮과 밤이 지나갔다. 나는 문을 열지

않았다. 밤낮으로 나는 내 금 위에 누워 있었고, 잠이 엄습했다.

이 강렬한 장면은, 완전히 개인 공간에서 벌어진 일이지만, 실제로는 여러 행위자들과 연관되어 있다. 슐레밀이 주머니를 '자신의 품에서' 꺼내 땅바닥에 내던져버렸다면, 그의 행동은 이중의 의미를 가진다. 그 행위는 돈의 내재적인 가치의 갑작스러운 상실을 지시하며, 또한 대리물로서의 그 가치를 부각시키는 것이다. 땅바닥은 그가 떼어버린 그림자가 있어야 하는 장소다. 그러나 땅바닥에 던져놓아도 금은 금이며, 결국 금 위에 누워버린 몸은, 마치 그 느낌을 벗어나려는 것 같지만, 그림자의 상실 속에 놓인 '아무도 아닌 자nobody'의 몸인 것이다.

몇 개의 삽화를 통해 본 페터 슐레밀 이야기

대부분의 주석가들은, 그림자를 잃은 남자에 관한 이 이야기를, 확실성의 상징적인 상실을 이야기하는 것으로 꽤 정확하게 해석했다. 이 텍스트를 대상으로 한 수많은 해석들 가운데, 텍스트와 가장 직접적 연관성이 있는 초기의 삽화들을 소개하려 한다.[38] 필자는 이 삽화들이 텍스트에 대한 해석이라는 것을 전제로 하여 시작하고자 하며, 이는 페터 슐레밀 이야기의 경우에 특별히 중요성을 띤다. 왜냐하면, 이 이야기는 확실성의 상실을 마치 이미지의 상실인 것처럼 다루고 있기 때문이다. 먼저 소개하고자 하는 작품은, 이 이야기가 삽화를 포함해 출간된 첫 번째 판(런던, 1827)에 등장하는 크룩생크George Cruikshank의 —샤미소가 매우 높이 평가했던— 판화 작품들이다. 가능한 모든 경우에서 필자는 크룩생크의 작품들을 다음의 두 작품군과 비교하려 한다. 슈뢰터Adolf Schrödter가 샤미소 전집 초판(라이프치히, 1836)을 위해 그린 작품들과, 멘첼Adolf Menzel이 그린 더 복잡한 삽화들(뉘른베르크, 1839)이 그 비교의 대상들이다.

이야기 구성을 급진전시키는 에피소드인 그림자를 파는 장면에서 출발해 보자(도판 58). 페터 슐레밀은 우리에게 등을 돌리고 있다. 슐레밀의 손에는 행운의 주머니가 들려져 있고, 회색 옷을 입은 남자는 슐레밀의 그림자를 가져가는 중이다. 크룩생크는 이 판화 작품에 두 가지 새로운 아이디어를 끌어들였다. 그 첫 번째는, 그림자의 형태가 악마의 그것과 닮아 있다는 것이다. 판화의 전경에는, 아라베스크 문양처럼 보이는 악마의 그림자—악마 자신의 그림자—와 슐레밀의 그림자가 서로 만나 연속된 선을 이루고 있다. 우리 주인공의 그림자는 회색 옷을 입은 남자의 그림자와 무언의 대화를 나누기라도 하는 것처럼 그려져 있다. 슐레밀과 슐레밀의 그림자가 만나는 마지막 접점이 악마의 민첩한 손놀림에 의해 분리되고 있다. 이 그림이 원래의 소설에서 벗어나 있다는 것은, 명백하고 또 의미심장하다.

> 나는 그에게 간절히 손을 뻗었다. '동의합니다! 거래는 성사되었어요. 내 그림자를 당신이 가져가는 대신 주머니를 주세요!'
> 그는 나와 계약을 맺었다. 그는 즉시 내 앞에 무릎을 꿇었고, 나는 그를 바라보았다. 엄청난 민첩성으로 그는 나의 그림자를 머리에서 발끝까지 부드럽게 풀어놓더니 잔디에서 들어올려 한꺼

도판 59 아돌프 슈뢰터, 〈페터 슐레밀의 그림자를 빼앗는 회색옷의 남자〉, 샤미소의 《페터 슐레밀의 아름다운 이야기》의 판화, 라이프치히(독일), 1836.

번에 말아서 접고, 마침내 주머니에 넣었다.

왜 크룩생크가 원텍스트에서 벗어나는 길을 선택했는지, 그림자가 머리부터가 아니라 발부터 떨어지는 형국이 되었는지에 대해 당연히 의문을 가질 수 있다. 이런 의문은, 10년 뒤 슈뢰터가 원래 이야기에 더 충실하게 재현한 그림으로 돌아간 것(도판 59)을 보면, 더 중요

도판 60 아돌프 멘첼, 〈페터 슐레밀의 그림자를 빼앗는 회색옷의 남자〉, 샤미소의 《페터 슐레밀》 삽화, 뉘른베르크(독일), 1839.

해진다. 슈뢰터의 작품에서 그림자는 그 주인이 바라보고 있는 가운데 머리부터 말려져 올라가고 있고, 반면 멘첼(도판 60)은 그 둘의 타협 지점을 선택한다. 멘첼의 그림에서는, (크룩섕크의 작품에서처럼) 발에서부터 그림자가 떼어지고 있지만, 슐레밀은 (원래 텍스트와 슈뢰터의 작품에서 그랬던 것처럼) 이 장면을 목격하고 있다. 그는, 악마가 그림자의 두 발을 두 손으로 들고 있는 모습으로 묘사함으로써, 크룩섕크의 작품보다 한 단계 더 나아간다.

이야기에 등장하는 첫 번째 주요 장면을 크룩섕크의 일러스트레이션이 다르게 묘사한 것에 대한 해석은, 그의 작품이 그림자의 상실을 '현실 원리'의 상실로 보는 데 초점을 맞추었다는 사실에서 발견할 수 있다. 이 원리는 주인공의 신체, 주인공의 무게, 땅과의 맞닿음과 관계된다. 그림자와 그림자 주인이 맞닿는 지점이 발이기 때문에, 그는 그림자가 분리되는 행위가 발에서 시작된다고 느낀다. 결국은

도판 61 월트 디즈니의 《피터 팬》, 1953.

배리J. M. Barrie의 《피터팬Peter Pan》(1904)에서, 그림자를 발에 꿰매어 줌으로써 어린 소년에게 '현실'의 단계를 부여해 주는 웬디를 떠올리게 하는 것도 같은 논리다(도판 61).

이야기의 두 번째 주요 장면인, 악마가 주인공의 그림자를 그의 영혼을 받는 대가로 돌려주려는 장면(도판 62)을 보면, 악마는 괴상하게도 두 개의 그림자를 가지고 있기 때문에(이야기에 언급된 대로) 땅에 단단히 고정되어 보이는 반면, 슐레밀은 공중에 반쯤 떠 있는 것처럼 보인다. 크룩생크의 판화에서 이 그림자들은 각기 자율적인 행위자의 지위를 갖는다. 전경에 있는 그림자는 악마에게 속해 있다는 추측을 하게 만드는 모든 증거들을 갖고 있는데, 그것은 이 그림자가 악마의 제스처를 반복하며 우리의 순진한 주인공에게 검은 거래를 제안하고 있기 때문이다. 두 번째 그림자는 개인적인 특성들을 벗어버린, 가늘고 긴 실루엣을 보인다. 그러나 그것은 슐레밀의 그림자라고 볼 수 있는데, 그 그림자는 주인을 알아보고 그에게 돌아가고자 하는

도판 62 조지 크룩섕크, 〈영혼의 대가로 그림자를 페터 슐레밀에게 돌려주는 회색옷의 남자〉, 《페터 슐레밀》의 런던 발행판(1827) 판화.

열망을 보여 주고 있기 때문이다. 그림 그린 이가 독자/관객에게 자신의 메시지를 전하기 위해 형태와 지각의 심리학에 관한 직관적 지식을 어떻게 이용했는가를 살펴보는 것은 매우 흥미로운 일이다. 예컨대, 땅바닥에 있는 그림자들의 상호작용은, 뚜렷한 사선이 가로지르는 일종의 사각형을 만들어낸다. 그러나 이 사각형은 닫혀 있지 않다. 사각형은 계약이 파기되었기 때문인 듯, 열린 채로 남아 있다.

다른 두 삽화가들은 크룩섕크의 이 세부적인 장면을 사실상 무시했다. 슈뢰터는 이를 알아차리지도 못했고, 멘첼 역시 이 장면을 어떤 식으로도 변화시키지 못했다. 한편, 이 세 사람의 삽화들 간 근본적인 차이점을 보여 준다고 여겨지는 또 다른 에피소드가 있다. 그림자를 쫓는 에피소드를 이야기해 보고자 한다.

네 번째 날 아침, 나는 태양이 밝게 빛나는 모래 평원에 누워 있었고 나 자신을 발견했고, 그 빛 속에서 바위 조각 위에 일어나 앉았다. 이제 그 길게 멈추어진 모습을 즐길 수 있었기 때문이다. 여전히 나는 절망하고 있었다. 빛의 일렁임이 나를 놀라게 했다. 도망가기에 앞서 나는 재빠른 눈길로 나의 주변을 훑어보았다—나는 아무도 볼 수 없었지만, 눈부신 모래에는 내 자신의 것 같지 않은 인간의 그림자가 나를 지나 미끄러지듯 가고 있었는데, 그 그림자는 자기 주인에게서 떠나 홀로 떠돌아다니고 있는 것처럼 보였다. 강한 그리움이 내 안에서 일어났다. '그림자' 하고 나는 말했다, '너는 네 주인을 찾고 있느냐? 내가 바로 그다.' 그리고 나는 그것을 잡기 위해 벌떡 일어섰다. 내가 그 위를 밟고 서는 데 성공해 그 발이 나의 것과 닿는다면, 그림자의 발이 내게 붙어 있게 될 것이고, 곧 나에게 적응하게 될 것이라고 나는 생각했다. 그림자는 내가 움직이면 내 앞을 재빠르게 지나가고, 나는 달아나는 빛을 부지런히 쫓아가야만 했으며, 그러기 위해서 내가 처한 두려운 상황에서 나 자신을 구해 내겠다는 생각만이 나에게 필요한 활력을 주었다. 그림자는 먼 곳에 있는 숲을 향해 달아났고, 숲 속에서 나는 당연히 그것을 놓치게 될 것이었다. 나는 이것—공포가 내 마음을 흔들어놓고, 내 열정에 불을 붙이고, 내 속도에 날개를 달아준다는 것—을 알아차렸다. 마침내 나는 그림자에 도달했고, 계속 더 가까이 다가갔으며, 분명히 그것을 잡아야만 했다. 돌연히 그림자가 멈추어 내 쪽으로 돌아섰다. 마치 사자가 먹이를 낚아채듯이, 나는 그림자를 잡으려고 크게 펄쩍 뛰어올랐다. 그리고 단단하고 구체적인 대상에게로 불현듯 덤벼들었다. 나는 보이지 않게, 죽음에 이른 자나 받았을 법한, 이전에는 전혀 느껴본 적이 없는 일격을 받았다.
테러의 효과는 대단해서 내 팔을 꼼짝 못하게 했고, 내 앞에 보이지 않게 선 것이 나를 단단하게 에워쌌다. 순식간의 교전이 있은 뒤, 나는 땅바닥에 몸을 던졌고, 나의 뒤쪽 아래에는 내가 껴안았던, 이제야 처음으로 내 눈에 보이게 된 한 남자가 있었다.

이 장면이 벌어지고 있는, 사막도 있고 숲도 있는 이 장소는 매우 상징적이다. 사막은 의인화된 고독이며, 그림자의 윤곽을 신기루처럼 그려내는 것은 충만한 태양빛이다. 숲은, 그림자와 우리의 주인공이 길을 잃을 수도 있는 어둠의 왕국이다. 크룩생크(도판 64)는 다시 한 번 텍스트에서 완전히 빗나간다. 그는 공간들 사이에 있는 경계 지역을 가로질러 가고 있는 드라마틱한 순간을 만들어냈다. 이야기 속에서 숲은 멀리 있는 것으로 묘사되는 반면, 판화에서는 그림자가 거의

도판 63 아돌프 멘첼, 〈그림자의 추격〉, 《페터 슐레밀》의 뉘른베르크 발행판(1839) 판화.

도판 64 조지 크룩섕크, 〈그림자의 추격〉, 《페터 슐레밀》의 런던 발행판(1827) 판화.

도판 65 아돌프 슈뢰터, 〈그림자와 벌이는 싸움〉, 《페터 슐레밀》의 라이프치히 발행판(1836) 판화.

숲으로 들어가고 있다. 한 발자국만 더 디디면, 그림자는 식별할 수 없는 세계로 들어가 버리게 된다. 판화가는 자신의 예술적 기량을 극대화하는 방법을 알고 있었다. 전체 장면은, 그림자를 가차 없이 흡수할 것처럼 보이는 거대한 어둠의 흡인력에 집중되어 있다. 주인공이 거의 그림자를 잡을 것 같기 때문에 긴장은 더욱 고조된다. 한 발만 더 디디면 그는 분명 그림자의 발에 자신의 발을 닿게 할 수 있을 것이다. 그림을 사선으로 가로지르는 길고 검은 기호인 그림자는, 막 잡히기 직전의 순간에 놓여 있기도 하고, 거대한 어둠 속에 막 삼켜질 순간에 놓여 있기도 하다.

멘첼의 삽화(도판 63)에서는 긴장의 집중도가 덜해지는데, 왜냐하면 그는 텍스트에 완전히 충실할 것을 택했기 때문이다. 그는 물리적 거리를 확대하고 강조했는데, 크룩생크가 택하지 않은 방법으로, 그림자의 타자성이 달리는 남자와 대비를 이룬다. 처음에 본 판화(도판 64)에서, 독자는 면밀한 관찰을 통해 좇는 자의 움직임과 쫓기는 자의 움직임이 전혀 일치하지 않고, 따라서 그림자는 슐레밀의 것이 될 수 없다는 것을 알았음에도, 여전히 누가 그림자를 소유하게 될 것인지 의구심을 가질 수 있다. 멘첼의 그림(도판 63)에서는, 모든 의구심이 사라지고, 경주의 무용함이 강조되고 있다.

슈뢰터의 판화(도판 65)는 또 다르다. 이 그림은 맨 마지막 순간만을 묘사함으로써, 에피소드에서 분명한 선택을 한다. 사건을 분리시키는 프레임을 사용함으로써, 판화가는 한순간에만 완전히 초점을 맞추고 있다는 사실을 강조하고 있다. 그러나 그는 공간을 차별화하고 있고, 묘사되는 순간을 위한 칸막이처럼 숲을 위치시키고 있다. 전혀 대수롭지 않은 세부 기물들의 도움으로, 그도 또한 그림자의 타자성을 강조한다. 두 대적자의 발이 닿아 있지 않은 점과 떨어지는 지팡이의 그림자로 슐레밀이 그림자가 없다는 것을 강조한 것이다.

샤미소의 삽화가들 중에서 슈뢰터가 가장 인위적이라고 말할 수 있을 것인데, 그것은 슈뢰터의 이미지들이 가장 극대화된 싸움의 지점에 집중되어 있기 때문일 뿐 아니라, 그가 단지 네 개의 판화만을 그렸기 때문이며, 우리가 지금 분석한 것은 세 번째 것이다. 네 번째 것은, 슐레밀이 마술의 주머니를 심연 속에 던지는 이야기를 그린 것이다(도판 69). 더 이상 그리지 않음으로써, 이 판화가는 성급한 결론에 '훌륭한 역사'를 갖다 붙이고 소설의 후반부에는 관심이 없음을 드러낸다. 크룩생크와 특히 멘첼은 텍스트의 통일성을 강조하는 효과를 띠는 몇몇 이미지를 더 만들어냈다.

도판 66 조지 크룩생크, 〈돈주머니를 심연에 던지는 페터 슐레밀〉, 《페터 슐레밀》의 런던 발행판(1827) 판화.

이제 슈뢰터(도판 69)와 크룩생크(도판 66)가, 주머니가 심연에 던져지는 장면을 그리는 방식을 검토해 보도록 하자. 슈뢰터는 이를 마지막 장면으로 그렸고, 크룩생크는 중간의 이야기로 그렸다. 통상 슈뢰터는 자신의 시각 영역을 인물들에 집중시킨다. 우리는, 슐레밀이 악마의 거래 제안을 결국 거절하고 주머니를 꺼내 완전히 던져버리는 과정을 알고 있다. 슈뢰터의 그림에서 왼쪽 아래에는 텍스트에 묘사된 대로 그려진 —빠른 선으로 그어진 회색 영역— 심연이 있다;

이 산에 다니는 이방인들이 방문하곤 하는 동굴 앞에, 우리는 하루를 앉아 있었다. 우리는 그곳에서, 알 수 없는 깊이로부터 울려 퍼지는 땅속의 급격한 흐름의 소리를, 그리고 떨어진 돌이 그 끝

을 알 수 없이 되튀며 낙하하는 소리를 들었다.

도판 67　조지 크룩섕크, 〈바다 위를 나는 페터 슐레밀〉, 《페터 슐레밀》의 런던 발행판(1827) 판화.

도판 68　조지 크룩섕크, 〈북극에 있는 페터 슐레밀〉, 《페터 슐레밀》의 런던 발행판(1827) 판화.

사막과 숲처럼, 심연은 ―낭만주의 운동이 숭배하는 장소인― 상징적인 영역이다. 슈뢰터는 이 이미지를 그려내지 않았고, 겨우 암시했을 뿐이었다. 그는 작은 삽화의 바깥에 그 심연을 남겨 놓고자 했다. 더구나 그가 선택한 순간은 이 에피소드의 끝이 아니었으며, 끝은 프레임의 밖에 남아 있다.

나는 공포로 전율했고, 소리 나는 주머니를 심연에 내던지면서 그에게 최후의 말을 했다. '나는 신의 이름으로 당신, 끔찍한 자를 버린다! 그러므로 스스로 받아들이고, 다시는 내 눈앞에 나타나지 마라!' 그는 침울하게 일어나, 이 거칠게 풀이 우거진 장소를 넘어서 무수한 바위들 뒤로 갑자기 사라져버렸다.

이 마지막 에피소드가 텍스트에서 묘사되는 방식은 이중의 사라짐과 같다: 주머니의 사라짐과 악마의 사라짐. 물론 이미지가 부재한 상태를 그리는 것은 어려운 일이고, 이것이 바로 슈뢰터가 더 사실적인 해결책, 즉 헤어짐을 이야기하는 방법을 선택한 이유다. 슈뢰터는 왼쪽 아래에서 시작해 오른쪽으로 움직이는 사선에 인물을 세웠다. 심연이 한쪽 끝에 있고, 악마의 머리가 다른 쪽 끝에 있다. 장면 가운데에는 막 심연으로 던져지려 하는 주머니가 있다. 이것에 대응해, 오른쪽 아래에서는 악마가 그의 뒤에 있는 혼령을 잡아끌고 있으며, 이것은 그림자의 영원한 상실을 상징한다.

크룩생크의 판화(도판 66)는 헤어짐보다는 투쟁에 초점을 맞추고 있다. 슈뢰터와는 달리, 슐레밀의 몸과 악마의 몸은 상호 배타적인 접선을 이루고 있다. 뾰족한 선들은 두 등장인물 사이의 공간에 걸쳐 있는데, 이는 대화의 격렬함이 형태의 언어로 번역된 것이다. 〈그림자의 추격〉을 그린 삽화(도판 64)에서처럼 여기에서도 판화가는 검은색을 가장 어둡게 표현하고자 하는 성향을 보여 준다. 비록 처음 도판에서의 검은색은 그림자를 부르는 무의 세계였지만 말이다. 이번에(도판 66) 검은색은 돈이 그 속으로 막 사라지려 하는 무의 세계다. 그러나 이 칠흑같이 검은 곳은 (텍스트에서처럼) 단지 슐레밀의 발 앞에만 펼쳐져 있는 것이 아니고(텍스트에서 말하는 것처럼), 그의 삼면을 둘러싸고 있으며, 이는 이 인물 자체가 두 영역 사이에 매달려 있음을 암시한다: 오른쪽에 있는 심연의 영역과 왼쪽에 있는 망령의 영역 사이에.

도판 69　아돌프 슈뢰터, 〈돈주머니를 심연에 던지는 페터 슐레밀〉, 《페터 슐레밀》의 라이프치히 발행판(1836) 판화.

도판 70　아돌프 멘첼, 〈테바이드 동굴 안의 페터 슐레밀〉, 《페터 슐레밀Peter Schlemihl》의 뉘른베르크 발행판(1839) 판화.

크룩생크는 자신의 이야기에 대한 시작을 심연의 가장자리에서 끝맺지 않도록 주의를 기울였다. 그는 이 장면에서 무엇보다 가장 중요하게, 슐레밀이 그림자와 돈 둘 다를 잃었지만, 자신의 영혼을 구했다는 것을 보여 주고 싶어했다. 그리하여 이야기 끝부분에 등장하는 그림자 없는 남자를 그린 두 삽화(도판 67, 68)에서, 슐레밀은 놀라운 부츠의 도움으로 바다 위를 날고 산봉우리 사이를 뛰어 건너는, 가볍고 중력에 구애받지 않는 존재로 묘사되는 것이다. 그 형식적이고 상징적인 구조 때문에, 맨 마지막 삽화는 엄청나게 중요하다. 슐레밀은 북극에 있고(이 이야기는, 당신이 기억한다면, 북문Nordtor 근처에 있는 북로Nordstrasse에서 시작된다), 즐겁게 세계 여행을 다니는 중이다. 그의 비행의 가벼움은, 사선으로 올라가는 형태의 빙산 꼭대기로 더욱 강조되며, 이 빙산은 너무 거대해 그림의 경계선을 넘어설 지경이다(이런 일은 크룩생크에게 매우 드물다). 이는 슈뢰터가 이야기를 끝맺는 장면(도판 69)과는 전혀 다른 성격을 가진 종결인 것이다!

멘첼은 여기에서 더 나아가 이 '놀라운 역사'의 메시지를 가장 잘 이해하고 있음을 보여 준다. 그의 마지막 이야기 삽화(도판 70)는 테바이드 동굴에 있는 슐레밀을 보여 준다. 거기서 그는 최후의 은신처를 발견했다;

> 이집트를 지나며 고대 피라미드와 신전들을 둘러보다가, 나는 사막에서, 백 개의 문이 있는 테베에서 멀지 않은 곳에, 기독교의 은둔자들이 한때 거주했던 동굴들을 발견했다. 이것은 나에게 갑자기 확실하고 명백한 것이 되었다. 여기가 그대의 집이다!

은둔자의 동굴을 그림으로써, 멘첼은 샤미소의 슐레터 이야기 정신에 얼마나 충실했는가를 보여 주었다. 그는 지상의 동굴로 돌아왔고, 이 내용은 텍스트에는 주제화되어 있지만, 다른 삽화가들에게는 부담스럽게 보였던 것 같다. 슈뢰터는 사실상 슐레밀을 심연 근처에 버려두었고(도판 69), 크룩생크는 그를 북극 근처에서 날아다니게 놔두었다(도판 68). 산 *위에* 있는 동굴, 산 *속에* 있는 동굴, 이들은 모두 높이와 깊이, 꼭대기와 심연을 통합시킨다. 우리는 감상적인 감회에 젖어 자신의 처를 생각하고 자기 자신의 이야기를 써 나가는 해설자-주인공을 본다. 검은 배경, 그림자의 상징적 대체물, 은둔자가 자신의 책에서 이야기해 주는 (그리고 독자가 읽는) 상실은 동굴을 역전된 시각화의 메커니즘으로 변형시킨다. 이야기가 벌어지는 장소를 역으로 압축해서 보여 주는 것이 바로 이곳이다. 이 삽화는, 우리에게 이 이야기를 재고해야 한다고 요구하는 자기 반영적인 이미지다. 비록 일인칭 단수 시점으로 이야기를 기술하지만, 이 모든 시간 동안, 슐레밀은 자기 자신을 살피는 것을 멈추지 않았다. 책의 마지막 빈 장에 있는 우화적인 삽화를 통해, 멘첼은 메시지를 이해하지 못할 이들에게 구원의 손길을 내민다. 자기 꼬리를 물고 있는 뱀은 영원한 회귀의 엠블럼이며 —나비가 날아가는 장면도 같은 것을 제공한다— 불멸의 *정신*의 상징이다.

그림자 없는 사람의 이야기를 재고하는 것은, 펼쳐진 이미지들을 펼쳐진 채로 놓아두는 것이며, 판타지를 되살리는 것이고, 닮은꼴 육체를 주는 것이다. 어느 정도까지 이것은, 우리 자신이 책의 이야기 속으로 끌어들여지는 것을 허용하는 과정이며—해석학적 수준에서—오도되는 것이기도 하고 정당화되는 것이기도 하다. 이 과정은 이미지에 너무 많은 신뢰를 두고, 텍스트에 여지를 두고, 그렇게 탄생된 인물들을 너무 믿는 만큼, 그것은 오도된다. 또한 —또 다른 수준에서— 우리가 하나의 단일한 장 속에서 두 연구 방법을 연결시키는 방식 때문에 오도되기도 한다. 하나는 얼굴을 투명 스크린에 비추어 남는 선들에 초점을 맞추는 (라바터의) 방식이었고, 다른 하나는 모든 투영을 잔혹하게 상실한 존재를 회복시키는 (샤미소와 슐레밀에 관한) 방식이었다. 이러한 차이점들에도 불구하고 우리의 접근법이 정당하다면, 그것은 모더니티의 전환점을 만들어내는 근본적인 질문의 경계 내에 있는 것이다. 1797년에 칸트가 초기 모더니티의 문맥 속에서 공식화한[39] 이 질문— '인간은 무엇인가?' —은 수세기에 걸쳐 들어왔다고 생각되는 다른 어떤 유사한 질문과도 다르다. 왜냐하면 이 질문은 모든 결정을 표현하는 성질에 관한 의식적 인류학으로 인도하기 때문이다. 따라서, 만일 '인간은 무엇인가?' 라는 위대한 질문에 대한 대답으로 우리가 인간의 이미지들, 재현물들과 복제물들을 출발점으로 삼는다면, 그것은 놀랄 일도 아닌 것이다.

라바터는 자기 동료의 얼굴을 바로 관찰하지 않고, 윤곽선이 있는 그림자를 관찰했다. 슐레밀은 자기 자신 혹은 자신의 행위를 바로 관찰하지 않고, 그것의 재현을 관찰했다. 닮음을 분석하는 것은 따라서 근본적인 과정이다. 이제부터 기원에 관한 신화들—드로잉의 기원, 지식의 기원—이 모든 인류학적 분석의 앞에 놓이게 될 것이다. 이번 장에서 제공된 사례들—라바터와 샤미소의 예—은, 지속적이고 강박적인 중얼거림 속에 있는 경계선상의 경우들일 뿐이다. 가능한 한 해석들의 선택이 중요하며, 해결책들은 극적으로 극단화된다. 슈만Johann Ehrenfried Schumann이 그린 초상화(도판 71)에서, 세기의 전환기에 탄생한 거인들 가운데 한 사람으로 평가되는 괴테는 라바터적인 실루엣이 만들어내는 검은 그림자 얼룩을 분석하는 데 몰두해 있다. 그 자신이

도판 71 요한 에렌프리트 슈만, 〈실루엣을 연구하는 괴테〉, 1778, 캔버스에 유채, 51.5x40, 괴테 박물관, 프랑크푸르트(독일).

도판 72 프란시스코 데 고야, 〈디오게네스〉, 잉크 담채 드로잉, 1814~23, 20.5x14, 프라도 미술관, 마드리드(스페인).

'완전한 인간' 인 (관객은 그의 옆모습을 읽거나 혹은 그의 아름다운 손을 바라봄으로써 이것을 입증할 수 있을 것이다) 괴테는 편안한 자세로, 멀리 들고 본다기보다는 '자아' 와 '타자' 사이의 근본적인 간격을 반영하는 거리만큼 떨어져서, 한 점 얼룩으로 환원된 사람에 대해 심사숙고하며 '관상을 보고' 있다. 다른 한편 고야의 디오게네스는, 손에는 등을 들고 내리쬐는 일광 속에서, 사람을 찾는 불가능한 일에 몰두하고 있다(도판 72). 그는 사람을 찾겠다는 희망 속에서 위아래를 살피지만, 그가 찾을 수 있는 것은 오직 자신의 검은 그림자뿐이다. 그림 속 명문('당신은 그를 찾지 못할 것이다')의 염세주의 속에서, 모든 시대가 눈물을 흘린다. 라바터와 샤미소가 이미 감지했고 괴테와 고야가 익숙하게 여겼던, 영혼의 역사적 도래[40]는 가시적 해결

책에 이르지 못한다. '인간이란 무엇인가?' 라는 질문에 대한 명확한 대답이 되기보다, 이 대안은 재현의 끝없는 도전 속에서 이용되는 기만이며 환영적 결말인 것이다. 영혼은 말하자면 나비나 그림자로 보여지는 또 다른 재현에 다름없기 때문인가?

6. 사진의 시대와 그림자

검은 사각형

말레비치Kazimir Malevich의 〈검은 사각형〉(도판 73)에 대해 논하는 것은 쉬운 일이 아니다. 더우기 그의 목적이 '비논리적인' 그림을 만들어내는 것이었다는 점은, 주어진 다른 어떤 해석학적 과정보다도 어렵다. 이것으로 그는, 의미가 결여된 이미지를 말하고자 한 것이 아니고, 오히려 의미에서 더 나아간 이미지, 의미를 넘어선 이미지를 말하고자 한 것이다. 문화적 형태들을 해석하는 유일한 방법은, 간접적이고 역설적인 연구를 통한 것이다. 따라서 우리의 분석 대상은 〈검은 사각형〉이 아니고, 이 작품의 논리성이다. 우리는 의미 결여의 중요성, 그 초월의 중요성을 검토하게 될 것이다. 우리는 (형상의) 의미의 (상대적) 결여가 환원의 결과인지 혹은 스스로를 소멸시키는 형상화 과정의 결과인지를 확정하는 것에서부터 시작해야 한다. 바꾸어 말하면, 〈검은 사각형〉은, 회화라는 형태에서, 캔버스라는 경계에서, 그 드러나 있는 것에서 *나온* 것인가? 아니면 사실상 그 지지체와는 전혀 관계없는 선험적인 것a priori인가? 이 작품은 회화 자체에서 '검은 사각형'을 만들어낸 '회화'에 속하는 상징적 오브제인가? 아니면 이 형상

도판 73　카지미르 말레비치, 〈검은 사각형〉, 1915, 캔버스에 유채, 79.5x79.5, 트레티야코프 미술관, 모스크바(러시아).

화의 자취('검은 사각형')는 형상화에 대한 필사적이고 궁극적인 시도로서, 흰 캔버스에 부착되기 위해 회화의 외부에서 온 것인가?

이러한 질문들에 대답하기 위해, 우리는 이 작품이 생겨난 맥락을 돌이켜 보아야 한다. 우리는 〈검은 사각형〉이 1915년 러시아 상트페테르부르크(페트로그라드)에서 〈최후의 미래주의전The Last Futurist Exhibition〉의 일부로 전시되었다는 것을 알고 있다. 따라서 말레비치가 1915년에 소개했던 이 작품은 진짜 '그림'이지만, 경계선에 놓여 있는 그림이다. 왜냐하면 이 전시가 표방했던 제목의 전략 속에 '최후의'란 단어가 정확한 참고의 영역을 확정하기 어려운 방식으로 맴돌고 있기 때문이다: 최후의 전시회? 최후의 회화 전시회? 최후의 미래주의 전시회?[1)]

말레비치의 작업을 미술사 전체에 해당되는 변증법 속에서만 이해될 수 있는 현상이라고 보는 것이 말레비치의 그림에 대한 최초의 반응들 중 하나다.

> '그림' 혹은 '회화' 혹은 '예술'에 의해 이해되었던 모든 것들에 맞서는 것을 제시하는 형태가 여기에 있다. 그것의 창조자는 모든 형태를, 모든 그림을 영零의 상태로 환원시키고자 한다.[2)]

말레비치는 이러한 해석에 동의하는지 그렇지 않은지에 대해 한 번도 언급한 적이 없다. 우리는 《절대주의 선언Manifesto of Suprematism》을 통해 간접적으로 확인할 뿐인데, 여기서 그는 자신에 관해 변증법적인 환원의 해석을 한다.

> 나는 *형태의 제로*로 나 자신을 변형시켰고, *아카데믹 미술의 쓰레기 구덩이*에서 나 자신을 건져냈다.[3)]

그러나 이 인용문에는 반反회화에 관한 어떤 암시도 있지 않으며, 여기서 말레비치는 회화의 지지체보다도 고전적인 재현을 겨냥하고 있는 것으로 보인다. 사실상 작가는 〈검은 사각형〉의 기원을, 1913년 미래주의 오페라 《태양에 대한 승리Victory over the Sun》 무대 디자인에서 찾아야 한다고 여러 번 강조했다. 이 종말론적인 제작물은, 밤의 무자비한 승리를 입증함으로써 빛과 어둠의 투쟁을 극화한 것이다.[4)] 말레비치는 1915년에 쓴 편지에서 첫 번째 막을 위해 제작한 커튼을 다음과 같이 묘사했다.

> 그것은 검은 사각형, 그 끔찍한 힘의 형성 속에서 발생 가능한 모든 배아를 표현한다. …… 오페라에서 그것은 승리의 시작을 알린다.[5)]

말레비치 편지의 목적은 우리에게 다소 논외의 것이다. 이 경우에 이 편지는 〈검은 사각형〉보다 시기적으로 앞서고, 최소한 그 첫 무대는 1913년인 것이다. 그럼에도, 그 간접적인 함의를 통해, 그것은 엄청난 증거가 된다. 우리가 말레비치를 믿는다면, 이 함의들 중 첫 번째는 〈검은 사각형〉이 무대의 커튼으로 처음 착상되었다는 것이다. 커튼은 '재현'이 아니라 가리는 것이고, 혹은 걸어놓음으로써 재현을 가능하게 하는 것이기 때문이다.

〈검은 사각형〉이 커튼 프로젝트에서 탄생된 것이라고 암시함으로

도판 74 챔(Amédée de Noë), 《조바르씨 이야기》 27-28쪽 판화, 파리(프랑스), 1839.

써 말레비치는 의심의 여지없이 그 반反재현적인 본성을 인식하고 있었던 것이다. (커튼과도 같은) 이 그림은 '무한한 가능성들의 배아'다. 이 작품의 힘은 그 고요함과 신비 속에 존재한다. 그것은 재현을 가리지만, 이미 불확실한 이미지다. 재현의 무한한 가능성들의 이미지. 우리는 —말레비치가 말했듯이— 형성되기를 기다리고 있는 우주의 모든 이미지들의 총합이 이 '끔찍한 힘' 속에 놓여 있다는 것을 알고 있다. 미메시스의 정점은 미메시스를 살해한다.

말레비치의 〈검은 사각형〉의 가장 즉각적인 예시가 19세기 사진의 기적을 말하는 주변적인 설명문에서 발견된다는 것은 놀라운 일이 아니다(도판 74). 우리는 '챔Cham'의 캐리커처(1839)를 면밀히 살펴볼 필요가 있다.[6] 여기서 표현하고 있는 것은 분명히, 리얼리티를 복제해 내는 이 신기술에 대한, 아카데믹한 교육을 받은 화가의 풍자적이고 회의적인 시각이다. 챔은 캐리커처라는 매체를 통해, 그 다른 면을 드러내는 승리한 미메시스의 환영에 관해 논하고 있다. 즉, 시지각의 무차별적 기록에 의해 만들어진 이미지의 없음에 관해서다. 이 논의가 인상적인 점은, 챔이 도상적/서술적 분리를 통해 작품의 작용을 설명하는 보기 드문 생각을 보여 준 것에 있다. 삽화에 먼저 등장하는 사각형은 검은 도상의 형태로, 그 안에 재현된 것이 전혀 없어 보이는데, 이는 재현의 스크린같이 기능하는 제로 이미지인 것이다. 두 번째 사각형에는 기술적 재난이 만들어낸 이 이미지의 기원에 대한 설명이 담겨 있다. 이 장면을 만들어낸 사람은 힘없이 *어두운 사진*을 바라보고 있는데, 이 사진은 사진가의 테이블 위 카메라와 정착액 병 사이에 놓여 있다. 그 어두운 사진이 그 자체로 순수한 부재를 나타내는 것이 아니라 이미지가 가려진 것임에도, 우리는 우리가 보고 있는 것이 망쳐진 재현, 어떠한 기술로도 복구시킬 수 없는 재난임을 안다. 이미지는 존재하지만, 감추어져서, '어두워져서', 그림자의 커튼으로 가리워져서 존재하며, 아무도 그 커튼을 들어올릴 수 없다.

이 캐리커처에 대한 논의는 절대주의 화가에 대한 논의와 명백히 분리되어야 한다. 챔의 경고는, 그것이 작은 재현상의 재난 이야기를 보여 주는 것인 한, 의도하지는 않았지만 중요한 것으로 생각될 수 있다. 이는 말레비치가 《태양에 대한 승리》를 위해 제작한 커튼과, 그 이후에 제작한 〈검은 사각형〉에서 서구적 재현의 진정한 재난(단어의 근원적 의미에서, 격변)을 연출함으로써 유희하는 담론의 숨은 변증법을 강조한 만큼이나 원형으로서의 가치를 가진 것이다. 〈검은 사각형〉을 재현적 베일의(《태양에 대한 승리》에 등장하는 커튼의) 그림으로 해석하도록 줄기차게 표현함으로써, 말레비치는 형태 없음zero of forms을 가장 인상적인 산물로, 사진/그래픽 계시의 효과로서 보여 주고 있다.

그러나 말레비치의 실험은 예외적인 —그리고 아마도 그 염세주의 때문에 가장 순수한— 담론의 선언에 다름없으며, 이는 20세기 초반 20년간 예술적 반향을 불러일으키며 되풀이되었다. 나는 같은 계보에서 나온 다른 현상에 접근해 보려 한다. 여기에서는 비구상의 지위를 부여받은 그림자가 재현과 더불어 하나의 형태를 구성하는, 서양 재현의 역사 속에서의 위대한 순간을 맞이하게 된다.

말의 시작

이를테면 브랑쿠시Constantin Brancusi가 1921년경 자신의 조각을 찍은 사진에는 〈세계의 시작〉(도판 75)이라는 제목이 붙어 있다. 그러나 그것을 분석하기 전에 우리는 이 조각가가 이 기계적인 재현의 방법과 조우하게 된 뒷이야기를 짧게라도 되돌아볼 필요가 있다.[7] 브랑쿠시가 사진을 자기 조각작품들의 휴대 가능한 '이중상'의 일종으로 생각했다는 것은 잘 알려진 사실이다. 사진의 기능은 작품을 *보여 주는* 것이었고, 쉬운 일이 아니지만, 조각가는 복제reproduction의 기술적 비밀들을 배움으로써 그 작품들의 '출품자'가 될 수 있었다. 또한 우리는 브랑쿠시가 사진을 복제의 형태일 뿐 아니라 주석의 일종으로 보았다는 것도 알고 있다. 더군다나 브랑쿠시에게 사진은 가장 *빼어난* 주석이며, 모든 비평적 담론들을 대체하는 것이었다고 말할 수도 있다:

> 비평의 초점이 무엇인가? …… 왜 쓰는가? 단순히 사진을 보여 주기만 하면 되지 않겠는가?[8]

그림 9 앤디 워홀, 〈아리아드네가 있는 이탈리아 광장〉, 캔버스에 합성수지 페인트와 실크스크린, 1982, 116x127, 앤디 워홀 미술관, 피츠버그(미국).

그림 10　　파블로 피카소 〈여인 위에 드리워진 그림자〉, 1953. 12. 29, 캔버스에 유채, 130.8x97.8, 온타리오 미술관, 토론토(캐나다).

그림 11 파블로 피카소, <그림자>, 1953. 12. 29, 캔버스에 유채와 목탄, 129.5x96.5, 피카소 미술관, 파리 (프랑스).

그림 12

그림 13 빈센트 반 고흐, 〈타라스콘으로 가는 길 위에 있는 예술가-화가〉, 1888, 캔버스에 유채, 48x44, 마크테부르크(독일)에 있는 카이저 프리드리히 미술관의 소장품이었으나 소실됨.

그림 12 앤디 워홀, 〈그림자들〉, 1978, 피츠버그의 앤디 워홀 미술관에 설치(뉴욕의 디아 예술재단으로부터 대여), 캔버스에 합성수지 페인트와 실크스크린, 102점의 캔버스들 중에 55점을 보여 주는 순회전, 각 193x132.1.

그림 14 프랜시스 베이컨, 〈반 고흐의 초상화에 대한 습작 II〉, 1957, 캔버스에 유채, 198x142, 개인 소장.

그림 15 앤디 워홀, 〈그림자〉, 1981, 종이에 실크스크린, 96.5x96.5. 로널드 펠트먼 미술 자료보관소, 뉴욕(미국).

우리는 이 진술을 읽으면서 진부한 생각('비평에 직면한 예술가의 소극성')을 넘어야 할 필요가 있다. 브랑쿠시에게 사진이 담론이라는 것, 아니 더 정확하게 말하자면 자신이 찍은 자기 작품 사진만을 수용하겠다는 생각이 담긴 메타 담론임은 확실하다. 이 분야에서 그를 가르쳤던 레이Man Ray는 귀중한 증언을 남기고 있는데, 이를 상세히 게재할 필요가 있다.

> 나는 브랑쿠시의 사진을 찍어 내 컬렉션에 추가할 생각으로 그를 찾았다. 내가 이 이야기를 꺼냈을 때 그는 난색을 표하며, 자신의 사진을 찍고 싶지 않다고 말했다. …… 그러고 나서 그는 뉴욕에서 열린 자신의 개인전 기간에 스티글리츠가 자신에게 보냈던 사진을 나에게 보여 주었다. 그 사진은 그의 대리석 조각품들 중 하나를 찍은 것으로, 빛과 결이 모두 완벽했다. 그는 내게 그 사진이 아무리 아름답더라도 자기 작품을 구현해 내지는 못했으며, 오직 브랑쿠시 자신만이 그것을 해낼 수 있다고 말했다. 그리고 그는 내게, 필요한 장비를 마련하고 얼마간 지도를 해줄 수 있는지를 물었다. 나는 기꺼이 해줄 수 있다고 대답했고, 바로 다음 날 우리는 카메라와 삼각대를 사러 나섰다. 나는 암실에서 사진을 현상하는 조수를 쓰라고 권했지만, 브랑쿠시는 이 또한 스스로 하기를 원했다. 그리고 자기 스튜디오의 한쪽 구석에 암실을 차렸고 …… 나는 그에게 사진을 찍는 방법과 암실에서 사진을 인화하는 방법을 보여 주었다. 그 이후로 브랑쿠시는 혼자 작업했고, 내게 다시 자문을 구하는 일이 없었다. 얼마 지나지 않아 그는 내게 자신의 사진을 보여 주었다. 그 사진들은 흐릿했고, 과

도판 75 콘스탄틴 브랑쿠시, 〈세계의 시작(태초)〉, 1920경.

다 노출되거나 노출이 모자랐으며, 긁혀 있었고, 얼룩져 있었다. 브랑쿠시는, 자기 작품은 이렇게 보여져야 한다고 말했다. 아마도 그가 옳았을 것이다. 그의 황금새들 중 하나가 그 위에 떨어지는 햇살과 함께 사진에 담겼고, 그리하여 마치 작품이 폭발하는 것처럼 보이게 하는 일종의 아우라가 발산되었다.[9]

이러한 격언들을 마음에 담고(자명하면 더 이상의 설명이 필요 없다는), 〈세계의 시작(태초)〉(도판 75)에 관한 브랑쿠시의 담론을 더 면밀히 살펴볼 수 있겠다. 거대한 대리석 알 모양의 조각은 매끈한 표면 위에 누워 있고, 왼쪽 위 구석에서 빛이 집중적으로 비치고 있다. 조각의 배경은 거대한 반원형의 모양으로 광원을 반사하고 있으며, 그것이 사진의 윗부분 전부를 장악하고 있다. 알은 반은 빛 속에 반은 그림자 속에 있다. 사진의 아래쪽 부분 전체는 완전히 어두운 반사광으로 채워져 있다. 두 번째의 알이 그림자의 투영인지 아니면 조각 형태가 반사된 반영인지 확신하기는 어렵다. 두 가지 모두 그럴듯하고, 따라서 이 부분은 반영에 의해 생성되는 리얼리티의 등급과 관련된 고대 플라톤적인 모호함을 떠안게 된다.

이 조각 작품은, 그 사진 이미지에서는 더더욱, 브랑쿠시가 형이

도판 76 콘스탄틴 브랑쿠시, 〈프로메테우스〉, 1911.

상학적 묵상에 경도되는 사색적 정신을 가지고 있다는 것이 드러나고, 따라서 그를 말레비치와 같은 동시대인에게 가까이 다가가게 해준다. 말레비치와는 달리 브랑쿠시는 덜 종말론적이고 더 긍정적이다. 그는 종말의 사상이 아니라 기원의 사상에 사로잡혀 있다. 그는 이를 작품 제목에서 상당히 명확하게 밝히고 있고, 기원의 상징적 형상—알—이 빛/그림자의 투쟁에서 기적적으로 빠져나오는 생성 원리를 창조함으로써 그것을 재현하고 있다. 그러나, 빛-어둠의 거의 기하학적인 분할로 잘 표현되었고 또한 조각의 볼륨을 '창조하는' 실제적인 힘으로 묘사되고 있는 이러한 투쟁은, 절대적으로 필요한 것보다 한 발자국 더 나아가 있다. 그것은 바로, 사진적 담론에 그 특성과 불편한 외관을 부여하며, 동시에 결과적으로 재현에 의문을 품게 되는 반영적 분열의 기능이다.

이보다는 덜 애매할지라도, 이러한 해법은 브랑쿠시의 다른 사진들에서도 나타나는데, 그중 하나가 〈프로메테우스〉(1911, 도판 76)를 찍은 사진이다. 여기서 배경 도법은 더 단순하다. 창조자 티탄Titan 머리의 기본적인 모양은 사각의 좌대 위에 놓여 있다. 위에서 조명이 비추고 좌대 위에 커다란 검은 그림자가 드리워 있다. 이 모두는 완전히 검은 배경 위에 보여지고 있다. 신들로부터 불을 훔친 수호자로서 그리고 테너브리(Tenebrae: 어둠)의 죄수로서 티탄의 상징적인 형상은, 완벽한 단순성의 형상화 과정을 통해 규정되어 나타난다. 다른 한편, 〈세계의 시작〉을 찍은 사진(도판 75)에서는 좌대가 치워져 있고, 이는 알이라는 근원적 형상이 마치 무한한 공간 속을 부유하고 있는 것처럼 보이는 결과를 낳는다. 프로메테우스의 명확한 투영과 관련해, 알의 그림자(혹은 반사상)는 탈脫공간적a-spatial 존재다. 최종적으로 볼 때, 이 검은 형상은 거울 같은 반영도 아니고 그림자도 아니다. 또한 물리적 입체의 투영도 아니다. 이것은 물리적 입체의 네거티브 이미지—아무것도 아닌 것이기도 하고 그 대상이기도 한—인 것이다. 그것은 그 형상이 반드시 스스로를 해방시켜야 할 네거티브 매트릭스인 것이다.

내가 설령, 브랑쿠시의 설명에서 알이 그림자를 낳는 것이 아니라 그림자—실체 없는 검은 얼룩—가 알의 형태로 존재의 세계 속에 나타나는 것이라고 말한다 해도 틀렸다고 생각지는 않는다. 그것은 일종의 플라톤적 역전이다.[10] 여기에서 그림자는 패러다임 구실을 하게 되며 대리석 알은 그 대상의 구실을 하게 되는 것이다. 우리는, 그의 조각을 이미지화하는 것을 형상을 창조하는 행위와 연결된 이차적 행위로 바라봄으로써 이 모든 작용이 브랑쿠시가 자신의 스튜디오 한쪽 구석에 설치해 놓은 암실—의심할 여지 없는 상징적 제스처—에서 생겨났다는 것을 잊어서는 안 된다. 그 사진은 단순히 촬영된 것이 아니다. 그 사진은 작품의 원형적인 복제물이며, 작품이 그 가능한 복사의 무한함 속에서 스스로를 복제함으로써 스스로를 표현하는 형태인 것이다.

우리는, 레이가 '아마추어'라고 표현했던 브랑쿠시가 어떻게 그런 세련된 담론을 만들어낼 수 있었는지 놀라워하게 된다. 브랑쿠시는 사진의 기초—갖가지 방법들—에서보다 자신의 첫 번째 선생에게서 더 많이 배웠으리라 생각된다. 비록 레이가 그렇게 주장하지는 않았지만, 그림자의 투영을 통한 분할의 과정—〈세계의 시작〉에서 너무도 중요한—은 그가 먼저 시작한 것이었다. 레이는 1917/18년에 〈사람〉(도판 77)이라고 명명한, 계란거품기와 그 그림자의 유명한 사진

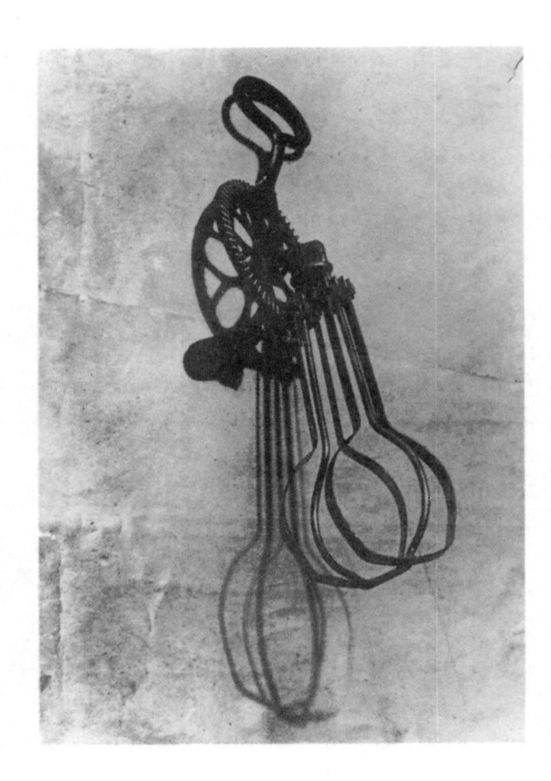

도판 77 만 레이, 〈사람〉, 1917~18, 실버 프린트 포토그래프, 국립 현대미술관, 파리(프랑스).

을 이미 찍었다. 얼마 후에 레이는 이 사진을 설명하면서, 이 사진에서는 '그림자가 실제의 물건만큼 중요하다' 고 강조했다.[11] 사진을 찍는 행위와 그 결과로서의 이미지라는 분명한 선물에서 레이의 실험은 분할의 수사학이라는 작업에 근본이 되는 것이었다. 브랑쿠시가 행했던 것은 우리에게 그 가장 중요한 실험들의 가능성을 열어주지만, 단지 그것만을 주는 것은 아니다.

레이는, 자신의 사진적 반영 속에서, 수년 전 전통적으로 예술작품을 둘러싸고 있는 '유일무이하고 반복 불가능한' 것의 아우라에 대항하는 반발적 행위로 레디메이드를 창안해 냈던 뒤샹Marcel Duchamp에게서 자신에게 전해져 온 충동을 되풀이한 것이었다. 뒤샹이 행했던 것은, 단지 오브제(자전거 바퀴, 소변기, 병꽂이 등)를 그것이 속한 산업적 질서에서 전환시키는 것이었을 뿐 아니라, 전시 오브제라는 유사-형상을 가진 유일무이한 오브제의 유사-특성을 그 오브제에 부여함으로써, 기능을 전환시키는 것이었다. 그러나 뒤샹의 '발견된 오브제objet trouve' 가 물건들의 세계와 이미지의 세계 모두에 속하는, 의도적인 모호성을 띤 현상으로 보여진다면, 레이가 찍었던 일상적 오브제(이 경우에는 계란거품기)의 사진은 이미지의 권리를 복원시킬 수 있는 새로운 현상학적 환원의 산물인 것이다. 사진가에 의해 제안된 복원은 모사적인 것이 아니라 상징적인 것이다. 왜냐하면 유일한 특징으로 부상되는 무한한 환원을 남김으로써, 이 복원은 실제를 반영하는 것이 아니고 자기 자신 안에 있는 것으로 되돌아가는 것이다. 반복되는 선들은 오브제를 형성하고, 오브제는 그 그림자 쌍을 형성하며, 사진은 모든 가능한 복제의 무한한 연속을 열어둠으로써 모든 것을 배가시키는 것이다.

브랑쿠시의 위대한 독창성은, 레이의 방법을 창조 행위의 시각으로 바꿀 수 있었다는 데 있다. 그 조각 오브제는 독자적인 '발견된 오브제' 라고 생각될 수도 있으며, 자연적 조화의 순수한 산물이자, 우연 그 자체가 창조자인 원초적 형상이라고도 볼 수 있는 것이다. 이것이 바로, 많은 해석자들에게 신비감을 주는 —이 경우에 뒤샹이 브랑쿠시에게 엄청난 찬사를 보냈다— 이면의 이유들 중 하나다. 그들의 친화력은 함께하는 두 극단에 그들이 있다는 사실에 있다.

원초적인 형태의 사진적 창조를 통해, 브랑쿠시는 분열의 드라마라는 형태로, 대상 속에 있는 그림자의 격변(대재난)이라는 형태로 '세계의 시작' 을 설명해 내고 있다. 이러한 방식으로 브랑쿠시는 레이의 분열을 더 고차원적이고 더 모험적인 어떤 것으로 바꾸어놓았다. 그림자는 '대상과 같은 것'이 아니고, 그것이 패러다임으로 설정되는 만큼 대상보다 더 중요한 존재가 되는 것이다. 동시대인이었던 말레비치와는 달리 브랑쿠시는 모든 것을 긍정하는 상태에서 이러한 역전을 수행했다. 말레비치의 검은 사각형은 구상(회화)의 표면을 무화시킨다. 그리고 브랑쿠시의 검은 알, 그림자 알은 구상화된 형상(조각)을 낳는다.

튀 엠

세 번째 길은 뒤샹에게서 찾아보자. 그는 〈튀 엠〉이라고 명명한 자신의 마지막 그림(도판 78)에서 회화의 경계에 대한 질문을 매우 특수한 방식으로 표명한다. 우리는 뒤샹이 수년 동안 전통적인 표현의 방식을 폐기했고, 그것을 먼저 '발견된 오브제'라는 방식으로, 그리고 그다음에는 *레디메이드 그림자*Ready-made Shadows와 같은 반反회화적인 실험으로 대체했다는 것을 기억하고 있다. 1918년의 이러한 반전은 뒤샹의 더 나은 판단에 반하는 것이었고, 그의 미국인 후원자였던 드라이어Katherine Dreier만이 이를 지지했다.

'마지막 회화'의 보기 드문 특이한 크기는 특별한 장소를 위해 제작되었다는 사실에 기인할 것이다. 스폰서가 자신의 서재 벽에 남는 공간을 채우기 원했기 때문이다. 마치 뒤샹은 충격적인 비굴함을 보이면서까지 마지막으로 작품 수수료를 받고 싶어했던 것처럼 보인다.

도판 78 마르셀 뒤샹, 〈튀 엠〉, 캔버스에 병닦는 솔, 세 개의 안전핀, 볼트 부착, 유화, 1918, 69.8x313, 예일대학교 미술관, 뉴헤이번(미국).

그러나 뒤샹은 자신의 초기 작품 전체를 재생시키는 기회를 얻게 되었으며, 스스로 이 기회를 받아들였다.[12] 이 작품에서 우리는 세 레디메이드의 그림자를 보게 된다. 자전거 바퀴, 모자걸이, 그 둘 사이에 있는 코르크 마개뽑이. 이 중에서 그림자가 일그러져 투영된 것으로 묘사되어 있는 마지막 오브제는 한 번도 그려진 적이 없었는데, 바로 뒤샹의 의도가 그 그림자만 '실제 레디메이드'로 생각되게 하는 것이었기 때문이다.[13] 급격한 원근법에 놓인 마름모꼴의 불확실한 행렬이 그림 영역에 걸쳐 있다. 마름모꼴의 행렬은 모자걸이 그림자에서 시작되어 바퀴(바퀴의 그림자?)를 가로질러, 마침내 화면의 왼쪽 윗편으로 사라지고 있다. 모자걸이와 같은 높이로 캔버스에 심어져 있는 둥근 줄('실제'이며 유일한 레디메이드)은 관객의 공간으로 돌출되어 있다. 그 옆에는 캔버스가 잘못 찢어진 부분을 실제의 안전핀으로 묶어놓았다. 결정적으로 회화에서 볼 수 있는 가장 소박한 리얼리즘으로 그려진 손은, 코르크 마개뽑이의 반대 방향을 가리키고 있다.

우리는 이 캔버스의 묘사가, 뒤샹이 예상했던 몇몇 어려움에 직면했다는 사실을 숙지하고 있어야 만다. 실제로 이 캔버스에 있는 기호들을 어떻게 해도 질서 세울 수 있는 방법이 없는데, 왜냐하면 그 기호들은 전혀 다른 사물들을 의미하는 다양한 범주들—발견된 오브제, 원근법적인 시각, 눈속임trompe-l'œil, 가짜 눈속임, 그림자들과 가짜 그림자들 등—에서 취해진 것이기 때문이다. 말레비치의 '마지막 회화'(도판 73)의 논리가 그러했듯이, 해석을 하려는 모든 시도들은 직접적 이해를 포기해야만 하고 이차적 이해를 하는 데 집중해야만 한다. 다시 한 번, 가장 절박한 의문은 형상의 의미와 전혀 관계가 없고, 의미의 결여라는 의미와 관계가 있는 것이다.

이 의문의 길을 쫓기 전에, 우리는 (말레비치의 경우에도 그랬듯이) 근원에 대해서 물어야 한다. 〈튀 엠〉과 관계된 최초의 진술은 아마도 1913년경, 즉 뒤샹이 유화를 포기하고 〈독신남들에 의해 발가벗겨진 신부La Mariée Mise à Nu par Ses célibataires〉와 레디메이드 연작을 시작할 때쯤의 것으로 추정되는 기록이다.

> 신부를 따라……
> 그림을 만든다. 그림자 투사의……
> —빛나는 원천들로 행해진
> 그림의 *사형집행*.
> 그리고 이 평면들에 그림자를 그림으로써.
> 투영된 실제 윤곽선들을
> 단순히 따르기……
> 이 모든 것이 완성되고
> 특별히 어떤 주제와 관련을 갖는가?
> 같은 면적의 투사물들: 책을 참고하라……
> 투명하게 형상을 만들어나가는 물의 분출처럼
> 밑에서 나오는 튀어 오른 물로 형성된 투사된 그림자들.[14]

우리는 이 텍스트의 흐름 속에서 그림의 주제를 인식하게 되는데, 여기에서 그림자 투사는 원근법과 통합되어야 한다. 이 프로젝트는 이미 〈독신남들에 의해 발가벗겨진 신부〉의 복제 혹은 확장으로 고안되었던 것으로 보인다. 여기에서 레디메이드에 대한 언급이 간과된 듯 보이기는 하지만, 이는 이 기록이 그림에 착수하기 몇 년 전에 쓰였다는 것을 생각하면 이해할 만한 생략이다.

그림자에 의한 재현이라는 아이디어는 〈튀 엠〉이 제작되었던 1918년에 다시 한 번 나타났다. 이는 작가(뒤샹? 만 레이?)[15]가 〈레디메이드의 그림자들〉(도판 79)을 배경으로 해서 널리 알려진, 발견된 오브제들(모자걸이, 바퀴)의 그림자를 결합한 사진의 형태였다. 이 사진과 〈튀 엠〉 사이에 있는 작지만 근본적인 발상의 전환은 1913년의 철학으로 되돌아가는 것을 뜻한다. '그림자로 그리기' 라는 철학으로 말이다.

그렇다면, 특히 '발견된 오브제' 의 최종판으로, 사실상 그림자의 형태로, 그들 자신의 허깨비로 묘사하고 재현한 '발견된 오브제' 의 복제물인, '투사된 그림자' 로 만들어진 이 '그림' 은 무엇이란 말인가? 그것은 고래古來의 역사와 결합해, '그 부재에 대한 복잡하고 철저한 대응물' 로서 스스로를 승인하는 회화적 재현[16]의 유령 같은 본성을 드러내는 아주 시시한 재현의 표면인 것이다.[17] 바로 그림의 중앙에 회화의 허깨비가 보이는 것을 그림 속의 손이 '가리키고' 있다. 검지를 뻗으며 공중에 걸려 있는 손을 그려줄 그래픽 디자이너를 뒤샹이 물색했다는 것은 잘 알려진 사실이다. 우리는 스스로에게 다시 한 번 질문을 던져야 한다. 왜 그것은 거기에 있는가, 저 혼란스럽고도 놀라운 낯선 실체는 무엇인가?[18] 나에게 그 메시지는 명확하게 다

도판 79 마르셀 뒤샹(?), 〈레디메이드의 그림자〉, 1918, 뉴욕 67번가 뒤샹의 스튜디오에서 촬영한 사진, 뉴욕(미국).

가온다. 그림자로 이루어진 반反회화 속에서, 손은 행위를 상징하며, 전통적인 의미에서의 유일한 '회화작품'이다. 이 손은 급진적인 역전의 기호이다. 전통적인 미메시스는 회화적 진술 속으로 삽입되는 행위의 도구를 허락하지만, 단지 그림자의 형태로만 허락하기 때문이다 (그림 7, 8, 도판 18, 19, 20). 그러나 그림자의 회화 속에서 재현은 고립되고, 창조하는/제시하는 손은 단지 아이러니한 구성의 산물, '화가'의 존재에 대한 고립된 기호일 수 있을 뿐이며, 그곳에는 더 이상 회화가 존재하지 않는다.

7. 영원한 회귀의 그림자 속에서

반복과 차이

1920년대에 아방가르드 운동은, 사진에 의해 시작되어, 의기양양한 미메시스의 지위에 전면 반대하는 관점으로 이미지의 위상에 도전했다. 플리니우스와 플라톤 신화의 기반은 흔들렸고, 재현은 부유浮游했다. 따라서 우리의 여정이 끝나게 될 이 지점은 확고히 안착하지 못하는, 지나치게 완전한 순환성에 대한 깊은 불신을 담고 있다. 우리 시대의 기호들을 면밀히 관찰해 보면, 역사적 아방가르드 운동의 다양한 실험들 속에서 만들어진 그림자의 모습이 다양한 수준에서 조사되는데, 그중 두 작품이, 근본적으로 반대되는 것임에도 불구하고(혹은 그렇기 때문에) 가장 중요한 것으로 생각된다. 먼저 독립적 이미지를 다루고, 그다음 연작 이미지를 언급하고자 한다.

볼탕스키Christian Boltanski(1944년생)는 첫 번째의 방향을 가장 잘 대표하는 작가다. 그의 설치 작품(도판 80)은 자가발전 프로젝터parastatic projector로 작업실에서 실험했던 때를 떠올리게 한다(도판 38). 그러나 이 작품의 목적은 그와 다르다. 볼탕스키의 말에 귀를 기울여 보자.

나는 많은 것들을 그림자와 연결시킨다. 무엇보다 그림자는 나에게 죽음을 떠올리게 한다(우리는 '그림자나라shadowlands'라는 표현을 가지고 있지 않은가?〔shadowlands에는 '저승', '영계'라는 뜻이 있음—옮긴이〕. 그리고 물론 사진과의 연관성도 존재한다. 그리스에서 그림자라는 말에는 빛을 가지고 적는다는 의미가 있다. 따라서 그림자는 최초의 사진인 것이다. 나는 파리의 퐁피두 센터에서 거대한 사진들을 전시한 적이 있었다. 그 전시는 본으로 갔다가 스위스 취리히로 순회하도록 예정되었지만, 프레임이 너무 커서 운반하기가 까다롭고 곤란했었다. 나는 좀 더 가벼운 것, 내 호주머니 속에 들어가는 것을 가지고 작업하고 싶었다. 나는 아주 작은 꼭두각시 인형을 가지고도 거대한 그림자를 얻을 수 있다는 사실을 깨달았다. 마침내 나는 최소한의 짐을 가지고 여행을 할 수 있게 되었고, 또한 실체 없는 이미지들을 가지고 작업을 할 수 있게 되었다. 물론 플라톤의 동굴이 존재했지만, 나는 나중에야 그것을 알게 되었다는 것을 인정할 수밖에 없다.
그러나 그림자는 또한 내적인 기만이기도 하다. 우리는 '자신의 그림자를 보고 겁먹었다'라는 말을 하지 않는가? 그림자는 사기다. 그림자가 사자만큼 크게 보이더라도 사실 판지로 만든 아주 작은 입상일 뿐이다. 그림자는 우리 자신 속에 데우스 엑스 마키나(deus ex machina: '기계장치로 온 신'이라는 뜻의 라틴어로, 고대 그리스 연극에서 다급할 때 갑자기 기중기〔그리스어로 '메카네'〕를 이용해 나타나서 결말을 돕는 신—옮긴이)를 재현한다. 나를 이끄는 것은 그림자의 이러한 측면인데, 왜냐하면 그것이 환영을 주는 방식으로 순수한 연극을 행하기 때문이다. …… 그림자가

도판 80 크리스티앙 볼탕스키, 〈그림자들〉(1986), 독일 함부르크 전시, 1991.

> 나를 너무나도 매료시키는 것은, 그것이 덧없다는 것이다. 그림자는 순식간에 사라질 수 있다. 반사물이 없어지자마자, 초가 꺼지자마자 더 이상 아무것도 존재하지 않게 되는 것이다.[1)]

우리는 볼탕스키에게서, 그림자를 유희하며 이용하는 것과 관계된 몇몇 촉매들이 수렴하는 것을 보게 된다. 사진적 역전, 플라톤에 대한 암시, 음울한 상징주의, 이 모든 것들이 그의 접근방식에 대해 길을 인도하는 통합적 특성을 부여하고 있다. 그러나 가장 놀라운 특성들 가운데 하나는, 프로젝션이라는 방법을 처음 고안했던 계기다. 그는 '사물'을 그림자로 만들어 주머니에 넣을 수 있게 하고 또 어디든 가지고 다닐 수 있게끔 하고 싶었다고 말한다. 이는 페터 슐레밀 이야기를 읽었던 사람이라면 누구나 이해할 수 있는 함의를 가진 행동인 것이다. 볼탕스키가 주로 몰두했던 것이 —덧없는 유사물들의 춤— 대서양 저편에서 워홀Andy Warhol이 선호했던 그림자 이미지 연작에서 사용되었던 기법과 우연히 연계되는 측면이 있다는 것은 매우 흥미로운 일이다.

워홀이 한 해 전에 그렸던 66개의 캔버스 연작을 미국 뉴욕의 하이머 프리드리히 갤러리에서 전시했던 것은 1979년의 일이었으며, 그 연작들은 모두 '그림자들'(그림 12)이라는 제목을 달고 있었다. 66이라는 숫자는 반복의 개념을 강조한 것이지만, 또한 고대 수비학數秘學에 따르면 66이라는 숫자는 악마의 기호이고, 666은 세계 종말의 기호이기 때문에, 어딘지 모호하고 불안해 보인다. 뒤에 이야기한 두 개의 함의만이 높은 수준의 해석학적 과정을 통해서만 접근될 수 있는 것이라 한다면, 이미지들의 연속은 확고부동하게 보여진다. 흰 벽에 바닥보다 조금 높게, 따라서 관람자의 위치와 다른 기준선에 위치한다는 사실을 강조하면서, 프레임을 두르지 않은 캔버스들이 잇달아, 규칙적인 리듬으로, 시작된 곳에서 정확하게 끝나는 루트를 따라 위치하고 있다. 그러나 이 연속되고 순환되는 프리즈는 독립적인 단위들로 구성되어 있다. 그것들을 전통적인 '그림들(타블로tableaux)'이라고 분류하기는 어려울 듯한데, 왜냐하면 그 형상도 내용도, 또 전시의 맥락도 이를 허용하지 않기 때문이다. 가장 중요한 특징은 두 말할 나위 없이 이 연작에서 분리된 하나의 단위—개별적으로 팔리고 독립적으로 전시되는 하나의 단위—는 원칙적으로 무용하다는 사실이다. 게다가 이것들은 단어의 기술적인 의미에서 '캔버스들'이고, 워홀이 이 지지체(타블로의 전통에 의해 우리에게 전해진 것)에 이미지를 옮기기 위해 실크스크린 프린팅의 방법을 통해 응용된 종합적 중합체들을 사용했다는 것은 의미심장하다. 이러한 진기한 조합은 손의 직접적인 개입과 사진에서 사용되는 프린팅 기법들을 참작한 것이다. 워홀과 그의 조수들이 이 연작을 제작할 때, *특별히 제작된*ad hoc 여러 개의 파피에 마셰(pâpier maché : 일종의 종이찰흙인, 풀을 먹인 딱딱한 종이로 만드는 오브제—옮긴이) 실루엣 그림자의 상호작용을 복제한 사진에 바탕을 두었다는 것은 잘 알려진 사실이다. 그리고 다음 단계에 종합적 색채를 더해 〈그림자들〉에 원래는 없던 이종성異種性과 리듬을 부여한다.

워홀의 방법에 대해 본격적으로 분석을 하기보다는, 이 연작이 비평가들에게 어떻게 보여졌는가를 일별해 보는 것이 더 유용할 듯하다.[2] 이 일별은 해석 행위를 하기 전에 필수적인 과정이다. 왜냐하면 우리가 여기서 직면하게 되는 것이 *전시 예술*exhibition art로[3] 기술될 수 있는 완결적인 현상이기 때문이며, 그것은 전시라는 행위적 맥락 속, 즉각적인 평단의 반응이라는 맥락 속에서만 정의될 수 있는 것이기 때문이다. 이러한 맥락에서 분리된다면 워홀의 '캔버스'는 손댈 수도 없이 낡아빠진 것이 되며, 또한 그 존재 이유raison d' être를 잃게 될 것이다. 비평가들 중 실제로 명망 있는 이가 1979년에 워홀의 그림자들에 대해 말했던 것을 살펴보자.

다음은 벨Jane Bell이 《아트 뉴스Art News》에 기고한 글이다.

> 〈그림자들〉은, 거의 모든 팝아트와 관계되어 있는 차고 매끈한 표면을 스스로 부정하는, 채색된 배경 위에 실크스크린으로 제작되어 있다. 이 그림들에는 모든 부분에 손이 가 있다—워홀의 것임이 틀림없는 풍부하게 감각적인 손. 비록 항상 워홀은 친구들에

도판 81　앤디 워홀, 〈그림자〉, 함께 설치된 102점의 캔버스들 중 하나, 193x132.1, 디아 예술재단, 뉴욕(미국).

게 조금 도움을 받기는 하지만 말이다.

이러한 관찰은, 특별히 우리가 그의 작품에서 보기 드문 역설적 '친필의' 특징—쓸어내리는 붓질(도판 81)과 이중적 판독의 메커니즘에 의해 만들어진—을, 먼저 작품의 제목—'그림자들'—에 연관시키고, 그다음에는 '타블로'라는 사멸되는 전통에 연관시킨다면, 중요하게 드러날 것이다. 이러한 이중적 해석(《아트 뉴스》의 비평가는 단지 지나가면서 언급했던)을 수행함으로써 우리는 워홀의 실크스크린 작품들이, 선과 그림자의 관계에 대한 첸니니의 숙고에서 시작해 자기 모방의 주제화(2장과 3장 참조)에 의해 발전되었던 서양 재현의 근본적인 문제에서 양 극단에(그리고 그 끝에) 속한다는 결론에 이르게 된다. 따라서 우리는 워홀의 〈그림자들〉을 통해 '그림 속 그림자'의 순수한 선이 그 완전무결함 속에서 재현을 침해하면서도 재현을 규정짓는다고 주장할 수도 있을 것이다. 그러나 우리는 바로 이 점에서 〈그림자들〉이 단지 추상표현주의의 유산일 뿐이라고 보는 시각에 대해 경계를 해야 할 필요가 있다. 붓 터치에 중요성을 부여하는 것과 그것을 주제화하는 것 그리고 과장법—〈그림자들〉에서 보이는—은 하이퍼리얼리즘 미학에서 전해진 과정의 산물이기 때문이다. 최종적으로 분석하건대, 모든 것은 종합synthesis을 말하고 있다. 워홀은 역사적 아방가르드 운동의 실험들을 모으고 지속시키고 초월하는 제한된 해결법을 내놓은 것이다. 그의 직접적인 선배인 말레비치와 뒤샹뿐 아니라 (역설적인 조합을 통해) 액션 페인팅과 하이퍼리얼리즘까지도 말이다.

우리가 계속해서 리뷰들을 대충만 읽어보더라도, 《아츠Arts》지에 기고한 비평가 맥고니글Thomas McGonigle은, 워홀이 '이 그림을 보는 관객을 위해 끔찍한 딜레마를 창조해 낸다'는 의견을 피력하고 있음을 보게 된다. 비록 맥고니글은 예술가라는 개인을 특성화한 그림자의 부분적 의미를 드러내고자 이 연작 속에서 자전적인 고백을 보는 데

도판 82 지안프란코 고르고니, 〈앤디 워홀과 지오르조 데 키리코, N.Y.C.〉, 1974경.

치중해 있지만 말이다. 같은 잡지에서 비평가 타란스키Valentin Taransky는 전시회로 돌아가 이야기를 풀어간다. 그의 해석은 흥미롭게도 이전의 두 해석을 조합한 것이다. 따라서 연작 전체는, 기계적 반복에 의해 지배당하는 세계 속에서 친필을 확인시키는 거대한 붓질을 통해 표명되는 초상 자화상으로 간주된다. 비록 이 작품을 역사적인 맥락 속에 놓으려는 시도는 없었으나, 이 해석은 그럼에도 매우 도발적이다. 리치Carrie Richey는 《아트포럼Artforum》에 게재한 매우 난해한 리뷰에서 같은 생략의 우를 범하는데, 여기에 전문을 인용해 보겠다.

> 66점의 거대한(76x52인치) 캔버스들은 갤러리 전체를 가득 채우며 서로 인접해 있다. 밝은 아크릴 색채는 표면을 두텁게 만들고, 이 누적된 물감으로 인해 이 그림 안에 하나 혹은 두 개의 구성이 있는 것처럼 보인다. 워홀의 언론 홍보물에서는 각각의 캔버스가 동일한 이미지를 갖고 있다고 분명하게 씌어 있는데 내가 두 개

> 를 발견했다고 한다면, 이는 같은 이미지의 포지티브와 네거티브 버전이 있다는 의미라 할 수 있을까? 그중 하나는 불꽃처럼 —혹은 라이터나 등유 램프처럼— 보이고 다른 하나는 빈 공간처럼 보인다. 그러나 이러한 관찰은 피상적인 것인데, 이 이미지들은 너무도 명백하게 비재현적이기 때문이다. 그럼에도 이 전시에는 범죄 사진을 *확대*한 것 같은 특징이 존재한다. 각각의 캔버스는 입에 담을 수 없는 어떤 사건의 사진을 크게 확대한 것처럼 보이는 것이다.
>
> 작품의 설치방식으로 인해 이 이미지들이 영화의 프레임처럼 연속적으로 읽히기 때문에, *확대*에 대한 언급은 이중으로 정당화된다. 매우 영화적이라는 것이다. 이 그림에서 가능한 이야기들을 찾기 위해 캔버스들에 칠해진 색채를 살펴보면, 시계 방향으로 처음 60개 작품의 강렬한 색채들은 마지막 6개 작품에서 은색과 검은색, 흰색으로 대체되어 있는 것을 깨닫게 된다. 페이드아웃인가?
>
> 나는 이것으로 무엇을 말하려고 하는가? 워홀은 나로 하여금 탐정 노릇을 하게 한다. 나는 증거를 찾기에 혈안이 되어 있다. 비평은 정책 업무로 여겨지고, 지금 나는 지문 채취 사무실에 내려와 있다.[4]

의견의 차이에도, 비평가들이 대부분 〈그림자들〉이 불가사의함을 주장하는 것을 보는 것은 흥미로운 일이다. 리치가 안토니오니 Michelangelo Antonioni의 영화에 대한 언급을 했던 것(논쟁의 여지가 있지만 재미있는)을 제외하면, 그들 중 누구도 워홀의 실험을 역사적 문맥 속에 위치시키려 하지 않은 것은 꽤 놀랍기까지 하다. 비평가들은 모두 현상의 표면에만 제한되어 있다. 워홀의 미학 정신 속에서 이들은 그 불가사의한 성질을 탐구하면서 단 한 순간도 그 불가사의함(이것이 존재하기는 한다면)이 역사의 지층이 전시 표면으로 변형되었다는 사실 속에 존재할 수도 있다는 문제를 직면하지 않았던 것이다. 리치가 제안했듯이, 역사 감각을 가진 탐정이 되어—그렇게 할 수 있도록 허락된다면—그 탐정 노릇을 하는 것은 우리의 몫이다. 이러한 방법으로 우리는 그 불가사의함을 해결하기 위한 긴 여정을 가고 있는 사진(도판 82)과 급히 만나게 되는 것이다. 이 사진은 1974년으로 기록되어 있고, 고르고니Gianfranco Gorgoni가 뉴욕에서 찍은 것이다. 이것은 사교모임에 참석한 데 키리코와 워홀의 사진이다. 형이상학 회화Pittura etadisica의 나이 든 대가는 손에는 잔을 들고, 얼굴에는 약간의 미소를 띤 채 카메라를 응시하고 있고, 반면 (여전히) 젊은 팝아트의 대가인 워홀은 고개를 틀어 카메라에서 시선을 돌리고 있는데 이런 행동이 그의 얼굴에 극적인 특성을 부여하고 있다. 아마도 스냅사진일 테지만, 그럼에도 여기에는 계시적인 힘이 묻어난다. 이 사진을 극적으로 만드는 것이 빛의 효과이니만큼 이 스냅사진에 전혀 손질을 가하지 않았다고는 믿겨지지 않는다. 어쨌든 비일상적인 빛 때문에, 단순한 사회적 기록물로 남겨질 수 있었던 것이 힘의 이동을 포착한 이미지가 된 것이다.[5] 괴상한 자세를 통해 데 키리코는 자신이 그림자의 지배자이기를 바라면서 워홀에게 자신의 그림자 세계를 드리우고 있는 것이다.

1978년 워홀이 단일한 악몽에 관한 66개 작품들을 만들어내기까지는 이로부터 4년이 흘렀다. 이 관점에서 〈그림자들〉 연작은 신비를 가리기보다는 채무와 살인에 대한 공공적 고백이 되게끔 신비를 드러낸다. 〈그림자들〉의 제작은 데 키리코의 죽음과 때를 같이하는데(데 키리코는 11월 19일에 사망했고, 워홀은 같은 해 12월에 연작을 시작했다), 사람들이 이러한 일치는 깨닫지 못했다는 것은 이상한 일이다. 나는 〈그림자들〉의 제작을 역사적 아방가르드 운동의 마지막 대표자들 가운데 한 사람의 사망의 직접적인 결과로 본다 하더라도 크게 오해하는 것은 아니라고 생각한다. 따라서 그 전시회는 데 키리코에 대한 워홀의 빚짐을 드러내는 것이다. 그것이 또한 살인의 결과였다면, 이 살인은 자연히 상징적인 것이고, 또한 *원형*original이라는 개념과 관계된 것이다. 워홀은 이탈리아 대가의 그림자 이야기들을 이야기 없는 그림자로 대체했고, 그 작품들의 연속성은, 회화적 서사의 최종적인 죽음과 무한한 회절에 의한 대체, 그리고 외관의 영원한 흐름에 대한 반영일 뿐이다.

우리는 이 해석이 하나의 알레고리와 같다는 것을 인정해야만 한다. 아마도 '진정한 알레고리'의 의미에서만 그것은 그러할 것이다. 워홀이 1979년에 뉴욕에서 언급하지 못했던 것, 그리고 내가 알기로 어떤 비평가도 〈그림자들〉전의 이면을 응시함으로써 알아차리지 못했던 것이, 3년 후 로마에서 있었던 〈워홀 대 데 키리코Warhol verso De Chirio〉전에서 부각된다. 그러나 이때에는 명확한 의제가 있었다. 형이상학 회화는 복제되고 증가됨으로써 연속물로 나열되고, 그 신성한 아우라는 제거되었다(그림 9). 전시 도록에 삽입된 올리바Achille Bonito Oliva와의 인터뷰에서 워홀은 데 키리코에게 빚이 있음을 후험적으로a posteriori 설명했다.

나는 그[데 키리코]의 작품을 너무나 좋아했습니다. 나는 그의 예술과, 똑같은 회화작품들을 계속해서 반복하는 그의 아이디어를 좋아합니다. 나는 그 아이디어를 정말 좋아하고, 그래서 나는 그렇게 하면 멋지겠다고 생각했습니다. …… 데 키리코는 동일한 이미지를 자신의 전 생애를 통해 반복했습니다. 나는 사람들이나 화상들의 요청 때문만이 아니라 그가 원했기 때문에 그렇게 했으리라고 믿으며, 또한 그가 반복을 자신을 표현하는 하나의 방법이라고 보았다고 생각합니다. 이는 아마도 우리가 공통적으로 가지고 있는 것일 겁니다. …… 차이점이라면? 그가 해를 거듭하면서 규칙적으로 반복했던 것을, 나는 같은 날 동일한 그림에 반복하는 것입니다. …… 이것은 자신을 표현하는 방식입니다! …… 내가 사용하는 이미지들은 모두 동일합니다. …… 그러나 동시에 다릅니다. …… 그것들은 색채의 빛을 통해 변화되고, 시간을 통해 그리고 분위기를 통해 변화됩니다. …… 인생도 스스로 반복되면서 변화되는 이미지들의 연속이 아닙니까?[6)]

이 인터뷰에서 명확한 것은, 워홀이 그림자의 전시와 신비의 확장이라는 이 경우에서 우선적으로 인정해야 하는 것을 받아들이는 것을 넘어 데 키리코에게 더 많은 빚을 지고 있음을 인정하고 있다는 것이다. 왜냐하면 그는 실제로 계속되는 반복을 생각해낸 것이 데 키리코라고 생각하고 있고, 그것이 직관적으로 표현방법으로서의 연속성 seriality으로 이끌었기 때문이다.

그 개념은 사실 데 키리코의 것이라고 말할 수는 없고, 서양 미술 전체를 통해 연작의 아버지라고 불릴 만한 모네(도판 27, 28)에게로 돌아가야 하며, 또 다른 관점에서 뒤샹에서나온 것이라고 할 수 있는 것이다. 이러한 모순을 지나치게 우려할 필요는 없는데, 워홀은 자신의 작업에 대한 진실을 말하고 싶어하지 않고, 또 자신의 진술 속에서 문제를 밝히기보다는 모호하게 만드는 것을 좋아한다는 것도 잘 알려진 사실이기 때문이다. 그럼에도 워홀이 올리바와 했던 인터뷰 중에 말하고자 했던 구분은 중요하다고 볼 수 있는데, 왜냐하면 그것이 형이상학 회화를 특징짓는 *동일한 것의 회귀*return of the same에 대응하는, 워홀에게 근본이 되는 *동일한 것의 연속*contiguity of the same을 강조하는 것이기 때문이다.

데 키리코는 자신이 니체 철학에 의존하고 있다는 것을 결코 숨기지 않았다. 반대로, 그가 고집하는 것은 역설에 가까운 것이었다.

> 나는 니체를 이해하는 유일한 사람이다—내 모든 작품은 이를 증명한다.[7]

그리고 다시

> 내가 니체의 불멸의 저작 《차라투스트라는 이렇게 말했다》를 읽고 나서, 이 책의 여러 부분에서 어린 시절 이탈리아 동화인 《피노키오의 모험》를 읽었을 때 느꼈던 느낌을 되살리게 되었다는 것을 기억한다. 작품의 근원을 드러내는 이상한 유사성![8]

이 두 고백을 읽고, 이 화가가 스스로 자랑스러워 하는 이러한 생각이 정말로 무엇을 의미하는지 의심해 보는 것도 무리가 아니다. 여기에는 한 가지 대답이 존재한다. 만일 차라투스트라와 피노키오 사이에 유사성이 존재한다면, 그것은 존재의 이중성과 실재의 모의 형상에 대한 의문, 그리고 자유와 삶의 방법을 둘러싸고 있는 영원한 신비의 창조에 대한 논쟁 속에서 찾아볼 수 있을 것이다. 데 키리코가 피노키오에게서 무엇인가를 취했다면, 그것은 꼭두각시 인형에 대한 강박관념, 인간의 자리를 빼앗는 복제 이중상과 지속적이고 왜곡된 기대의 상태로 남아 있는 초월성에로 이끄는 결과적인 긴장에 대한 강박관념이었을 것이다. 데 키리코가 니체에게서 취한 것은 그의 가장 중요한 철학, 즉 '절대적이고 무한 반복되는 모든 사물들의 순환' 학설이다.[9]

> 어느 낮이나 밤에 악마가 당신을 따라 당신의 가장 외로운 외로움 속으로 몰래 들어와서 당신에게 이렇게 말한다면 어떨 것인가. '당신이 지금 살고 있고 살아왔던, 한번 더, 그리고 수없이 더 살아야만 할, 이 인생. 그 속에는 어떤 새로운 것도 없고 모든 고통과 모든 기쁨, 그리고 생각과 한숨, 당신의 삶 속에서 작고 큰 이루 다 형언할 수 없는 모든 것들이 당신에게로 되돌아와야만 할 것이다, 동일한 연속과 순서 속에 있는 모든 것들이 말이다— 심지어 나무들 사이에서 보이는 이 거미와 이 달빛도, 이 순간조차도, 나 자신까지도. 영원한 존재의 모래시계는 계속해서 다시 뒤집어지고, 당신은 그것, 소량의 먼지와 함께할 것이다!'
> 당신은 쓰러지고 이를 갈며 그렇게 말하는 악마에게 저주를 퍼붓지 않겠는가? 그렇지 않다면 당신은 다시 한 번, 그에게 이렇게 대답하는 무서운 순간을 경험할 것인가? '당신은 신이며 이 이상

> 신성한 어떤 말도 나는 들어본 적이 없나이다' 라고 말이다. 만일 이러한 생각이 당신을 점령한다면, 그것은 있는 그대로의 당신을 변화시키고, 혹은 당신을 파괴시킬 것이다. 모든 것에 존재하는 의문, 즉 '당신은 한 번 더 그리고 수없이 계속해서 이것을 원하는가?' 하는 질문은 가장 무거운 무게로서 당신의 행동을 압박할 것이다. 혹은 기꺼이 당신 스스로 인생에서 이 궁극적이고 영원한 확증과 열망보다 더 열렬하게 간구할 것이 없어야만 하지 않겠는가?[10]

워홀은 데 키리코에게서 약간의 니체 사상과 피노키오에 관한 많은 것을 취했다. 무너진 우상들(마릴린, 재키, 압착 수프 캔……)의 불확정적인 장면의 형태로, 혹은 들뢰즈Gilles Deleuze의 언어를 빌자면, 플라톤적 전통에 의해 형식적으로 억압되었지만 이제는 해방되었고 그 힘이 속박에서 풀린 유사물들의 현기증 나는 출현이라는 형태로, *동일한 것의 영원한 회귀를 동일한 것의 무한한 연속으로* 변형시킴으로써 말이다.[11] 〈그림자들〉에서 이 모든 것은 결국 '타블로tableau' 라는 전통적 형태를 유지하면서, 또한 '회화' 의 전통적 형이상학을 요구하면서, 독립적인 출구를 찾아냈다. 각각의 캔버스는 그림자의 반영이고, 각각의 '원본' 은 (이미) 복제이고, 캔버스들은 세계를 반영하고, 또한 세계 그 자체는 무한한 스크린의 재再복사물인 것이다.

따라서, 1979년 봄, 〈그림자들〉을 개인적으로 관람하던 때 —마실 것은 오로지 페리에 조에 플뢰르 드 샴페인뿐이었다—뉴욕 소호의 그 갤러리는 몇 시간 동안(워홀의 세계에서 일시적인 것은 영원*하다*), 피노키오와 그의 멈추지 않는 거짓말들을 삼켜버린 고래 뱃속으로, 또한 그 자신의 그림자들을 (단지 하루 저녁 동안만) 자랑스러워한 플라톤의 동굴로 변형되었다고 말할 수 있는 것이다.

이중상과 워홀

> 나는 신비로 남기를 더 좋아한다. 나는 결코 내 배경에 대해 말하고 싶지 않고, 어쨌거나, 나는 요청받을 때마다 매번 전혀 다르게 작업을 한다.
>
> —앤디 워홀[12)]

〈그림자들〉(도판 81)이 제작되던 해인 1978년에 워홀은 또한 자신의 자화상을 만들고 있었다(도판 83). 이 자화상은 최초의 것이 아니지만, 이전에는 네거티브 사진의 표현적 형태를 이토록 강렬하게 이용한 적이 없었다. 단순화와 역전, 이들은 워홀이 지금 말하고 있는 주제인 것이다. 이것은 규모가 큰 연작 〈그림자들〉에서 워홀이 사용했던 것과 동일한 기법이었다(캔버스에 합성수지 물감을 칠하고 그 위에 실크스크린으로 잉크를 입힌다). 이것을 언급하는 것은 매우 중요하다. 이는 이 연작과 이 자화상 간에 (결코 근거 없지 않은) 일치하는 점이 있어서 뿐 아니라, '소재들의 도상학iconology of materials'[13)]에서 이끌어낸 의미들 때문이기도 한데, 해석자들은 이 부분을 종종 무시한다. 재현의 모든 기법적 요소들과 그 상징적 의미를 가지고, 우리는 자화상이 단지 워홀의 네거티브 복제 이미지를 재현한 것일 뿐 아니라 그 중합적重合的 이미지이기도 하다고 말할 수 있다.

《옥스퍼드 참고 사전Oxford Reference Dictionary》에 따르면, 중합polymer은, 그 분자가 하나나 그 이상의 합성물 단위가 많이 반복됨으로써 형성되는 합성물이다. 중합반응이란 여러 분자 조합이 하나의 커다란 분자로 결합되는 것이다. 그 작용은 20세기에 최신 유행이 된 재료를 탄생시켰고, 일반적으로 플라스틱이라고 일컬어진다. 1960년대를 통틀어 워홀은 두 가지 방법으로 내가 '이미지의 중합반응'이라고 명명하고자 하는 것을 실행했다. 있는 그대로 이야기하자면 유사물-재현이라는 플라스틱화로 나아감으로써, 그리고 상징적으로는 빛이 나고 인공적이고 파괴되지 않는 통일성을 생명 복제에 부여함으로써 말이다. 1978년 〈자화상Self-portrait〉에서 그는 재현적 형상과 기법의 조합을 그 한계까지 밀어붙였다. 그것은 사진적 네거티브의 이중적 상호작용에 기반을 둔 것이었다. 항상 그렇듯이, 네거티브는 그 유령 같은 상태로 대상을 재현한다. 워홀은 〈자화상〉에서 두 그룹으로 묘사되는데, 각각은 세 이미지로 이루어져 있다. 각각의 그룹에서 그는 세 개의 다른 각도—4분의 3면상, 반측면상, 측면상—으로 보여진다. 교훈은 명백하다. 하나이지만 복합적이고, 동일자이지만 다르며, 한 사람

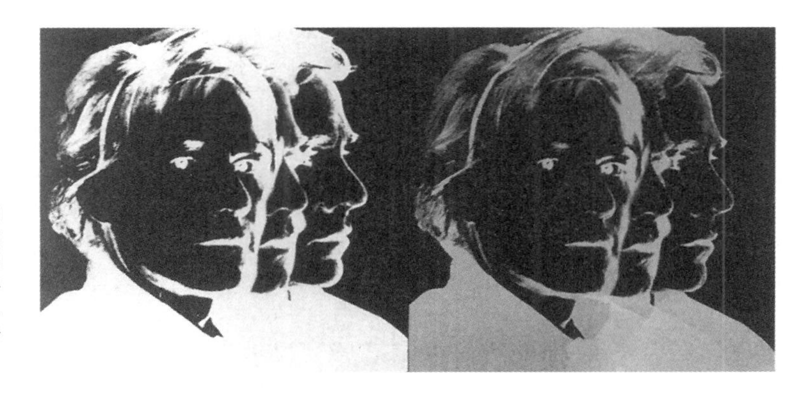

도판 83 앤디 워홀, 〈자화상〉, 1978, 캔버스에 합성수지 페인트와 실크스크린, 두 개의 패널이 이어짐, 각 102.6x102.6, 디아 아트센터, 뉴욕(미국).

이 재현이지만 그에 대한 네거티브라는 것이다.[14] 이 순간에 그림자의 개념은 그림의 표면 아래에 존재하지만, 그것은 지속되고 있다. 그것은 워홀의 이미지의 이목구비에, 워홀에 의해 한 번 이상 언급된, 집합적 이미지에 속해 있는 것에 의존해 있다. 나는 (실제로) 하얀 그의 머리칼을 언급하고자 한다.[15] 그의 이 신체적 특징(워홀에게 '외모'가 바로 그 사람이라는 것을 우리는 기억해야 한다)은 이 작품과 특히 관계가 있다. 이 자화상은 그를 '늙은 아이' 혹은 '젊은 늙은이'로 묘사하고 있으며, 그에게 아이스러울 뿐 아니라 대단한 늙은 '천재'(이 말의 원래 의미대로)라는 어린이 노인puer senex의 신비한 아우라를 부여함으로써, 그의 (철저히 비밀로 여겨진) 50세 생일날에 맞추어 그를 묘사하고 있는 것이다. 네거티브로 역전된 이미지는 그의 신비한 흰 머리칼을 검게 만들 정도로 덜 강렬하다. 이 때문에 네거티브 재현이라는 개념이 부서진다. 간단히 말하면, 흰 머리칼을 가진 3중의 검은 허깨비는, 금세기의 아이-노인의 3중 그림자를 표현하기에, 네거티브 이미지보다 더 나을 수 있다는 것이다.

두 번째 그룹의 붉은색-검은색 대비에로의 이행은 개인의 두 번째 종합체를 표현한다. 붉은 색도 또한 '실제' 워홀에게 중심적인 것인데, 왜냐하면 붉은색이 모든 알비노증(백색증) 환자들의 특징적인 눈 색깔이기 때문이다. 그러나 그의 〈자화상〉의 절반에서 붉은 것은 그의 눈만이 아니다. 색채는 더 중요한 기능을 가진다. 형식의 내용을 내용의 형식으로 변형시킴으로써, 중심적인 흐름이 새로운 역할과 새로운 방향성을 가지게 되는 것처럼 말이다. 그러나 개인이 종합화되는 바로 그때, 대단히 실제적으로 이 결과물들은 순수한 형태가 되어가고, 〈자화상〉은 총체적으로 자아의 알레고리로 변화되는 것이다.

이러한 과정을 올바른 관점으로 살펴보기 위해 우리는 몇 년 전에—1974년—워홀이 영화 두 편을 제작했다는 사실을 떠올려야만 한다. 《앤디 워홀의 프랑켄슈타인Andy Warhol's Frankenstein》과 《앤디 워홀의 드라큘라Andy Warhol's Dracula》인데, 여기서 충혈된 눈과 '외출혈'이라는 모티프(워홀의 다른 자화상에서도 등장했던)는 중요한 구실을 한다. 이 두 영화의 제목 또한 의미심장한데, 왜냐하면 확실히 그 작품들의 자기 반영적인 형식은 팝아트 예술가가 테러라는 고전적인 이미지를 가지는 것으로 말하고 있기 때문이다.

〈그림자〉라고 명명된 자화상(그림 15)은 1981년에 완성되었다. 그 작품은, 1x1m 정도 크기의, 두 개의 커다란 자기 이미지를 담은 거대한 실크스크린 판화다. 오른쪽에는 자신의 얼굴이, 프레임에 의해 부분적으로 잘려져 그려져 있고, 반대쪽 이미지는 그의 옆모습 그림자로 가득 차 있다. 그의 분할 방법은, 1920년대에 '악마적 스크린'(도판 48)에 의해 먼저 사용되었던 기법과 연관시키지 않으면 이해가 어렵다. 그러나 이러한 방식으로 워홀의 자화상의 함의를 한정짓는 것은 잘못된 일일 것이다. 작품의 제목은, 탐욕스럽게 재현의 공간을 점유해 나가는, 이 확장되는 가상 심령체의 중요성을 부각시키고 있다. 제목과 이미지는 둘 다, 이중상과의 복잡한 관계, 지나치게 강조될 수는 없는 그 관계에 대한 약간의 정보를 제공한다.[16] 그것은 자신의 그림자를 즐기는 원시인과 같은 근원적이고 생생한 관계가 아니다. 그와는 반대로, 포스트모던 시대의 종합화된 인간의 긴장되고 극적인 관계인 것이다. 이러한 비밀을 발견하게 위해, 이중적인 설명이 필요하다. 첫 번째는 워홀의 예술적 생산과 관련된 것이고, 두 번째는 그 근원에 관련된 것이다.

도판 84　앤디 워홀, 〈이중 미키 마우스〉, 캔버스에 합성수지 페인트와 실크스크린, 77.5x109.2.로널드 펠트먼 미술 자료보관소, 뉴욕(미국).

〈그림자〉(그림 15)와는 별개로 또 다른 중요한 작품이 1981년에 탄생되었다. 〈이중 미키 마우스〉(도판 84)를 말하려는 것인데, 워홀에게 미키 마우스는, 데 키리코에게 피노키오와 같다. 더군다나, 미키 마우스는 워홀처럼 미국의 어린이 노인이며 마스코트인 것이다. 연대기적인 일치점들이 다시 한 번 완전히 은유적인 연결의 경계를 뛰어넘는다. 혹은, 더 정확히 말하자면 그 경계에 근거를 제공한다. 워홀은 —많은 연구 끝에 우리는 이것을 알게 되었다— 1928년[17] 8월 6일에 태어났고, 마키마우스는 —영화와 만화를 연구하는 사가들에 따르면— 같은 해 11월 18일에 태어났다. 그러므로 워홀과 미키는 같은 '세대'의 산물이며, 워홀이 이렇게 잘 지켜진 비밀의 일치를 이용했다고 해도 틀린 말은 아닐 것이다.

작품의 이미지를 직접 살펴보자. 〈이중 미키 마우스〉는 이중 이미지일 뿐만 아니라, 보통 쥐의 크기와 비교한다면 특히 거대한 이미지라는 것을 알 수 있다. 이 작품에서 미키의 이미지의 크기는 정확히

77.5x109.2cm다. 또한 미키는 '보통' 쥐가 아니다. 그는 마스코트이며 유사물이다. 그가 자연스럽게 분리되는 것은 이러한 역량 속에서다. 〈이중 미키 마우스〉에서의 '둘' 은 원본/복제본의 변증법과 관계되지 않으며, 그것은 정확하게 가장 우려되는 요소인 것이다. 왜냐하면 그 둘은 원본이면서 복제본이기 때문이다. 같으면서 다른 그들은 동일자이자 타자이며, 상호 교환될 수 있고 기념비적이다. 워홀은 자신과 그들을 다이아몬드 가루 배경 위에 그려놓았는데, 이러한 기법적 (또한 상징적) 과정은 그가 자신의 가짜 도상들을 그릴 때 자주 사용하는 것이다. 이 과정 전체는, 닮은 것의 부상과 승리를 목도하는 시대로 간주되는 포스트모더니즘의 현기증 나는 높이까지 이미지를 끌어 올려놓는다.[18)]

〈이중 미키 마우스〉와는 달리, 〈그림자〉(그림 15)라고 명명된 자화상은 재복제의 문제re-duplication를 표명하고 있는데, 이는 분열의 결과라고 볼 수 있다. 그림자는 사람(워홀)의 옆모습이고 여기서 우리는 (또한) (유사-) 정면 자세로 그것을 바라보게 된다. 우리는 서양 재현의 모든 변증법으로부터 정면성이야말로 —그리고 거울에서도— 자아와 동일자 간 관계의 상징적 형태를 구성한다는 것을 배웠다. 반면 옆모습—그리고 그림자에서도—은 자아와 타자 간 관계의 상징적 형태를 구성한다.

미키 마우스의 영구히 생기발랄한 옆모습(도판 84)이 '타자' 의 거리감 있는 이미지인 반면, 자화상에서 워홀은 그 두 시각 사이의 확고한 긴장감을 만들어낸다. 언어 유희를 하며 생각해 보자면, 워홀은 〈그림자〉에서 스스로의 '가면을 벗긴' (dévisager, 응시하다/가면을 벗다) 모습이라고 할 수 있다. 사람의 이목구비를 관찰하고 그 가면을 벗긴다는 것은, 서양 자화상 기법의 역사에서 익숙한 과정이다. 이러한 전통은, 그 전체 역사가 여기서 명백히 규명될 수는 없지만, 워홀이 채택한 방법을 이해하는 데 도움을 주는 몇몇 예들을 우리에게 전해 준다. 그러나 그러기 전에 나는 먼저, 워홀의 자화상에서 직접적인 '영향들' 이나 '근원들' 을 찾아내고 싶은 열망에 이끌린 것은 아니며, 그 최상층에 워홀이 보여 주는 모든 것이 존재하는 서양 이미지의 다양한 지층을 규명하는 데 초점을 맞춘 고고학적인 호기심에 이끌리고 있다는 사실을 해명할 필요성을 느낀다. 이 연구가 가치 있는 어떤 것을 생산해 낸다면, 그것은 워홀을 통해, 포스트모더니티 속에서 이중상 이미지가 상상되고 제거되는 특별한 방식으로부터 나타나는 것이 될 것이다.

1920년대에, 아방가르드 운동의 이미지는 정면/측면의 관계를 분열schize로서 파악하기 시작했다. 그 완벽한 예가, 1927년에 제작된 클레Paul Klee의 〈관상학적 섬광〉(도판 85)이다.[19] 제목이 암시하듯이, 그 출발점은, 가능한 한 사유를 멀리 끌고 가기는 했으나, 라바터의 경험에서 영감을 받은 것이다. 얼굴을 반으로 가르고 있는 커다란 검정 지그재그는 그림자 자체의 옆모습이다. 사람의 모양을 한 태양의 균질성이 깨져 있고, 얼굴에서 떨어져 나온 듯한 그림자는 역설적으로 그것에 대해 주장을 펴기 위해 그 안에 머물러 있다. 클레의 재현의 힘은, 갈라진 틈을 통해, 즉 사람 얼굴 이미지의 정중앙 부분에, 다른 예술가들이 이해했던 깊이를 상징화하는 전 작업을 너무도 강렬하게 숨겨 놓았다는 사실에 있다.

우리의 출발점으로 돌아가기 위해, 워홀의 〈그림자〉(그림 15)에 바로 앞섰던 실험들을 보다 면밀히 살펴볼 필요가 있다. 이 미국 미술

도판 85 파울 클레, 〈관상학적 섬광〉, 1927, 수채화, 25.4x25.4, 개인 소장.

가에게 가장 큰 영향을 주었던 두 사람은 바로 뒤샹과 데 키리코다. 데 키리코의 도움으로 워홀은 서양 전통과 직접적이고 진솔한 대화에 돌입할 수 있었는데, 우리는 데 키리코가 1920년 〈자화상〉(도판 86)에서 연감의 두 근원을 받아들이고 결합하는 모습을 확인할 수 있다.

도판 86 지오르조 데 키리코, 〈자화상〉, 1920, 캔버스에 템페라, 60x50.5, 개인 소장.

그 첫 번째는 푸생의 1650년 자화상(도판 24)이다. 이 그림에서 데 키리코는 반신상과 책의 모티프와 그림자를 통해 어느 정도 화면이 분리되는 모습까지 재현했다. 이것이 가장 큰 차이점이 발견되는 지점이다. 푸생의 그림에서 미술가의 서명 옆에 있는 준비된 캔버스 위에 중첩되어 있는 크고 검은 얼룩은 '일반적인 닮음likeness'이라는 상징적 기능에 속하는 데 반해, 데 키리코의 작품에서 그림자는 모든 지지체에서 떨어져 나와 마치 스스로 고립되는 것처럼 보인다. 여기서는 검은색이었던 것이 흰색으로 변했고, 배경에 있었던 것이 형상으로 변했다.

사실 이 그림자는 더 이상 그림자가 아니라 살아 있는 허깨비다. 그것은 모델의 움직임을 전혀 모방하고 있지 않고 스스로의 제스처를 취하고 있으며, 스스로의 닮음을 유지하고 있기는 하지만, 그것은 마치 '관계가 멀어진estranged' 옆모습처럼 보인다. 푸생의 재현 양식을 너무도 급진적으로 이용한 이 형이상학적인 반전은, 데 키리코가 좋아

도판 87 아놀드 뵈클린, 〈스튜디오에 있는 자화상〉, 1893, 캔버스에 디스템퍼로 채색 후 바니시, 120.5'80.5, 바젤 공립미술관, 바젤(스위스).

하는 화가 중 한 사람인 뵈클린Anold Böcklin에서 그 기원을 찾을 수 있는 두 번째의 자극이 개입됨으로써 발생하게 된다. 뵈클린은 1893년의 〈자화상〉(도판 87)에서 이젤 앞에 서 있는 모습으로 자신을 그리는

데, 거기에는 아무것도 그려져 있지 않은 하얀 캔버스가 있다. 그러나 우리는 그가 그림 그리고 있는 모습을 볼 수 없고, 대신 자화상의 서양 전통의 틀 속에서 볼 때, 어딘지 어색하고 보기 드문 자세를 취하고 있는 모습을 보게 된다. 분명 이 그림에 대한 가능한 해석은, 그림의 내적인 논리 속에서가 아니라 재현의 바깥에 놓인 논리 속에서 찾을 수 있을 것이다. 화가는 왼손에 팔레트를 들고 오른손에 붓을 들고 있지만, 그리는 일에 착수하기보다는 불특정한 영역에 있는 관객에게로 돌아서 있다. 그는 '자신을 보여 주는' 화가이며, '자신을 재현하는' 화가다. 그의 머리 높이에 있는 반사하는 캔버스 위에는 겨우 스케치 단계에 있는 이미지의 윤곽이 보인다. 이 이미지의 창조는, '재현 속에 있는' 화가의 머리 배후(또한 그 근처)에 있는 리얼리티의 공격을 통해 읽혀지고 해석되어야 하는 그 무엇이며, 반사하는 윤곽은 그림의 포괄적 주제인 실제적 재현의 완성에 필수적인 대응물로 간주되어야 하는 것이다. 데 키리코는 아마도 그 모든 초월적이고 순수한 논리를 사랑했을 것이다. 그의 역작은, 화가와 그의 이중상이 주제인 '형이상학' 회화 속에서, 그림자가 아닌 윤곽(뵈클린)과 윤곽이 아닌 그림자(푸생)를 결합시키는 것이었다. 워홀의 기술은, 그가 아마도 직접 알고 있었던 데 키리코의 그림을 너무도 면밀히 관찰하여, 그 가장 깊은 곳에 있는 정수를 찾아낼 수 있었기에 얻어진 것이었으리라. 그는 이 일을 수행하는 데에 자신의 두 번째 '대부'인 뒤샹의 간접적인 도움을 받았다.

뒤샹이 자신을 둘로, 심지어 여럿으로 묘사하는 것을 좋아했다는 것은 잘 알려진 사실이다. 이 분야와 관련해 워홀이 뒤샹에게 빚지고 있는 점을 밝히기 위해서는, 이 책보다 더 규모가 크고 더 복잡한 다

도판 88 마르셀 뒤샹, 〈지명수배: 현상금 2,000달러〉 복사본, 1923, 화첩 《부아탕 발리즈》에서, 필라델피아 미술관, 루이즈 & 월터 아렌스버그 컬렉션.

른 책을 필요로 할 것이다. 우리는 단지 〈그림자〉(그림 15)를 이해하는 데 약간의 도움을 받는 것으로 우리의 관점을 제한하자.

1963년에 뒤샹은 미국 팝아트 운동을 처음 접했고, 그 기초를 만든 자로 공표되었다. 그때 그는 캘리포니아에 있는 파사데나 미술관 전시를 준비하는 중이었다. 오래된 1923년 콜라주 작품(도판 88)이 이 전시의 포스터를 위해 이용되었다. 칸이 빈 지명수배 포스터에 그는 자신의 사진 두 장을 올려놓았다. 그 효과는 의도적으로 어색해 보이게 한 것이지만, 눈을 사로잡는다. 사진들은 프레임에 비하면 너무 작고, 또한 너무 바랬으며, 바르게 붙여져 있지 않다. 더군다나 그 사진들은 이런 류의 포스터들이 존중하는 질서를 역전시켰다. 정면과 측면이 반대 방향으로 배치되어 있는 것이다.[20]

90도 각도로 고정시키고 범죄자들을(혹은 용의자들을) 찍는 관습은 카메라가 처음 경찰의 장비가 되었던 때부터 비롯되었다. 이는 이중의 얼굴 사진만이 *자기동일성*을 보장한다는 개념에 기인한 것으로 보인다. 정면과 측면의 얼굴을 사진 찍는 것은 사람의 얼굴을 '주형을 뜨는' 것과 같으며, 그것은 같은 시대에 이루어졌던 지문 채취와는 공통점이 없다. '얼굴' *과* '옆모습' 은 둘 다 얼굴의 인상을 구성한다. 이중 얼굴사진의 체계화를 통해, 결과적으로 확실한 만족이 생겨났다. 우선시되는 것은 (그리고 가장 중요하게는) 정면에서 본 시각이고, 반면 보조적인 측면 시각은—그 단어가 사용되는 모든 의미 속에서 그러하듯이—단지 하나의 가치만을 가진다. 전통적인 서양의 인물 재현에서, 옆모습은 정면 시각의 자기정체성을 확실하게 해주며, 그 역은 성립하지 않는다. 이것이 바로, 공식적인 사진이 전혀 어려움 없이 가장 간단한 방법을 선택하는 이유다. 경찰 서류들에서뿐 아니라 지명수배 포스터에서도 측면 사진이 먼저 나오고 다음 정면 사진이 온다. 더군다나 측면 사진은 반드시 정면 사진을 바라보고 있도록 배치되는데, 이는 마치 그 인물의 정체성이 분열의 자극적인 대화에 빠져 있기라도 하듯이 보인다.

뒤샹은 이 전통적인 대화를 가장함으로써 환영을 벗겨낸다. 우리가 보는 것은 혼란스러운 재현이고, 그 안의 이중 인물사진의 틀은 숨

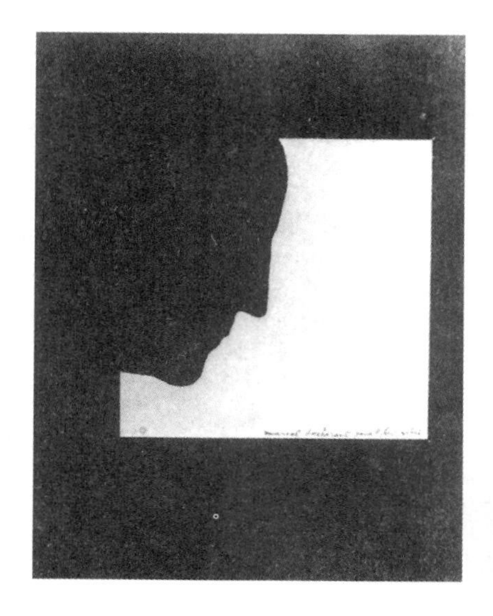

도판 89 마르셀 뒤샹, 로버트 레벨의 《마르셀 뒤샹을 넘어서》 표제지, 파리(프랑스), 1959.

도판 90 마르셀 뒤샹, 〈옆모습 자화상〉, 1959.

겨졌지만 중요한 불화를 조장하는 재현이며, 자기정체성의 확신을 고무하는 것이 아니라 잘못된 자기정체성을 만들어내는 재현이다. 결국, 뒤샹은 그림자를 원본에서 분리시킨 것과 같다. 혹은 그가 친숙해져 있는 초현실주의적 언어를 사용하자면, 그림자를 그 먹잇감에서 떼어놓은 것이다.

그러한 과정으로 인해 우선은 그림자에, 다음으로는 역전의 기법에 뒤샹이 오랜 기간 관심을 이어왔다는 것은 놀랄 일이 아니다. 대부분의 그의 자화상들에 이러한 상호작용의 흔적이 있지만, 몇몇 사례만 더 언급하도록 하겠다. 옆모습을 '서명'으로 사용하기를 좋아하는 것은, 후기 실험작들뿐 아니라 그의 초기 사진 (자기)초상화들에서도 한 가지 경우 이상 발견된다. 그 예로, 레벨Robert Lebel의 책 《마르셀 뒤샹을 넘어서Sur Marcel Duchamp》(1958)을 위해 디자인한 표제지에서, 그는 자신의 유명한 '상자들' (녹색 상자)을 녹색 배경으로 하여 윤곽선만으로 자신의 옆모습을 나타내고 있다. 이러한 구성(도판 89)은 라틴 지구의 서점인 '라 윈La Hune' 에서 출판기념회의 포스터로도 사용되었다. 이 구성에서 라바터의 관상학적 실루엣의 전통(도판 53)을 느끼기는 어려운 일이다. 뒤샹은 왜 이 기법을 이전에는 사용하지 않았는가? 라 윈의 포스터는 꽤 명확한 설명을 우리에게 제시해 준다. 책과 출판기념회는 둘 다 신비하고—결국—해석 불가능한 '뒤샹' 에 도전하고 있는 것이다. 우리는 그들이 제시하고 있는 것이 '그림자-분석' 이라고까지도 말할 수 있는 것이다.

같은 맥락에서 우리는, 동일한 시기에 뒤샹이 또 다른 자화상을 제작했고 그 자화상은 포지티브로 묘사된 옆모습(도판 90)을 보여 주고 있으며, 그는 이 작품의 모사본을 몇몇 친구들에게 보냈다. 뒤샹의 제스처의 수사학과 라바터의 전통에 익숙한 사람이라면 누구나 이 두 이미지들을 따로따로 해석하게 될 것이다. 라바터에게 포지티브와 네거티브는 대응물이지만, 공공의 영역에 팔 것으로 나와 있는 것은—이것이 뒤샹이 따르고자 했던 것인데—검은 옆모습이었던 것이다. 흰 옆모습은, 비록 그것이 하나의 환영에 지나지 않음에도, 그것의 '원본' 이 더 이상 존재하지 않기 때문에 친구들을 위해 만들어진 것이다.

분열에 대한 뒤샹의 생각을 완결 짓기 위해 마지막으로 예를 최소한 하나는 더 들어야 할 필요가 있다. 이제 나는 1953년의 것으로 명기되어 있는, 옵사츠Victor Obsatz가 찍은 초상 사진(도판 91)을 언급하려 한다. 다른 유사한 경우들에서도 그러하듯이, 모델이 이미지에 얼마나 기여했는지를 알기란 정말 어려운 것이지만, 작품의 비상한 유머 감각이 주어져 있기에, 우리는 사실상 이러한 기여가 고려할 만한 것이라고 추측할 수 있는 것이다. 이 사진은 중첩된 샷(정면과 측면)으로 이루어져 있다. 중심이 되는 샷(정면상)에서 모델은 관객을 응시하고, 그를 향해 웃고, 동시에 모종의 나-당신 간의 대화를 시작하고 있다. 그러나 측면의 얼굴은 참여하지 않으며, 그렇게 할 수 있을 것 같지도 않다. 그는 영원을 응시하고 있으며, 그의 눈은 우리와 마주치지도 않는다. 이 두 사진의 중첩은 너무도 완벽해서 우리는 그들이 동일인이라는 필요한 모든 증거들을 가지고 있다. 측면상의 이마의 선은 정면 얼굴의 윤곽으로 이어지고, 한 시각이 어디서 시작되는지 다른 시각이 어디서 끝나는지를 더 이상 알 수 없는 지점이 존재한다. 이러한 뚜렷한 통합은 사실상 정면 시각이 약하기 때문에 생기는 이중성이라고 볼 수 있다. 미소를 지으며 표면상 '거기에' 있음에도 불구하고, 측면상의 귀가 정면상의 코의 위치에 가 있기 때문에, 그것은

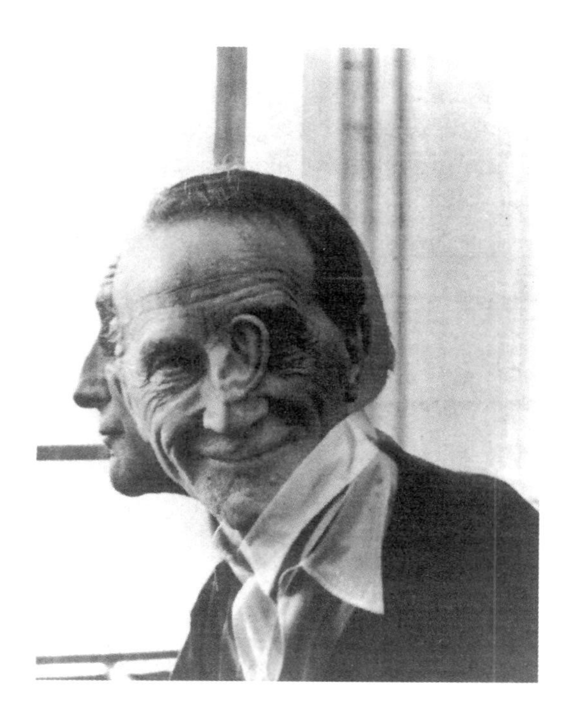

도판 91 빅터 옵사츠, 마르셀 뒤샹의 합성 사진, 1953.

유령과 같은 투명성을 가지게 된다. 이는 의심의 여지없이, 이 사진이 입체주의의 설립자(도판 32)에 의해 사용되었던 해체의 특수한 수사법에 대한 암시라고 볼 수 있지만, 뒤샹이 말하고자 하는 바는 그 이상인 것 같다. 그는 서양에서 얼굴이 재현되는 방법의 분열을 말하고자 한 것이다.

이제 전통을 따라 이리저리 발걸음을 옮기는 우리의 우회로를 끝내고, 워홀의 〈그림자〉(그림 15)로 다시 한 번 돌아가 보기로 하자. 그림 속의 쇼트는 얼굴에 배타적으로 초점을 맞추고 있다. 이 거대한 얼굴(거의 1㎡인)은 고양된 수사학과 서양의 회화적 초상의 형식이 아닌 형식을 요구하지만, 영화적 클로즈업의 형식을 필요로 한다. 계속해서 되풀이 이야기되지만, 워홀은 이미지를 실제적인 것보다 더 실제적으로 만들고자 했다.[21] 확대는 극실재화의 한 방법일 뿐이며, 또 다른 방법으로는 분할과 복제가 있다. 워홀의 모든 포스트모더니즘적 도상들 속에서 가장 광범위하게 사용된 이 마지막 방법은, 이번 경우에는 매우 특수한 방법으로 표현되었다. 투사된 그림자라는 장치를 통해서 말이다. 그림자와 얼굴은 함께 이율배반의 상황을 형성한다. 그림자가 재현의 공간 속으로 들어오고, 반면 정면의 얼굴은 재현의 범위에서 잘려 나가버렸다. 우리는 어디에 있는가? 푸른색의 배경은 하늘을 연상시키고, 얼굴의 비일상적인 색채는 마치 사진가의 암실 속에서의 영상들인 것처럼 보인다. 이 두 영역이 화해할 수 있을 것인가? 아마 한 가지 조건에서만 그럴 수 있을 것이다. 상징적인 방식으로 만들어진 연결 말이다. 워홀은 스튜디오의 암실에서 *자기 자신의 모습을 현상한다*. 그렇게 하면서 그는 자기 자신의 '가면을-벗긴다'. 우리가 보고 있는 것은 자화상이기도 하고 제작 시나리오이기도 하다. 더 말할 나위 없이, 자화상/제작 시나리오는 사진의 시대에 만 만들어질 수 있는 것이다. 그림자를 살펴보자. 이 그림자는 경계가 없고, 회화의 기원에 관한 신화에서 가장 핵심적인 윤곽선으로 이루어진 측면상은 무한히 나아가는 일시적 선으로 대체되어 있다. 그림자는 평평하고 일차원적이며, 그 실제적 형태는 고정되어 있지 않다. 그것은, 단지 포토그램(photogram: 렌즈 없이 만드는 실루엣 사진—옮긴이)인 것만이 아니라 더 촉각적으로, 고체로부터 표면으로 현상된 얼굴의 결과물인 것이다.

> 나는 그러한 방식으로 모든 것을 본다, 사물들의 표면, 정신적 점자법의 일종, 나는 사물들의 표면 위에 내 손을 단지 지나가게 할 뿐이다.[22]

혹은

> 만일 당신이 앤디 워홀에 대한 모든 것을 알고자 한다면, 단지 표면을 바라보라. 내 그림들과 필름들 그리고 나의 표면 말이다. 거기에 내가 있다. 그 배후에는 아무것도 없다.[23]

표면이 자아*이기* 때문에, 그것이 그 인물*이기* 때문에, 투사된 그림자 속에서 비상하게 펼쳐지는 얼굴은 더 이상 서양 재현 예술(그림 5, 6, 도판 17)의 모든 전통이 말하고자 했던 '실제적 현존'을 확증하는 과정이 아니다. 그것은 인물의 극실제화라는 최후의 단계에 초점을 맞추는 하나의 과정인 것이다. 그 자체의 무의 세계nothingness 속에 있는 그 궁극적인 실제화 말이다. 다이아몬드 가루가 번쩍이는 푸른 배경 위에 투영된 거대한 심령체, 자기 자신을 시험하는 자의 깊이를 알 수 없고 형태가 없는 얼굴은, 기념비적이고 만화적인 소멸로 보여지면서, 자아에 대한 재현의 역설을 지시하는 것이다.

액션 데드 마우스

1970년 11월 24일 저녁 7시 정각에, 미국인 폭스Terry Fox와 독일인 보이스Joseph Beuys는 독일 뒤셀도르프에 있는 미술 아카데미에서 〈격리 단위Isolation Unit〉라고 명명된 해프닝을 조직했다.[24] 보이스의 자료들 속에서 발견되는 그 범상치 않은 사진들은 이 해프닝 때 클로파우스Ute Klophaus가 찍은 것들이다(도판 92). 이 사진들에는 〈액션 데드 마우스Action Dead Mouse〉라는 캡션이 달려 있다. 이 사진가는 그 이벤트를 가장 잘 묘사해 냈다.

> 그 해프닝은 아카데미의 지하실에서 벌어졌다. 그것은 실제로는, 두 개의 개별적인 계획을 가진 두 개의 상이한 행위들이었다. 요제프 보이스와 테리 폭스는 같은 공간에서 함께 퍼포먼스를 행했지만, 그것은 각자 별개의 것이었다. 이들 사이에는 신체 접촉이 거의 없었다. 나는 폭스와 보이스를 따로 찍었다.
> 보이스는 지하실의 벽돌로 쌓은 벽 앞에 서 있었다. 그는 그 당시 미술 시장에서 '기성품'으로 구매할 수 있었던 수백 벌의 펠트 옷

들 중 하나를 걸치고 있었다. 이 옷은 소매와 바지가 지나치게 길게 만들어진 것이었다. 사이즈가 지나치게 큰 이 옷은 잘 맞지 않는 헐렁한 커버처럼 보였다. 낡아빠진 일상적 복장 때문에 그는 이상해 보이기도 하고 친숙해 보이기도 했다. 지나치게 큰 치수는 그의 초자아에 부합하는 것이었다. 그것이 내가 바라보는 방식이었다.

보이스는 오른손에 죽은 쥐를 들고 있었다. 이 쥐는 얼마 동안 그의 방에서 살아 돌아다니던 것이었다. 이 행위를 하기 며칠 전 보이스는 그 쥐가 죽어서 윤회하게 되는 꿈을 꾸었다. 잠에서 깨어났을 때 그는 그 쥐가 실제로 죽어 있는 것을 발견했다.

보이스는 잠시 벽돌로 만들어진 벽 앞에서, 쥐를 든 손을 뻗치고 서 있다가, 바닥에 놓인 레코드플레이어에서 재생되고 있는 레코드 위에 그것을 내려놓았다. 그런 다음 그는 폭스가 그에게 가져다 준 시계풀 열매를 반으로 갈랐다. 그는 왼손에는 열매의 두 조각을 들고, 스푼으로 그것을 먹었다. 그가 그렇게 하는 동안 그의 전 존재는 먹는 행위와 과일에 집중되었다. 그는 자신의 얼굴로, 자신의 몸 전체로 먹었다. 그는 동물들이 먹는 방식으로 먹었다. 당신은 그의 얼굴에서 과일이 잘 익었음을 볼 수 있었을 것이다. 그것은 마치 먹는 행위를 통해 과일과 하나가 되고자 하는 것처럼 보였다. 그는 지하실의 벽돌 벽 앞에 서서, 오직 홀로, 방 안에 있는 다른 모든 이들에게서 완전히 분리되어 있었던 것이다.

나는 그가 과일에서 나온 돌멩이를 뱉어내는 것을 보았고, 그 돌멩이는 그의 발치에 있는 은접시 위로 요란스럽게 떨어졌다.[25)]

도판 92 우테 클로파우스, 〈액션 데드 마우스〉, 1970년 11월 24일 뒤셀도르프에서 있었던 요셉 보이스와 테리 폭스의 퍼포먼스 〈격리 단위〉를 찍은 사진 연작 중 하나.

이제 클로파우스가 찍은 사진들 중 하나(도판 92)를 집중적으로 살펴보자. 그 사진에는 보이스는 펠트 옷을 입고, 유명한 자신의 모자를 쓰고, 닫힌 문 앞에 서 있다. 그는 왼손은 느슨하게 내리고, 오른손은 앞으로 내밀어 손을 펼쳐서 자신이 응시하고 있는 죽은 쥐를 보여 주고 있다. 우리는 폭스가 아치 모양의 천장에서 전깃불을 거의 바닥에 닿을 정도까지 끌어내렸다는 것을 알고 있다. 벽과 창에 그림자를 던지며 보이스의 얼굴을 비추는 빛은 여기에서 나오는 것이다. 그림자는 투사되고 있는 스크린과 복잡한 관계를 가지고 있다: 창은 그림자의 정중앙에 위치해 있지만, 그림자는 지나친 기하학적 통제를 벗어나 있으며, 마치 저항의 상징적 제스처인 양 그것을 초월해 있다. 결론적으로 머리는 거의 아치형 천정에까지 이르고 있고, 실제 손은 —죽은 쥐를 들고 그것을 관객에게 보여 주는 손— 창의 첫 번째 사각형의 정중앙에 있지만, 손의 그림자는 창틀을 건드리고 있다(창틀을 지나쳐 가고 있다). 대체로 이 범상치 않은 사진은 단지 기록적인 증거물일 뿐인 무가치한 것이 아니고, 비범한 예술적 감각을 보여 주고 있다. 클로파우스는 다음과 같이 말하고 있다.

> 이 사진을 찍을 때, 나는 그림자를 마치 신체인 듯이 보고자 했고 또한 보이스 자신을 그림자처럼 보고자 했다. 그러므로 이러한 그림자에 대한 강조 때문에, 마치 벽과 창문이 벗겨 떨어진 것처럼 보이고 바닥면이 없는 것처럼 보이는 것이다. 그림자에게는 발이 없기 때문이다.[26]

돌이켜보면 이 사진은 인공적 조명을 가지고 실험적으로 그려진 이미지들의 긴 역사의 맥락 속에 위치될 수 있다. 이는 16세기 이후로 미술 아카데미에서 일반적으로 사용되던 방법이었다(도판 36, 37). 두 번째로는 초상화들, 그중에서도 특히 19세기의 자화상들과 연관시켜 볼 수 있는데, 여기서는 때때로 그림자가 중요한 표현의 수단으로 등장했다. 일찍이 쿠르베의 〈만남The Meeting/ Bonjour, Monsieur Courbet!〉에서는 길에 드리운 커다란 그림자가 이 남자에게 기념비적이고 확고부동한 특성을 부여했으며, 이 그림자는 흰 이정표 위에 중첩되어 있음으로써 그것이 상징적인 의미를 가진다는 것을 암시하고 있다. 그것은 이정표에 이른 여행자의 그림자이며, 상징적인 관습에의 도전 행위를 하고 있는 모습으로 포착된, 두 개의 사회적 질서 사이에 있는 경계점에 있는 예언자-미술가의 그림자인 것이다. 전설 속의 '방랑하는 유태인' (Wandering Jew: 예수가 십자가를 짊어지고 형장인 골고다 언덕으로 끌려갈 때, 피로에 지친 끝에 어느 집 처마 밑에 쉬려고 하였으나, 그 집 주인은 물 한 모금은커녕 심한 욕설과 돌을 던지면서 예수를 쫓아버렸다. 예수는 "내가 이 세상에 다시 나타날 때까지 그대는 이 세상을 방랑하리라"는 한 마디를 남기고 떠났다. 그 후 이 아스페르스라는 유대인은 눈에 보이지 않는 누군가의 힘에 쫓겨 쉴 사이 없이 유령처럼 세상을 방랑해야 했고, 죽는 일조차 허락되지 않았다. 아스페르스는 오랫동안 조국을 갖지 못한 유대민족의 상징으로 '영원한 유대인' 이라는 별명까지 생겼다—옮긴이)[27](도판 93)에 속하는 이 그림자는 기념비적으로 묘사되어 있고, 특히 프랑스 소설가 쉬Eugene Sue의 대중소설에 등장하는 삽화에서 보이는 모습과 비교해 보면, 그림자는 비록 먼지 나는 길가에 드리워 있지만, 그림자의 주인은 자랑스럽게 머리를 꼿꼿이 치켜든, 자유롭고 독립적인 사람으로

도판 93 폴 가바니, '방랑하는 유태인', 외젠 쉬의 소설 《방랑하는 유대인》의 삽화, 파리(프랑스), 1845

도판 94 구스타브 쿠르베, 〈만남(쿠르베씨, 안녕하세요〉, 1854, 캔버스에 유채, 129x149, 파브르 미술관, 몽펠리에(프랑스).

보이고 있는 것이다.

그림 〈타라스콘으로 가는 길 위에 있는 예술가-화가〉(그림 13) 속에서 고흐 역시, 강한 정오의 햇살이 밝은 갈색의 땅 위를 비추고 있을 때, 크고 검푸른 그림자와 동행하는 모습으로 자신을 묘사했다. 테오에게 보내는 편지에서 캔버스에 대해 논하면서, 그는 그림자에 대해서는 전혀 언급을 하지 않았지만, '상자와 지팡이와 캔버스를 들고 타라스콘으로 가는 햇볕이 가득한 길 위를 걸어가는 자신의 모습을 그린 빠른 스케치'[28]에 대해서 언급하고 있다. 후대 사람들에게 그것은 인생 일반에 대한, 그리고 특히 예술가의 일생에 대한 은유적 이미지로 보이게 되었다. 권두에 이 그림의 컬러판 복제화가 실린 우데Willem Uhde의 책(파이돈, 1936)에서 우리는 황금전설 속에서 우리 자신을 발견하게 된다.[29]

> 빈센트 반 고흐라는 이름은 수많은 뛰어난 그림들을 떠오르게 하지만, 동시에 우리는 때 아닌 골고다 언덕에 십자가를 이끌고 가는 가엾은 사람의 그림자를 생각하게 된다. 고흐의 이야기는 …… 그 이유를 알지 못한 채 기다리고 고초를 겪으며, 어두운 감독의 담장 안에서 고동치는 외로운 심장의 이야기다. 비로소 그것이 태양을 보게 되는 날, 태양 속에서 인생의 비밀을 알게 될 것이다. 그 심장은 태양을 향해 흘러가고, 그 빛 속에서 스러질 것이다.[30]

예술적 신화가 탄생되는 방식에 대해 너무도 많은 것을 말해 주고 있는 이러한 문장들은, 적어도 베이컨Francis Bacon에게 영감을 주는 성과를 낳았다고 볼 수 있다. 베이컨은 파이돈의 도판(그림 13)에 기초해 1956년과 1957년 사이에 여섯 점의 변형 연작을 제작했다. 베이컨은 '길 위의 유령과도 같은 …… 길 위의 고통당하는 인물'을 표현하고 싶어했고, 또한 어떻게 하여 반 고흐가 '초가 자신의 유지[31]를 태우는 것과 같은 방식으로' 녹아서 그림자가 되었는가를 보여 주고자 했으며, 다음과 같은 결론에 이르게 되었다.

> 〔죽음은〕 그림자처럼 〔예술가를〕 따라다니며, 나는 그것이야말로 모든 예술가들이 삶의 취약성과 무의미성에 대해 자각하는 많은 이유들 중 하나라고 생각한다.[32]

그러나 이러한 예들이 제시하는 것처럼 보이는 것은, 특히 클로파우스의 사진 속에 함축되어 있는, 보이스의 미장센의 특이성이다. 이러한 차이점들 가운데 가장 큰 것은 그림자의 수직화인데, 이는, 우리가 주지하고 있는 것처럼 고대적인 밤의 시나리오의 오랜 전통과 관계가 된다.

우리의 분석을 계속해 나가기 전에, 분류를 해둘 필요가 있다. 1960년대 플럭서스 환경과 연관되는 해프닝의 수사학에서는 '행위'를, 실재에서 예술을 구분하며 미개척지를 침범하도록 이끄는 제의적인 표현 형태라고 보았다. 동떨어진 사진 한두 장으로는 그 해프닝의 전체적인 의미를 그려낼 수 없기 때문에, 해프닝은 포착된 이미지를 회피하는 경향이 있었다. 우리가 선별한 가장 '강렬한' 클로파우스의 사진들은 모두, 그 해프닝이 보이스의 그림자를 하나의 대리물로 바꾸어주고 또한 가려진 창문을 상징적인 스크린으로 변화시키는 매우 특별한 조명의 효과와 조화를 이루는 가운데 이루어졌다는 것을 말해 주고 있다. 그러므로 우리는 당연히 그 이벤트의 미장센이 의미하는 바가 무엇인지를 궁금해 할 수 있는데, 왜냐하면 그 강렬함에도 그것은 단지 부분적으로 사진 찍힌 것일 뿐이기 때문이다.

따라서 우리는 〈액션 데드 마우스〉를 원래의 의미대로 놓고 —상징적 재현— 그것을 해석할 필요가 있다. 먼저 실내 장식에서 이야기를 시작해 보자. 물리적으로 우리는, 보이스가 수년간 카리스마 있는 교수로 재직했었던 뒤셀도르프 미술 아카데미의 지하실에 있다. 그러나 상징적으로, 그 행위는 '아카데미의 지하실'에서 벌어지고 있는 것이다. 또한 우리는 재현의 최하부에, 이미지가 형성되는 지하세계에 있다. 보이스와 그의 그림자와—반사하는—죽은 쥐가 영사되고 있는 프레임은, 보이스가 너무도 잘 알고 있는 그 상징적 가치를 가진 —초기 근대의 여명기에 알베르티에 의해 훌륭하게 규명된— 창문의 그것이다.

> 여기에 홀로, 다른 것들을 떠나, 나는 내가 그림을 그릴 때 하는 일을 말하려 한다.
> 내가 어디에서 그리느냐를 먼저 말하겠다. 나는 내가 원하는 크기로 직각사각형을 그려 넣으며, 이것을 내가 그리고자 하는 것을 바라보는 열린 창이라고 간주하도록 한다. 이때 그림 속에 사람의 크기를 마음에 들도록 정한다. 나는 이 사람의 길이를 세 부분으로 등분한다. 이 부분들은 브라치오braccio라고 부르는 치수에 비례한다. 왜냐하면 평균치 사람의 치수를 생각해 볼 때 세 브라치오 정도 된다고 여겨지기 때문이다. 이 브라치오라는 단위를

가지고 나는 사각형의 밑변을 여러 부분으로 나눈다. 나에게 있어서 밑변이란 …… 기타 등등.[33)]

이 지점에서 나는 고전적 재현의 초석이 되는 이 유명한 구절을 더 인용하지 않을 것이다. 보이스가 행하는 이 재생의 기능은 아카데믹한 원칙을 다시 상기하고자 함이 아니라 오히려 그것을 잊고자 하는 것이기 때문이다. 뒤샹은 이미 이것을 행한 바 있는데, 1920년에 〈신선한 과부〉(도판 95)를 통해서, 겉창을 닫고 그 자체의 공백으로 전통적인 서양의 재현을 대체함으로써, 그는 알베르티의 창 이론[34)]에 대한 다다이즘적 응답을 한 것이다. 유사-동음이의어인 창window/과부widow에 크게 의존하는 단어 놀이를 통해, 뒤샹은 알베르티의 '고대적 창'을 새로운 것으로, 고전적 재현의 죽음에 조의를 표하는 것으로 대체시킨다. 따라서 보이스는 알베르티의 열린 창에 대해서 뿐 아니라 뒤샹의 '닫힌 창'에 대한 기획을 한 것이다. 그러나 그는 *신선한 과부*Fresh Widow가 *낡은 창*Old Window이 될 때까지 —여기에서 단어 놀이가 개입된다— 앞으로 더 나아간다. 사실, 보이스의 중요성은 회화의 부흥을 훨씬 넘어서는데, 그것이 바로 알베르티와 뒤샹의 반사장치가 일반적인 재현의 지위를 재확정하는 구실을 하는 제의적 행위 속에서 이루어졌던 이유다.

보이스가 추구하는 것은 모든 표면의 재현, 모든 체계적 틀거리를 잊고자 하는 것이다. 그는 '예술가'라는 이름으로 직접적으로 (비록 지하이기는 하나) 사물들과 존재들의 흐름에 개입하면서, 그 요소들의 네트워크를 넘어선다고 주장한다. 이런 방식으로 그 '행위'는 마술적 의식에 가까워지고, 또한 그 해프닝은 고대 샤먼 모임의 진정한 재현으로서 스스로를 활성화시킨다. '죽은 쥐' 행위(그리고 전해지는 우테 클로파우스의 사진들)이, 우리가 이미 검토한 바 있었던, 신비의식occult을 묘사한 이미지(도판 39)와 거의 정확하게 일치한다는 것은 분명 중요성을 가진다. 아치형 동굴, 특수한 조명 효과, 쥐, 시체, 거대한 그림자, 팔의 이중적 의미, 이러한 요소들의 반복은 단지 우연의 일치가 아니고, 피할 수 없는 해석학적 문제를 불러일으키는 것이다. 심지어 이 사진(도판 92)에서 '예술가의 그림자'가 신비의식 시나리오의 재현이 요구하는 바에 따라 더 길어지고 과장된 것(그림 13, 14, 도판 94)이라고도 말할 수 있다.

보이스의 샤머니즘에 대해 말하는 것은 최근의 저서에서는 일반적인 흐름이 되어버렸다.[35] 놀라운 경험들로 점철된 그의 실존주의적 행보, 이를테면 1943년 크림에서 일어난 전설적인 비행기 추락 사건과 그를 간호해 건강을 되찾게 해주고 또한 두개골 외상을 치료해 주었던 타타르족과의 생활, 신경쇠약, 카리스마적 개성의 발전, 인지학人智學적 믿음 등은, 여기에서 말하기에는 너무도 많고 복잡한 요인들이다. 그러나 만일 이 문제의 몇몇 측면들을 검토하는 것이 꼭 필요한 일이라고 한다면, 그것은 다른 어떤 해프닝들에서보다 〈액션 데드 마우스〉에서 보이스의 샤머니즘에 내재하는 상징적 의미가 잘 드러나기 때문일 것이다. 따라서 이 해프닝을 꼼꼼히 살펴보는 것은 ―그리고 그림자의 구실을 살펴보는 것은― 필수적인 일이다.

황홀경의 고대적 기술들을 다룬 고대 저서에 따르면(최근의 가설들에 의하면, 보이스는 이 내용을 샅샅이 알고 있었다고 한다)[36], 샤먼의 의상은 동물의 형태로 샤먼에게 새로운 마술적 힘을 부여한다.

그것을 걸치는 사람은 누구나 추위를 견딜 수 있는 힘을 얻게 되었는데, 이는 초인의 지위를 얻는 것과 같다는 것이다.[37] 그 해프닝에서의 관객들은(클로파우스도 그중 하나였다), 보이스의 외양의 독창성에 크게 놀랐는데, 그것은 청바지와 셔츠를 입고 행했던 그의 다른 퍼포먼스와 비교할 때 특히 그러했다.[38] 그 유명한 펠트 옷은 실용적이지도 않고 무난한 차림도 아니지만, 보이스 자신이 말하는 것처럼 그것은 상징적인 차림이자, 하나의 '이미지'이고, 또한 '미술 작품'이었다. 그는 이렇게 설명을 계속한다: 펠트 옷은 인간에게 가장 가까운 집이며, 인간을 감싸주고 보호해 주는 동굴이다. 펠트 옷은 대단히 따뜻하고 열이 달아나지 않게 지켜준다; 그것은 정신적인 성격을 가진 '다른' 열이면서, 원시적이고 근본적이다.[39]

모자에 관해서는 보이스가 그다지 공개적으로 의미를 말하지는 않지만, 옷과는 달리 거의 항상 지니고 다니며, 곧 그것은 그의 공적 이미지에 핵심 부분이 되었다. 그것은 실용적 기능을 가지고 있고(두개골의 상처를 가려준다), 또한 상징적인 기능도 가지고 있다. 모자는 (숨겨줌으로써) 그 주인이 전형에서 일탈하고 있음을, 그의 차별성을 나타내준다. 옷/모자의 공식에 말하자면, 후자의 것은 제유적인 구실을 수행한다. 펠트 옷은 샤먼의 제의적 차림이다. 반면 모자는, 인류학자들에 따르면, 샤먼의 영구적이고 필요 불가결한 지물인 것이다.

> 모자는 샤먼의 가장 중요한 의상이라고 볼 수 있다. 샤먼들에 따르면, 그들의 힘 중 많은 부분이 이 모자들에 의해 숨겨진다고 한다. 그것이 바로, 샤먼이 세속적인 일을 행할 때 관습적으로 모자를 쓰지 않는 이유다. 내가 이 문제에 대해 질문을 던졌을 때, 그

FRESH WIDOW
COPYRIGHT ROSE SELAVY 1920

도판 95 마르셀 뒤샹, 〈신선한 과부〉, 1920, 프랑스식 창(좌우로 열리는 유리창)의 미니어처, 채색된 나무틀, 검은 가죽을 댄 여덟 개의 판유리, 77.5 x 44.8, 뉴욕 현대미술관, 뉴욕(미국).

들이 모자를 쓰지 않고 샤먼의 의식을 행할 때 그들은 실제로 힘을 발휘하지 못했고, 따라서 전체 의식은 그것을 구경하는 사람들을 즐겁게 해주기 위한 패러디에 지나지 않았다고 대답했다.[40]

과학으로 설명할 수 없는 샤먼의 힘은 두 가지 방식으로 표면화된다. 그들은 앎의 재능을 가지고 있고(동물들을 이해하고 꿈을 해석하는 능력 따위의) 또한 행위의 재능을 가지고 있다. 〈액션 데드 마우스〉는, 이 두 범주의 힘이 수행되는 방식 때문에 원시 샤먼의 지나치게 단순화된 진정한 의식으로 보여질 것이다. 목격자들의 회고에 따르면, 쥐의 예정된 죽음은 샤먼적 힘의 첫 번째 것에 속하는 것이다. 이 자리에 있었던 저널리스트 마이스터Helga Meister는 몇몇 중요한 사실들을 추가로 이야기해 주었다. 보이스가 그녀에게 말하기를, 겨울잠쥐로 바뀐 그 쥐가 그의 꿈에 나타났으며 그의 손을 세 번 물었다는 것이다. 그 꿈으로 인해 그가 3년간 자신의 침대 아래에서 살았던 쥐가 죽었다는 것을 알게 되었다는 것이다.[41] 보이스의 진술에 의해 확인된 꿈에 대한 해석은, 꿈꾸는 자가 꿈의 예지된 내용들을 풀어내는 능력과(세 번 물린 것=3년, 겨울잠쥐로 바뀐=죽음)[42] 쥐가 꿈꾸는 자와 소통하고 싶어했다는(그것을 통해 자연과, 존재와, 세계와 소통하고자 했다는) 전제에 기반을 두고 있다.

샤먼적 힘의 두 번째 것은 행위의 재능인데, 이는 실제로 행하는 마술적 제의를 통해 표면화된다. M. 마우스M. Mauss는 자신의 유명한 저서 《마술의 일반 이론Esquisse d' une theorie generale de la magie》(1902~03)에서 다음과 같이 강조한다.

반대로 제의적 행위는, 본질적으로 계약보다 더 많은 것을 산출해 낼 수 있다고 믿는 생각이다. 제의는 탁월하게 효과적이다. 또한 그것은 창조적이다. 그것은 일을 *행한다*. 이러한 특징들을 통해 마술적 제의는 마술적이라고 인식되는 것이다. 그러한 경우들에서조차, 제의는 이 효과적 특징들에 대한 참조로부터 이름을 끌어낸다. 우리의 제의ritual라는 단어에 가장 잘 부합되는 인도의 말은 *카르만*karman, 즉 행위다. 교감적 마술은 전형적인 의미로 사실행위, 즉 *키르차*krtyâ다. 독일 말로 자우버Zauber는 동일한 어원학적 의미를 가진다. 다른 언어들에서도 마술에 해당되는 단어들은 *행한다*는 어원적 의미를 내포하고 있다.[43]

우리는 마우스의 관찰에 부연해 더 설명할 수 있는데, 말하자면 1960년대와 70년대의 미술 그룹들이 *행위*action에 대해 말하고자 했던 것은, 실제적으로 고대의 행위라는 옛날의 유산에 다름없다. 이러한 맥락에서 〈격리 단위〉라고 명명된 보이스의 행위는 특별한 의미를 가지게 된다. 이것은 다른 어떤 행위와 같은 '행위'가 아니었고, 마술적 구조와 원하는 자에게 자기반성의 장을 마련해 주는 행위였으며, 샤먼적 시나리오의 실제적인 청사진을 연출한 것이었다. 이 행위는 재현 속에 반영된 —이미지를 만드는 방법을 배우는 학교의 지하에서의— 재현인 것이다.

결론적으로, 보이스가 〈액션 데드 마우스〉를 통해 이루고자 했던 것은 무엇인가? 샤먼의 주된 기능이 치료사의 기능이라는 사실을 염두에 둔다면,[44] 그 행위는 원칙적으로 재현 그 자체의 부흥을 초래할 것이다. 그러나 이 '재현'은 건물의 꼭대기 층에서 행해지는 것이 아니다. 그 유일한 재현은 지하에서 이루어지는 행위 그 자체다. 보이스의 행동(죽음에 대한 명상, 생명의 열매에 대한 제식)은 따라서 상징적이 것이 될 것이고, 순환적일 것이다. 아마도 보이스는 회복기 동안, 주술사medicine-man가 때로 분열되었고, 또한 자신의 영혼이 몸을 떠나 변화무쌍한 시간 속에서 여러 가지 형태로 —이를테면 그림자로— 존재했다는 것을 알고 있었을 것이다.[45] 그러나 바로 여기서 보이스의 행위가 갖는 최대한의 의미가 밝혀지게 된다. 이 모든 것은 그 배경 화면으로 닫힌 창문을 가지고 있고, 그 창문 위에, 예술을 소생시켜야 하는 너무나도 큰 그림자가 거대한 의문부호처럼 나타나 있는 것이다.

주註

-서문-

1. 이 주제에 관해서는 다음의 글을 참고하시오. H. Blumenberg, 'Licht als Metapher der Wahrheit. Im Vorfeld der Philosophischen Begrifsbidung', *Studium Generale*, VII (1957), pp. 432~447. There is one history of light in painting: W. Schöne, *Über das Licht in der Malerei* [1954] (Berlin, 1989).
2. G. W. F. Hegel, *The Science of Logic*, trans. A. V. Miller (London, 1969), Book 1, first section, ch. I, remark 2.
3. R. Verbraeken's book, *Clair-Obscur, histoire d'un mot* (Nogent-le-Roi, 1979). 이것이 현재 있는 키아로스쿠로에 관한 책이다. 이 책은 자료는 풍부하지만 이론적인 제안과 결론에서는 실망스럽다.
4. E. H. Gombrich, Shadows: *The Depiction of Cast Shadows in Western Art* (London, 1995); M. Baxandall, *Shadows and Enlightenment* (New Haven and London, 1995). 이 두 책은 내 책이 완료되었던 때 나왔기 때문에 참고하는 데 한계가 있었다.
5. R. Rosenblum, 'The Origin of Painting: A Problem in the Iconography of Romantic Classicism', *Art Bulletin*, XXXIX (1957), pp. 279~290; T. DaCosta Kaufmann, 'The Perspective of Shadows: The history of the Theory of Shadow Projection', *Journal of the Warburg and Courtauld Institutes*, XXXVIII (1979), pp. 258~287. 앞의 글에 대해 추가하고 보완한 내용을 다음의 글에서 참고할 수 있다. T. DaCosta Kaufmann, *The Mastery of Nature: Aspects of Art, Science and Humanism in the Renaissance* (Princeton, NJ, 1993), pp. 72~78.
6. J. von Nagelein, 'Bild, Spiegel und Schatten im Volksglauben', *Archiv für Religionswissenschaft*, V (1902), 1~37; F. Pradel, 'Del Schatten im Volksglauben', *Mitteilungen der Schlesischen Gesellschaft für Volkskunde*, XII (1904), pp. 1~36; J. G. Frazer, *Le Rameau d'Or* (London, 1915), I. pp. 529~542.

-1-

1. 따로이 지시가 있지 않은 한 플리니우스의 《박물지》를 인용하는 모든 문구들은 H. Rackman (Cambridge, MA, and London, 1952)가 번역한 Loeb Classical Library판에서 인용하였다.
2. Pliny the Elder, *Natural History*, XXXV, 43.

3. Athenagoras, *Legatio pro Christianis, in Patrologia Cursus completus*, 6, coll. 923~924 (translator' s version).

4. 자세한 내용은 다음을 참조하라. P. W. van der Horst, 'Der Schatten im hellenistischen Volksglauben' , in M. J. Bermaseren, ed., *Studies in Gellenistic Religions* (Leiden, 1979), pp. 26~36, and in J. Nobakova, *Umbra. Ein Beitrag zur dichterischen Semantik* (Berlin, 1964), pp. 57~63.

5. 그에 대한 예로 다음을 참조하시오. Ovid, *Amorum liber*, III; VII (VI).

6. 이 문제에 대해서는 다음의 책을 참고할 수 있다. J. J. Pollitt, *The Ancient View of Greek Art, Criticism, History and Terminology* (New Haven and London, 1974), pp. 73~80.

7. P. Fresnault-Deruelle, 'Le reflet opaque: Le revenant, la mort, le diable (petite iconologie de l' ombre protée)' , *Semiotica*, LXXIX (1990), p. 138. 또한 다음 책을 보라. H. Damisch, *Traite du Trait. Tractatus tractus* (Paris, 1955), pp. 61~76.

8. A. Rouveret, *Histoire et imaginaire de la peinture ancienne* (*Vème siècle av. J. C. - 1er siècle ap.* J. C.) (Rome, 1989), pp. 18~19. 또한 다음 책을 보라. J. Bouffartigue, 'Le Corps d' argile: quelques aspects de la represnetation de l' homme dans l' antiquite grecque' , *Revue des Scences Religieuses*, LXX (1996), pp. 204~223. Francoise Frontisi와의 대화에서도 많은 것을 얻을 수 있었으며, M. Bettini가 저술한 다음의 훌륭한 책을 검토한 바 있다. M. Bettini, *Il ritratto dell' amante* (Turin, 1992).

9. E. Rohde, *Psyche. Seelenkult und Unsterblichkeitsglaube der Griechen* [1898] (Darmstadt, 1980), I. pp. 3~7; J. Brenner, *The Early Greek Concept of Soul* (Princeton, NJ, 1983), pp. 78~79.

10. Weynants-Ronday, *Les Statues vivantes. Introduction à l' étude des statues égyptiennes* (Brussels, 1926); F. Frontisi-Ducroux, *Dédale. Mythologie de l' artisan en Grece archaique* (Paris, 1975); J. Ducat, 'Fonctions de la statue dans la Grece archaique: *Kouros* et *Kolossos*' , *Bulletin de Correspondance Hellenique*, C (1976), p. 242. S. P. Morris, *Daidalos and the Origins of Greek Art* (Princeton, NJ, 1992), pp. 215~237.

11. G. Maspero, *Etudes de Mythologie et d' Archéologie égyptienne*, I (Paris, 1893), pp. 46~48, 300 and 389~395. 카에 관한 수많은 책들 가운데서도 K. Lang, 'Ka, Seele und Leib bei den alten Aegyptern' *Anthropos, Revue Internationale d' Ethnographie et de Linguistique*' , XX (1925), pp. 55~76을 보라; 그림자의 기능들에 관해서라면 N. George, *Zu den altagyptischen Vorstellungen vom Schatten als Seele* (Bonn, 1970)을 보는 것이 유용할 것이다; 몇몇 측면들에 관해서는 조상들의 제의적인 기능들과 연계가 되며 다음의 책이 참고가 될 것이다. J. C. *Goyon, Rituels funéraires de l' ancienne Egypt* (Paris, 1972), p. 89ff. 또한 다음을 참고하라. R. Tefnin, *Art et Magie au temps des Pyramides. L' énigme des têtes dites de 'remplacement'* (Brussels, 1991), pp. 75~95.

12. J.-P. Vernant, 'De la presentification de l' invisible à l' imitation de l' apparence' , in *Rencontres de l' Ecole du Louvre. Image et Signification* (Paris, 1983), p. 35; J.-P. Vernant, *L' Individu, la mort, l' amour. Soi-même et l' autre en Grèce ancienne* (Paris, 1989), pp. 8~79.

13. 이러한 맥락 속에서 K. Kereny의 저작 'Agalma, Eikon, Eidolon', in E. Castelli, ed., *Demitizzazione e immagine* (Padua, 1962), pp. 161~171을 읽는 것이 도움이 될 것이다.

14. E. Beneviste, 'Le sens du mot koλoσσos et les noms grecs de la statue', Revue de philologie (1932), pp. 118~135; J.-P. Vernant, *Mythe et pensée chez les grecs. Etudes de psychologie historique* (Paris, 1965), pp. 251~263.

15. 플라톤의 《국가》에 대한 모든 인용문들은 H. D. P. Lee의 번역판에서 가져왔다. H. D. P. LeePenguin Books (Harmondsworth, 1964).

16. 이 점에 대해서는 M. Jay의 최근의 논의를 참고하라. *Downcast Eyes: The Denigration of Vision in Twentieth-century French Thought* (Berkeley, Los Angeles and London, 1993).

17. 그에 대한 예로는 다음의 글을 보라. A. Diès, 'Guignol à Athènes', Bulletin Bude, XIV (1927) and P.-M. Schuhl, La Fabulation platonicienne (Paris, 1947) pp. 45~74.

18. 세부적인 내용에 대해서는 다음의 책을 보라. M. Heidegger, *Platons Lehre von der Wahrheit. Mit einem Brief über den 'Humanismus'* (Berne, 1947), pp. 5~52 또한 H. Blumenberg, *Hohlenausgange* (Frankfurt am Main, 1989), pp. 163~169.

19. 《소피스테스》를 인용한 문구들은 Francis MacDonald Cornford의 번역본 Plato's 'Theory of Knowledge' (London, 1951)에서 가져 왔다.

20. 이 문제에 대해서는 다음의 책을 보라. S. Rosen, *Plato's 'Sophist': The Drama of Original and Image* (New Haven and London, 1983), pp. 147~203.

21. Enneads, VI, 4, 10에서 플로티누스는 그림자와 거울의 유일한 차이점을 강조함으로써 플라톤의 삼중 체계로부터 eikon(이미지/초상)을 제거해 냈다. (image/portrait removed the) from Plato's triadic system by enphasizing its singular dissimilarity to the shadow and mirror. For its subsequent developments refer to S. Michalski, 'Bild und Spiegelmetapher. Zur Rolle eines Vergleichs in der Kunsttheorie und Abendmahlsfrage zwischen Plato und Gadamer' (출간 예정).

22. J.-P. Vernant, *Religions, histoires, raisons* (Paris, 1979), pp. 105~137; G. Sörbom, *Mimesis and Art: Studies in the Origins and Early Development of an Aesthetic Vocabulary* (Uppsala, 1966), pp. 152~163; D. Freedberg, 'Imitation and its Discontents', in T. W. Gaehtgens, ed., *Kunstlerischer Austausch/Artistic Exchange*. Akten des XXVIII. *Internationalen Kongresses für Künstgeschichte Berlin*, 15~20 Juli 1992 (Berlin, 1993), II, p. 483ff.

23. '시뮬라크라'와 '유사성'의 개념에 관해서는 G. Deleuze의 논의 전개도 참고하라. *Logique du sens* (Paris, 1969), pp. 292~307.

24. 특히 다음의 책을 참고하라. J. Derrida, *La Dissemination* (Paris, 1972), pp. 174~175.

25. 이 특히 곤란한 문제의 기원을 다음의 책에서 찾아볼 수 있다. Pollitt, *The Ancient View of Greek Art*, pp. 247~253. 상이한 해석들이 종종 서로 상충된다. J.-M. Croisille의 플리니우스에 대한 글 *Histoire Naturelle*. Livre XXXV (Paris, 1985), pp. 297~300에서 그 문제의 개요를 보라. 또한 다음의 책을 보라. V. J. Bruno, *Form and Color in Greek Painting* (New York, 1977), pp. 23~44;

Rouveret, Histoire et imaginaire de la peinture ancienne, pp. 15~63; W. Trimpi, *Muses of One Mind: The Literary Analysis of Experience and its Continuity* (Princeton, NJ, 1983), pp. 100~103 and 114~129.

26. E. C. Keuls, *Plato and Greed Painting* (Leiden, 1978), pp. 72~87.

27. J. Piaget, *La Causalité physique chez l' 'enfant* (Paris, 1927), pp. 203~218. (이 소제의 아래에 인용되어 있는 대화도 같은 책 p. 205에서 인용한 것이다).

28. J. Lacan, *Ecrits* I (Paris, 1966), pp. 89~97, first published in 1949.

29. Piaget, *La Causalité physique*, p. 207.

30. 오비디우스의 《변신 이야기》 제 3권에서 인용한 모든 문장들은 Frank Justus Miller의 번역본에서 가져왔다(Cambridge, MA, 1984, reprint).

31. Novakova, *Umbra*, p. 40.

32. Bernard de Vantadour, *Quant vei la lauzeta mover*, in L. Vinge, *The Narcissus Theme in Western European Literature up to the Early 19th Century* (Lund, 1967), pp. 66~67.

33. 입문서로 다음의 책을 읽는 것이 도움이 될 것이다. T. Junichiro, *Eloge de l' Ombre* [1933], French trans. by R. Siefferet (Paris, 1977).

34. 서양의 재현의 발전에서 오비디우스 신화의 역할에 관해서는 다음의 책을 보라. H. Damisch, 'D' un Narcisse l' autre' , *Nouvelle Revue de Psychanalyse*, XIII (1976), pp. 109~146; S. Bann, *The True Vine: On Visual Representation and Western Tradition* (Cambridge, 1989), pp. 105~156.

35. L. B. Alberti, *On Painting/De Pictura* (1435), trans. C. Grayson (Hamondsworth, 1991), p. 61.

36. Alberti, *De Pictura*, Book, II.

37. 다음을 보라. Cl. Nordhoff, *Narziss an der Quelle. Spiegelbilder eines Mythos in der Malerei des 16. und des 17. Jahrhunderts* (Munster and Hamburg, 1992) and C. L. Baskins' s reflections: 'Echoing Narcissus in Alberti' s "*Della Pittura*"' , Oxford Art Journal, XVI (1993), pp. 25~33.

38. Joachim von Sandrart, *L' Accademia der Edlen Bau-, Bild und Mahlerey-Kunste* (Nuremberg and Frankfurt, 1975~79), I, pp. 6~7에서는 동일한 문제가 다른 방식으로 분석된다. 이 주제에 관해서는 다음을 보라. O. Batschmann, *Nicolas Poussin: Dialectics of Painting* (London, 1990), p. 45~46.

39. G. Vasari, *Le Vite* (Florence, 1878), I, p. 218; A. Chastel이 감수한 프랑스어 번역판 (Paris, 1989), I. p. 217.

40. F. H. Jacobs, 'Vasari' s Vision of the History of Painting: Frescoes in the Casa Vasari, Florence' , *The Art Bulletin*, LXVI (1984), pp. 397~417; J. Albrecht, 'Die Häuser von Giorgio Vasari in Arezzo und Florenz' , in E. Hüttinger, ed. *Künstlerhauser von der Renaissance bis zur Gegenwart* (Zurich, 1985), pp. 83~100.

41. 다음을 보라. M. Schapiro, *Words and Pictures: On the Literal and Symbolic in the Illustration of a Text* (The Hague and Paris, 1973), pp. 37~49; O. Calabrese, *La Macchina delle pittura* (Bari, 1986); R. Tefnin, 'Regard de Face - Regard de profil. Remarques preliminaires sur les avatars

d' un couple semiotique' , *Annales d' Histoire de l' Art et d' Archéologie. Universite Libre de Bruxelles*, XVII (1995), pp. 7~25; and F. Frontisi-Ducroux, *Du Masque au visage* (Paris, 1995), pp. 79~130.

- 2 -

1. 세부적인 이야기는 다음의 책에 기록되어 있다. D. Angùlo Iñiguez, *Murillo*, II (Madrid, 1981), pp. 592~593.
2. V. I. Stoichita, 'Der Quijotte-Effekt. Bild und Wirklichkeit im 17. Jahrhundert under besonderer Berucksichtigung von Murillos Oeuvre' , in H. Körner, ed., *Die Trauben des Zeuxis. Formen künstlerischer Wirklichkeit-saneignung* (*Münchner Beiträge zur Geschichte und Theorie der Kunste*, 2) (Hildesheim, Zurich and New York, 1990), pp. 106~139.
3. 《박물지》로부터 다른 인용문들도 추가될 수 있는데, 이를테면 검게 그을린 땅을 통해 '빛과 어둠에 열중하는' 니키아스Nykias에 대한 글(XXXV, 38 and XXXV, 130~131)과, 무리요처럼 자신의 선언적 그림에서 '그림자 그 자체 속에서 그림자를 찾을 수 있는' 내용을 표현한 파우시아스 Pausias에 관한 글(XXXV, 123) 등이 있다.
4. 다음의 책을 보라. D. C. Lindberg, *Theories of Vision from Al-Kindi to Kepler* (Chicago, 1976).
5. 다음의 책을 보라. J. Wirth, *L' Image médiévale. Naissance et développements (VIème-XVème siècle)* (Paris, 1989).
6. 이 대목에서 나는 다음의 견해들을 참고하였다. E. Gilson, 'Qu' est-ce qu' une ombre? (Dante, Purg. XXV)' , *Archives d' Histoire Doctrinale et Littéraire du Moyen-Age*, (1965), pp. 94~111. M. T. Lanza, 'I meriti dell' "ombre" , in *Annali della Facoltà di Lingue e Letterature Straniere (Bari)*, 3rd series, X (1989~1990), pp. 7~19, and C. W. Bynum, 'Imagining the Self: Somatomorphic Soul and Resurrection Body in Dante' s "Divine Comedy"' , in P. Lee and Blackwell, eds, *A Festschrift for Fichard Reinhold Niebuhr* (Scolar Press, 1995), pp. 83~106.
7. 모든 인용문은 Henry Francis Cary의 번역본인 단테의 *Divine Comedy*(Oxford, 1957)에서 가져왔다.
8. 이 문단은 호머의 일리아드 *Iliad* (XXIII, 59~107) 대목과 비교할 수 있는데, 여기에서는 아킬레스가 파트로클레스의 허상eidolon을 끌어안으려는 헛된 시도를 하는 것으로 나와 있다.
9. 그 전통에 관해서는 다음의 책을 보라. J.-Cl. Schmitt, *Les Revenants. Les Vivants et les morts dans la société médiévale* (Paris, 1994).
10. 이러한 과정의 기원들에 관한 정보는 다음의 책에서 볼 수 있다. K. Christiansen, *Gentile da Fabriano* (London, 1982), pp. 21~43. 지오반니 디 파올로에게서 나타나는 다른 '이상한 그림자'에 관해서는 다음의 책을 보라. M. Meiss, 'Some Remarkably Early Shadows in a Rare Type of Threnos' , in Festschrift Ulrich Middeldorf (Berlin, 1968), pp. 112~118. 드리워진 그림자에 대한 가장 옛날의 체험들에 관해서는 다음의 글을 보라. 'Cast Shadow in the Passion Cycle at San

Francesco, Assisi: A Note', *Gazette des Beaux Arts*, LXXVII / 113 (January 1971), pp. 63~66.

11. J. Pope-Hennessy, 'Paradiso', *The Illluminations to Dante's* 'Divine Comedy' *by Giovanni di Paolo* (London, 1993).

12. 다음의 글을 보라. A. Parronchi, 'La perspettiva dantesca', in *Studi sulla dolce prospettiva* (Milan, 1964), pp. 3~90.

13. Cennino Cennini, *Il Libro dell'Arte*, ch. VIII. 편집된 인용문들은 Daniel V. Thompson, Jr. (New York, 1954)의 번역과 주석이 담긴 Cennino d'Andrea Cennini, *The Craftsman's Handbook*, p. 5 를 따랐다.

14. 더 세부적인 접근을 위해서는 다음의 글을 참고하는 것이 도움이 될 것이다. E. Webster Bulatkin, 'The Spanish Word "Matiz". Its Origin and Semantic Evolution in the Technical Vocabulary of Medieval Painters', *Traditio*, X (1954), pp. 459~527.

15. 기술적 지식에 대한 이 지침서의 수준은 사실상, '크라탄Cratan으로 알려진 14세기의 학교에서 이루어진 성과들을 충분히 반영하고 있다.

16. 다음의 책을 보라. P. Hetherington, *The 'Painter's Manual' of Dionysius of Fourna* (London, 1974).

17. 첸니니가 사용하는 에셈피오esempio라는 개념은 모호하다. (다음의 책도 참고하라. *Libro dell'Arte*, ch. XXVIII). 13세기Dugento와 14세기Trecento의 어휘론 속에서 이 개념은 따라야 할 도상학적 모델을 지칭하는 것이었을 수 있다. 이것이 단테가 *Purgatorio*, XXXII, 64~65에서 이 개념을 사용한 방식이다. 첸니니가 태양빛을 거론했다는 사실은, 변형되지 않은 자연물의 모사물을 언급했던 것이라고 믿어지게끔 한다.

18. 이 문제에 대한 역사적 이론적 횡단을 위해서는 다음의 책을 보라. G. Didi-Huberman, *La Peinture incarnée* (Paris, 1985). 이탈리아 미술 이론 속에서 음영/신체의 관계라는 주제에 대한 핵심적인 글로는 다음이 있다. G. P. Lomazzo's *Trattato dell'arte della pittura, scoltura et architettura* (1584); *Scritti sulle arti*, ed. R. P. Ciardi (Florence, 1974), II, pp. 270~271.

19. 이 개념에 대한 더 진전된 정보에 관해서는 다음의 책들을 보라. P. Hills, *The Light of Early Italian Painting* (New Haven and London, 1987), pp. 108~113; M. B. Hall, ed., *Color and Technique in Renaissance Painting. Italy and the North* (Locust Valley, N.Y., 1987), pp. 1~54.

20. 그러나《예술의 서》LXXXVII장과 LXXXVIII장을 보라.

21. 나는 다음의 글에 공감한다. L. Freeman's comments in 'Masaccio's *"St Peter Healing with his Shadow"*: A Study in Iconography', *Notizie da Palazzo Albani*, XIX (1990), pp. 13~31.

22. 피사에 있는 산 피에로 아 그라도 교회에는 이와 연관된 장면의 경우가 있는데, 이 내용에 대해서는 다음을 보라. J. T. Wollesen, *Die Fresken von San Piero a Grado bei Pisa* (Bad Oeynhausen, 1977), pp. 30~32.

23. L. Kretzenbacher, 'Die Legende vom heilenden Schatten', *Fabula*, IV (1961), pp. 231~247, and P. W. van der Horst, 'Peter's Shadow', *New Testament Studies*, XXIII (1976~77), pp. 204~213.

24. Nicolaus de Lyra, *Biblia sacra cum glossis* (Leiden, 1545) (Postilla, VI, 173r). 마사치오의 시대에 이 작품의 대중성에 관한 이야기와 그것이 카르미네 교회의 프레스코의 제작에 미쳤을 법한 영향에 관해서는 다음을 보라. A. Debold von Kritter, *Studien zum Petruszyklus in der Brancaccikapelle* (Berlin, 1975), pp. 60~65; 121~127 과 특히 219~221.

25. Giorgio Vasari, *The Lives of the Painters, Sculptors and Architects* (London: J. M. Dent, 1949), II.

26. 산 피에로 아 그라도S Piero a Grado에는 그림자에 대한 묘사가 없다. 한편, 빛은 '현관'의 꼭대기에서 방출되어 병자에게 곧바로 떨어졌다.

27. 이 과정에 대해서는 다음의 책들이 광범위하게 다루고 있다. W. Schöne, *Über das Licht in der Malerei*, P. Hills, *The Light of Early Italian Painting*.

28. 이것이 바로 다음의 책에서 '이 작품은 마사치오의 깊은 의도에 대한 무의식적인 상징으로 기능할 수 있다: "그림자를 통해" 병을 치유하는 그림 그 자체에 대한 상징'이라고 논의되는 이유다. R. Longhi, 'Gli affreschi del Carmine. Masaccio e Dante', *Paragone*, IX (1950), pp. 3~7

29. Vasari, The Lives, II, pp. 263~264.

30. 다음을 보라. S. Y. Edgerton, Jr., 'Alberti's Colour Theory: A Medieval Bottle Without Renaissane Wine', *Journal of the Warburg and Courtauld Institutes*, XXXII (1969), pp. 109~134; J. S. Ackerman, *Distance Points: Essays in Theory and Renaissance Art and Architecture* (Cambridge, MA, 1991); M. Barasch, *Light and Color in the Italian Renaissance Theory of Art* (New York, 1978).

31. Alberti, *On Painting/De Pictura*, translated by Cecil Grayson (Harmondsworth, 1991), p. 46.

32. Alberti, *On Painting*, pp. 82~83.

33. *The Literary Works of Leonardo da Vinci*, ed. J. P. Richter (New York, 1970), I, V 529.

34. 대단히 많은 저작물들 중에서 이 주제를 다루고 있는 것을 선택한다면 특히 다음을 참고하라. J. Shearman, 'Leonardo's Colour and Chiaroscuro', *Zeitschrift für Kunstgeschichte*, XXV (1962), pp. 13~47; M. Kemp, *Leonardo da Vinci: The Marvellous Works of Nature and Man* (London, Melbourne and Toronto), pp. 96~135 and 332~339; A. Nage, 'Leonardo and "*sfumato*"', Res, XXIV (1993), pp. 7~20.

35. 다음을 항상 참고하였다. T. DaCosta Kaufmann, 'The Perspective of Shadows', pp. 265~275.

36. *The Literary Works of Leonardo da Vinci*, no. 111, p. 164.

37. 다음을 보라. E. Panofsky, *The Codex Huyghens and Leonardo da Vinci's Art Theory* (London, 1940), p. 61, and G. Bauer, 'Experimental Shadow Casting and the Early History of Perspective', *The Art Bulletin*, LXIX (1987), pp. 211~219 (here p. 215).

38. DaCosta Kaufmann, 'The Perspective of Shadows', p. 275.

39. R. de Piles, *Cours de peinture par principes* [1708] (Paris, 1989), p. 180 (translator's version).

40. De Piles, *Cours de peinture*, p. 363 (translator's version). T. Puttfarken, *Roger de Piles' Theory of*

Art (New Haven and London, 1985), pp. 72~75.

41. 다음을 보라. D. Daube, *The New Testament and Rabbinic Judaism* (London, 1956), pp. 27~36.

42. A. Allgeir, 'Eπισκιαξειν Lk 1, 35.' , *Biblische zeitschrift*, XIV (1917), pp. 338~343.

43. Theophylacti Bulgariae, *Enarratio in Evangelium Lucae, in Migne, Patrologia Graeca*, CXXIII, coll. 705~706. 이 주제에 관해서는 다음을 참고하라. B. Haensler, 'Zu Mt 21, 3b und Parallelen' , *Biblische Zeitschrift*, XIV (1917), pp. 147~151; H. Leisegang, *Pneuma Hagion. Der Ursprung des Geistbegriffs der synoptischen Evangelien aus der griechischen Mystik* (Leipzig, 1922), pp. 24~31 and 60~63; A. Allgeir, 'Das gräco-ägyptische Mysterium im Lukasevangelium' , *Historisches Jahrbuch* , XLV (1925), pp. 1~20.

44. 다음을 보라. *Vangeli apocrifi. Nativita e infanzia*, ed. A.M. di Nola (Lodi, 1977), p. 180 (translator' s version).

45. Jacobus de Voragine, *The Golden Legend*, first English edition by William Caxton 1483, edition of 1900 used here (London: J. M. Dent, 1967), III, p. 99.

46. 다음을 보라. D. M. Robb, 'The Iconography of the Annunciation in the Fourteenth and Fifteenth Centuries' , *The Art Bulletin*, XVIII (1936), pp. 480~526; D. Arasse, 'Annonciation/Enonciation. Remarques sur un énoncé pictural du Quattrocento' , *Versus*, XXXVII (1984), pp. 3~17 (here p. 7); G. Didi-Huberman, *Fra Angelico. Dissemblance et figuration*, (Paris, 1990), pp. 152ff.

47. 프릭 컬렉션에 소장되어 있는 수태고지 그림의 기술적 도상학적 문제에 대해서는 다음을 보라. J. Ruda, *Fra Filippo Lippi, Life and Work. With a Complete Catalogue* (New York, 1993), pp. 14~15.

48. 다음을 보라. P. Philippot, 'Les grisailles et les "degrés de réalité" de l' image dans la peinture flamande des xve et du xvie siecles' , *Bulletin des Musees Royaux des Beaux-Arts*, xiv (1966), pp. 225ff; D. Martens, 'L' Illusion du réel' , in B. de Patoul and R. van Schoute, eds. *Les Primitifs flamands et leur temps* (Louvain la Neuve, 1994), pp. 255~277 (here pp. 264~270).

49. 다음을 보라. R. Preimesberger, 'Zu jan van Eycks Diptychon der Sammlung Thyssen-Bornemisza' , *Zeitschrift für Kunstgeschichte*, LX (1991), pp. 459~489; C. Harbison, Jan van Eyck: *The Play of Realism* (London, 1995).

50. B. Facius, *De Viris Illustribus: De Pictoribus* (1456), published by M. Baxandall, 'Bartholomaeus Facius on Painting: A Fifteenth-century Manuscript of *De Viris Illustribus*' , *The Journal of the Warburg and Courtauld Institutes*, XXVII (1967), pp. 90~107.

51. 이 문제에 대한 정보로는 다음을 참고하라. Ruda, *Fra Filippo Lippi*, pp. 399~402.

52. 다음의 글에 세부적인 내용이 있다. C. Gardner von Teuffel, 'Lorenzo Monaco, Filippo Lippi und Filippo Brunelleschi: die Erfindung der Renaissancepala' , *Zeitschrift für Kunstgeschichte*, XLV (1982), pp. 1~30 (here p. 18).

53. 나는 L. Martin의 견해를 되풀이하고 있다. *Opacite de la peinture. Essais sur la repesentation au*

Quattrocento (Paris, 1989), pp. 148~149.

54. 다음의 책들에 세부적인 내용이 있다. M. Baxandall, *Painting and Experience in Fifteenth-century Italy* (London, Lxford and New York, 1972), ch. 2, 그리고 Didi-Huberman, *Fra Angelico*, pp. 25~27 and 120ff.

55. M. Meiss, 'Light as Form and Symbol in Some Fifteenth-century Paintings', *The Art Bulletin*, XXVII (1945), pp. 175~181; F. Ames-Lewis, 'Fra Filippo Lippi and Flanders', *Zeitschrift für Kunstgeschichte*, XLII (1979), pp. 255~273 (here pp. 260~261).

56. Ruda, *Fra Filippo Lippi*, pp. 123~125; S. Y. Edgerton, Jr., *The Heritage of Giotto's Giometyr. Art and Science on the Eve of the Scientific Revolution* (Ithaca, NY, and London, 1991), pp. 103~105.

57. E. Maurer, 'Konrad Witz und die niederlandische Malerie', *Zeitschrift für Schwiezerische Archäologie und Kunstgeschichte*, XVIII (1958), pp. 158~166.

58. H. Kehrer, *Die heiligen drei Könige in literatur und Kunst* (Leipzig, 1908); H. Anz, Die lateinischen Magierspiele (Leipzig, 1905).

59. Kehrer, *Die heiligen drei Känige*, II, pp. 250~269.

60. 다음을 보라. M. Barrucand, *Le Retable du Miroir du salut dans l' oeuvre de Konrad Witz* (Geneva, 1972), pp. 117~119. '그리자유grisailles'와 '예비조형prefiguration의 관계에 대한 정보로는 다음을 보라. M. Grams-Thieme, *Lebendige Steine. Studien zur niederlandischen Grisaillemalerei des* 15. un fruhen 16. Jahrhunderts (Cologne and Vienna, 1986), pp. 9~11 and D. R. Täube, *Monochrome Plastik. Entwicklung, Verbreitung und Bedeutung eines Phanomens niederländischer Malerei der Gothik* (Essen, 1991), pp. 165~167.

61. Ambrosius, *De Mysteriis*, ch. 8, in P. L. Migne, XVI, coll. 405. 이 문제에 대해서는 다음을 보라. E. Auerbach, 'Figura' in *Neue Dantestudien* (Istanbul, 1944), pp. 11~71, and H. De Lubac, *Exégesè Médiévale. Les quatres sens de l' Ecriture* (Paris, 1959), pp. 316~321.

62. 세부적인 내용에 대해서는 다음을 보라. E. Pax, 'Epighanie', in *Reallexikon für Antike und Christentum* (Stuttgart, 1962), v. coll. 876~879, and E. Pfuhl, 'Apolodoros *Ο Σκιαγραφοσ*', *Jahrbuch des Kaiserlich Deutschen Archaologischen Instituts*, XXV (1910), pp. 12~28. (here p. 25).

63. 이 주제에 관해서는 다음을 보라. B. G. Lane, *The Altar and the Altarpiece: Sacramental Themes in Early Neherlandish Painting* (New York, 1984), pp. 25~35, 이 책의 저자는, 이 작은 그림이 성체가 보관되어 있는 벽감의 문이었다는 사실에 따른 가정을 뒷받침하는 데까지 논의를 진전시켰다.

64. 다음의 책에 있는 내용을 보라. Anz, *Die lateinischen Magierspiele*, pp. 130~158.

65. U. Nilgen, 'The Epiphany and the Eucharist: On the Interpretation of Eucharistic Motifs in Medieval Epiphany Scenes', *Art Bulletin*, XLIX (1967), pp. 311~316; B. G. Lane, '"Ecce Panis Angelorum": The Manger as Altar in Hugo's Berlin Nativity', *Art Bulletin*, LVII (1975), pp. 476~486.

66. K. Young, *The Crama of the Medieval Church* (Oxford, 1933), pp. 29~101; R. Hatfield,

Botticelli's Uffizi 'Adoration' (Princeton, NJ, 1976), p. 61.

67. A. C. Quintavalle, *La Regia Galleria di Parma* (Rome, 1939), pp. 150~153. 이 그림에 주목하게 해 준 티에리 르냉Thierry Lenain에게 감사를 표한다.

- 3 -

1. 최근의 자료로는 다음이 있다. G. Kraut, *Lukas malt die Madonna. Zeugnisse zum künstlerischen Selbstverständis in der Malerei* (Worms, 1986), pp. 80~96.
2. K. Gross, 'Lob der Hand im klassischen und christlischen Altertum', *Gymnasium*, LXXXIII (1976), pp. 423~440; M. Warnke, 'Der Kopf in der Hand', in W. Hofmann, ed., *Zauber der Medusa. Europäische Manierismen* (Vienna, 1987), pp. 55~61, 또한 특별히 손 그림자라는 모티프에 대해서는 다음의 책을 참고하였다. Oskar Bätschmann and Pascal Griener, 'Holbein-Apelles. Weltbewerb und Definition des Kunstlers', *Zeitschrift für Kunstgeschichte*, LVII (1994), pp. 626~650.
3. A. Chastel, *Art et Humanisme à Florence au temps de Laurent le Magnifique* (Paris, 1959), pp. 102~105; M. Kemp, 'Ogni dipintore dipinge se: A Neoplatonic Echo in Loenardo's Art Theory', in C. H. Clough, ed., *Cultural Aspects of the Italian Renaissance: Essays in Honour of Paul Oskar Kreisteller* (New York, 1976), pp. 311~323; F. Zollner, '"Ogni Pittore Dipinge Se". Leonardo da Vinci and "Automimesis"', in M. Winner, ed., *Der Künstler über sich selbst. Internationales Symposium der Bibliotheca Hertziana Rom* 1989 (Weinheim, 1992), pp. 137~160.
4. 부알로의 말은 분명히 아우구스티누스(*De Civitate Dei*, XI, xxiii, 71)에게서 영감을 받은 것인데, 그에 따르면 '그림에 검은 색이 포함되어 있는 것처럼, 세상 그 자체는 죄의 존재가 있음에도 아름다울 수 있다' *(sicut pictura cum colore nigro loco suo posito, ita universitas rerum, si quis possit intueri, etiam cum peccatoribus pulchra est, quamvis per se ipsos consideratos sua deformitas turpet)*는 것이다. 미학 용어 속에서 부알로의 이러한 도덕적 진술에 대한 번역은 이후, 라이프니츠에 의해 그 도덕적 존재론적 기원들이 밝혀지고 추적되었고, 그는 이것을 신정론神正論: theodicy의 교의들 가운데 하나로 만들고자 했다. 1671년 10월에 브라운슈비히-루네부르크Friedrich von Braunschwieig-Luneburg에게 보냈던 라이프니츠의 편지를 보라. G. W. Leibniz, *Sämtliche Schriften und Briefen herausgegeben von der Preussischen Akademie der Wissenscahften zu Berlin*, zweite Reihe (Darmstadt, 1926), I, p. 162 여기에서 그는 '사랑스러운 명암을 통한 그림(되기)(das bild durch schattierung lieblicher (wird))' 라고 진술하고 있으며, 이는 그가 *Confessio philosophi* (1673), ed. Otto Saame (Frankfurt am Main, 1967), pp. 36~37 ('*per harmoniam rerum universalem, picturam umbris, consonantiam dissonantiis distinguentem*')에서 발전시키고 있는 개념이다. 이 금언의 철학적 운명에 대해서는 일찍이 헤겔이 인용했던 문장을 보라(이 책 서문의 주 2).
5. 이러한 내 견해는 J. Roudau, *Une ombre au tableau* (Chavagne, 1988, pp. 220ff에서 영감받은

것이다.

6. 최근의 자료로는 다음과 같은 것들이 있다. O. Bätschmann, 'Giovan Pietro Belloris Bildbeschreibungen', in G. Boehm 그리고 G. Pfotenhauer, eds, *Beschreibungskunst-Kunstbeschreibung. Ekphrasis von der Antike bis zur Gegenwart* (Munich, 1995), pp. 279~300 (here p. 293).

7. 다음을 참조하라. E. Panofsky, *Idea. Contribution a l' histoire du concept de l' ancien theorie de l' art* [1924], French trans. by H. Joly (Paris, 1983), pp. 128~135.

8. G. P. Bellori, *L' Idea del pittore……* (1672), in Panofsky, Idea, pp. 168~169.

9. Bellori, *L' Idea del pittore……*, pp. 174~175.

10. M. Winner, '"…… una certa idea". Maratta zitiert einen Brief Raffaels in einer Zeichnung', in Winner, ed., *Der Kunstler uber sich selbst*, pp. 511~551 (here pp. 538~539).

11. 카르두초의 엠블럼과 자화상에 관해서는 발트만(S. Waldmann)의 견해가 큰 도움이 되었다. *Der Kunstler und sein Bildnis im Spanien des Siglo de Oro* (Frankfurt am Main, 1995) pp. 155~157.

12. *Correspondance de Nicloas Poussin publiee d' apres les originaux par Ch. Jouanny*, (Paris, 1968), v, 147.

13. *Correspondance*, 2 August 1648.

14. *Correspondance*, v. 172.

15. *Correspondance*, v. 181.

16. G. P. Bellori, *Le Vite de' pittori, scultori e architetti moderni* [1975], ed. E. Borea (Turin, 1976), p. 455.

17. 특히 다음의 책을 참고하라. Bätschmann, *Nicolas Poussin*, pp. 47~49 그리고 L. Marin, 'Variations sur un portrait absent: les autoportraits de Poussin', 1649~1650', *Corps écrit*, v (1983), pp. 87~106; M. Winner, 'Poussin Selbstbidnis im Louvre als kunsttheoretische Allegorie', *Romisches Jahrbuch für Kunstgeschichte*, XX (1983), pp. 419~451, and Stefan Germer, 'L' Ombre du peintre: Poussin vu par ses biographes', in M. Wascheck, ed., *Les 'Vies' d' artistes. Actes du colloque international organisé par le Servis culturel du musée du Louvre oes 1er et 2 octobre 1993* (Paris, 1996), pp. 105~124.

18. Bätschmann, *Nicolas Poussin*, pp. 49~52; E. Cropper, 'Painting and Possession: Poussin' s Portrait for Chantelou and the Essays of Montaigne', in Winner, *Der Kunstler uber sich selbst*, pp. 485~510.

19. P. F. de Chantelou, *Journal du Voyage du Cavalier Bernini en France* (Paris, 1930), p. 124 (19 August, 1665).

20. 그림자에 대한 푸생의 생각에 대해서는 배춰Bätschmann의 저서를 참고하라. Batschmann, *Nicolas Poussin*, passim.

21. 17세기의 제작 시나리오에 관한 정보로는 다음을 참고하라. V. I. Stoichita, *The Self-*

Aware Image: An Insight into Early Modern Meta-Painting (Cambridge and New York, 1997).

22. 나는 다음의 책에 등장하고 있는 흥미로운 논제들을 고려할 수가 없었는데, 나의 저술이 끝난 이후에 이 책이 출간되었기 때문이다. M. D. Sherif, *The Exceptional Woman: Elisabeth Vigée-Le Brun and the Cultural Politics of Art* (Chicago, 1996), pp. 230~235

23. B. Schubiger, 'Allegorien der Künste und Wissenschaften. Ein Zyklus des franzosischen Malers Sebastien II Le Clerc (1676~1763) aus dem Jahre 1734 im Schloss Waldegg bei Solothrun', *Zeitschrift für Schweitzerische Archaologie und Kunstgeschichte*, LI (1994), pp. 77~92.

24. E. Zola, L' Oeuvre, vol. XIV in the series *Les Rougon Macquart* (Paris, 1966), p. 84.

25. S. Mallarme, 'The Impressionists and Edouard Manet', *The Art Monthly Review* [London] (30 September 1876). 나는 베르디에의 프랑스어 번역문을 편집한 것인데, 이 번역문은 다음의 책에 실려 있다. D. Riout, ed., *Les Ecrivains devant l' Impressionnisme* (Paris, 1989), pp. 88~104 (here p. 97).

26. R. L. Herbert, *Le Plaisir et les jours. L' Impressionnisme* (Paris, 1991), p. 6.

27. C. Baudelaire, 'L' Art Philosophique', *Ecrits sur l' art*, II (Paris, 1971), p. 119.

28. C. Baudelaire, 'Le Peintre de la vie moderne', *Ecrits sur l' art*, II, pp. 176. 발터 벤야민의 보들레르와 19세기 파리에 대한 연구 저작들이 또한 참고되어야 한다.

29. Monet, letter V, 1854, dated 11 August 1908, in D. Wildenstein, *Claude Monet. Biographie et catalogue raisonné*, IV [1899~1926] (Lausanne and Paris, 1985), p. 374.

30. 또한 다음의 책에 모아진 글들과 주석들을 참고하시오. S. Z. Levine, *Monet and His Critics* (New York 1976).

31. E. Sarradin, in *Journal des Débats* (12 May 1909), S. Z. Levine, *Monet, Narcissus and Self-Reflection: The Modernist Myth of the Self* (Chicago, 1994), p. 217에서 재인용.

32. Gheon, Nouvelle Revue Francaise, I (1 July 1909), p. 533, Levine, *Monet and His Critics*, p. 314에서 재인용.

33. 다음의 책을 보라. Levine, *Monet, Narcissus and Self-Reflection.*

34. 이 내용에 대해서는 다음을 보라. T. Junichiro, *Eloge de l' ombre* [1933], French trans. by R. Sieffert (Paris, 1977). 동양 회화에서 그림자의 재현에 관해서는 연구된 것이 거의 없음에도 불구하고, 나는 우연히 브링커H. Brinker의 정식 출간되지 않은 학술회의 자료를 만날 수 있었는데, 이 글의 저자는 나에게 충분히 아이디어를 주었고 또한 이 글이 밝혀내고 있는 바는 대단히 유용했다. H. Brinker: '*Spuren der Wirklichkeit. Vom Schatten in Ostasiens Malerei und Graphik*'

35. Geffroy, in Levine, *Monet and His Critics*, p. 380.

36. A. Scharf, *Art and Photography* (London, 1968).

37. 예컨대 다음을 보라. Stoichita, *The Self-Aware Image.*

38. S. Greenough and J. Hamilton, *Alfred Stieglitz. Photographs and Writings* (Washington, D.C., 1983), V, 45.

39. W. Kandinsky, *Rücklblicke* (Berlin, 1913).

40. W. Benjamin, 'Kleine Geschichte der Fotografie' , in Angelus Novus (Frankfurt am Main, 1988), pp. 232ff.

41. R. Täpffer (1841) in W. Kemp, *Theorie der Fotografie* I, 1839~1912 (Munich, 1980), pp. 70~77.

42. C. S. Pierce, *Ecrits sur le signe*, French trans. by G. Deledalle (Paris, 1978), p. 158. 사진과 상징의 관련에 대해서는 다음을 참고할 수 있다. R. Krauss, *Le Photographique. Pour une théorie des écarts*, French trans. by M. Bloch 또한 J. Kempf (Paris, 1990) and P. Dubois, *L'Acte photographique* (Paris and Brussels, 1983).

43. D. Roche, *Autoportraits photographiques* 1898~1981 (Paris, 1981); E. Billeter et al., *L'Autoportrait a l'age de la photographie. Peintres et photographes en dialogue avec leur propre image* (Lausanne, 1985).

44. D.-H. Kahnweiler, 'Gesprache mit Picasso' , *Jahresring*, 59/60 (Stuttgart, 1959), pp. 85~86. Y.-A. Bois, 'The Semiology of Cubism' , in W. Rubin et al., *Picasso and Braque: A Symposium* (New York, 1992)에서 재인용.

45. 나는 Y.-A. Bois가 만들어낸 표현을 인용했고 이는 다음의 책에 실려 있다. W. Rubin et al., *Picasso and Braque.*

46. C. Zervos, *Pablo Picasso* (Paris, 1956), VII, nos. 126, 245~248, 426, 445, 451, etc. 나는 다음의 책에 등장하고 있는 흥미로운 논제들을 고려할 수가 없었는데, 나의 저술이 끝난 이후에 이 책이 출간되었기 때문이다. Kirk Varnadoe, 'Les Autoportraits de Picasso' , in W. Rubin, ed., *Picasso et le portrait*, exh. cat. (Paris and New York, 1996~97), pp. 149~161

47. Zervos, *Pablo Picasso*, VII, 143. 이 주제에 관해서는 다음을 참고하시오. K. L. Kleinfelder, *The Artist, His Model, Her Image, His Gaze: Picasso's Pursuit of the Model* (Chicago and London, 1993), pp. 24~28.

48. 홀리에Denis Hollier는 'Portrait de l' artiste en son absence (Le peintre sans son modele)' , Les Cahiers du Musèe d' Art Moderne, XXX (Winter 1989), pp. 5~22에서 두 그림의 연대를 다르게 기록했다. (피카소 미술관에 있는 작품은 12월 29일의 것으로, 그리고 온타리오 아트 갤러리에 있는 작품은 12월 30일의 것으로). 결론적으로 홀리에가 제안하고 있는 회화적 서사는 나의 논지와는 다르다.

49. C. Gottlieb, 'The Bewitched Reflection' , *Source*, IV (1985), pp. 59~67.

- 4 -

1. J. von Sandrart, *Academie der Bau-, Bild- und Mahlerey-Kunste von 1675, ed. A. R. Peltzer* (Munich, 1925), p. 297.

2. 다음을 보라. P. Della Valle, *Viaggi di Pietro della Valle, Il Pellegrino* (Venice, 1667), Book I.

3. 다음을 보라. Rosenblum, 'The Origin of Painting', pp. 279~280.

4. 다음을 보라. Batschmann, *Nicolas Poussin*, pp. 45~46.

5. 최근의 논의로는 다음의 저서들이 있다. N. Choné, *L' Atelier des nuits. Histoire et signification du nocturne dans l' art de l' Occident*, (Nancy, 1992), 그리고 B. Borchhardt-Birbauner, 'Das "Nachtstück": Begriffsdefinition und Entwicklung vor der Neuzeit', *Wiener Jahrbuch für Kunstgeschichte*, XLVI/XLVII (1993/1994), pp. 71~85.

6. *Anecdotes des Beaux-Arts* (Paris, 1776), I, p. 6.

7. Alberti, *On Painting*, trans. J. R. Spencer, Book I, p. 50.

8. G. Bauer, 'Experimental Shadow Casting and the Early History of Perspective', *Art Bulletin*, LXIX (1987), pp. 211~219.

9. J. Dubreuil, *Perspective Pratique* (Paris, 1651), p. 127.

10. C. Ridolfi, *Le meraviglie dell' arte, ovvero le vite degli piu illustri pittori veneti e dello stato*, (Berlin, 1924), II, p. 15.

11. E. J. Olszewski, 'Distortions, Shadows and Conventions in Sixteenth-century Italian Art', *Artibus et Historiae*, XI (1985), pp. 101~124.

12. Samuel Van Hoogstraten, *Inleyding tot de Hooge Schoole der Schilderkonst* (Rotterdam, 1678), p. 25.

13. 최근의 논의로는 다음의 책이 있다. C. Brusati, *Artifice and Illusion: The Art and Writing of Samuel van Hoogstraten* (Chicago, 1995), pp. 90, 193~199.

14. A. Kircher, Ars Magna Lucis et Umbrae (Rome, 1646), pp. 128~129. 이 문맥에 대해서는 다음을 참고하라. M. Casciato, M. G. Ianniello and M. Vitale, eds, *Enciclopedismo in Roma Barocca. Athanasius Kircher e il Museo del Collegio Romano tra Wunderkammer e museo scientifico* (Venice, 1986).

15. 네겔라인Nägelein, 프라델Pradel, 프라처Frazer의 연구서들(서문에서 인용했던)에 덧붙여, '그림자'의 융의 개념을 발전시킨 M.-L. von Franz, *Shadow and Evil in Fairy Tales* (Irving, 1974)를 보라. 또한 O. Rank, *Don Juan et le Double* [1914] (Paris, 1973)를 참고하라.

16. Sigmund Freud, 'The Uncanny' [*Das Unheimliche*, 1919], in *Art and Literature*, ed. A. Dickson, vol. XIV of the Pelican Freud Library (Harmondsworth, 1985), pp. 347 and 358. 이 번역본은 1955년에 처음 출간되었다. vol. XVII of *The Standard Edition of the Complete Psychological Works of Sigmund Freud*, trans. and ed. by J. Strachey, 24 vols (London, 1953~74).

17. Corneille, *The Theatrical Illusion*, v, i, 3~6, trans. J. Cairncross (Harmondsworth, 1980).

18. H. Sckommodau, 'Die Grotte der "*Illusion comique*"', in *Wort und Text. Festschrift für Fritz Schalk* (Frankfurt am Main, 1963), pp. 280~293.

19. M. Löwensteyn, 'Helse hebzucht en wereldse wellust. Een iconografische interpretatie van enkele heksenvoorstellingen van Jacques de Gheyn II', *Kwade mensen. Toverij in Nederland Volkskundig Bulletin*, XII/1 (1986), pp. 241~261.

20. *Die Kunst der Kunst. Elemente einer Metaasthetik* (Stuttgart and Zurich, 1991), pp. 214~215 에 기술되어 있는 나딘M. Nadin의 견해를 참고하시오.

21. Rank, *Don Juan et le Double*, p. 186.

22. A. Furetiere, *Dictionnaire universel* (The Hague and Rotterdam, 1727), s. v. Ombre.

23. J. Sambucus, *Emblemata* (Antwerp, 1564), p. 246.

24. W. Kraus, *Das Doppelgangermotiv in der Romantik* (Berlin, 1930); A. Hildenbrock, *Das andere Ich. Künstlicher Mensch und Doppelgänger in der deutsch- und englischsprachigen Literatur* (Tubingen, 1986); B. Boie, *L'Homme et ses simulacres. Essai sur le Romantisme allemand* (Paris, 1979).

25. C. A. Sarnoff, 'The Meaning of William Rimmer's "*Flight and Pursuit*"', *The American Art Journal*, v (1973), pp. 18~19; M. Goldberg, 'William Rimmer's "*Flight and Pursuit*": An Allegory of Assassination', Art Bulletin, LVIII (1976), pp. 234~240.

26. G. De Chirico, 'Meditations of a painter. What the painting of the future might be', Appendix B: Manuscript from the Collection of Jean Paulhan, in James Thrall Soby, *Giorgio de Chirico*, p. 247.

27. G. De Chirico, Appendix A: Manuscript from the Collection of the Late Paul Eluard, in Soby, *Giorgio de Chirico*, p. 247.

28. G. De Chirico, Appendix A, in Soby, *Giorgio de Chirico*, p. 245.

29. G. De Chirico, 'Meditations of a painter', p. 251.

30. R. Arnheim, Art and Visual Perception: A Psychology of the Creative Eye (Berkeley and Los Angeles, 1954).

31. G. De Chirico, *Noi, Metafisici* (Rome, 1910).

32. G. De Lairesse, *Le Grand Livre des Peintres* (Paris, 1787), I, pp. 421~422.

33. C. Metz, *Essais sur la signification au cinema* (Paris, 1983), I, p. 39ff.

34. 다음을 보라. M. Henry, *Le Cinéma expressionniste allemand: un langage métaphorique* (Fribourg, 1971), p. 26, and L. Eisner, *L'Ecran démoniaque* (Paris, 1952).

- 5 -

1. *Encyclopédie* (Neuchatel, 1765), XII, p. 267.

2. J.-J. Rousseau, *Essai sur l'origine des langues*, ch. I.

3. 이 주제에 관해서는 데리다의 논평을 참고하시오. *De la grammatologie* (Pairs, 1967) p. 327~344.

4. R. Rosenblum, 'The Origins of Painting'; G. Levitine, 'Addenda to Robert Rosenblum's "The Origins of Painting": A Problem in the Iconography of Romantic Classicism', *Art Bulletin*, XL (1958), p. 329~331; H. Wille, 'Die Erfindung der Zeichenkunst', in *Beiträge zur Kunstgeschichte. Eine Festagabe für H. R. Rosemann zum* 9. Oktober 1960 (Munich, 1960), pp.

279~300; H. Wille, 'Die Debutades-Erzählung in der Kunst der Goethezeit', *Jahrbuch der Sammlung Kippenberg*, N. F., II (1970), pp. 328~351; E. Darragon, 'Sur Dibutade et l'origine du dessin', Coloquio Artes, II series, 52/1 (1982) pp. 42~49; J.-Cl. Lebensztejn, *L'Art de la tache. Introduction à la 'Nouvelle Methode' d'Alexander Cozens* (Paris, 1990), pp. 277~300; H. Damisch, *Traité du Trait*, pp. 61~76.

5. A.-L. Girodet-Trioson, *Oeuvres posthumes* (Paris, 1829), I, p. 48.
6. J. H. Fussli, from *The Life and Writings of Henry Fuseli, Esq.*, ed. John Knowles, II, pp. 25, 26.
7. J. C. Lavater, *Physiognomische Fragmente zur Beförderung der Menschenkenntnis und Menschenliebe. Eine Auswahl*, (Stuttgart, 1984). 따로이 명시하지 않은 경우라도 라바터를 인용한 모든 문구들은 홀크로프트Thomas Holcroft가 번역한 <관상학에 관한 에세이들*Essays on Physiognomy*>에서 가져온 것이다(이 부분의 인용은 pp. 187~188). 역자가 영어판에서 확정짓지 못한 부분은 불어판을 참고하였다.
8. Lavater, *Essays on Physiognomy*, pp. 188~189.
9. Lavater, *Essays on Physiognomy*, p, 65.
10. G. C. Lichtenberg, *Werke in einem Band* (Stuttgart, 1935), *Remarks on and Essay upon Physiongnomy*, by Professor Lichtenberg, in Holcrogt's Edition of *Essays on Physiognomy*, p. 267에서 재인용.
11. J. C. Lavater, *Physiognomische Fragmente. Eine Auswahl*, p. 60 (translator's version).
12. J. P. Eckermann, *Gesprache mit Goethe in den Letzten Jahren seines Lebens* (Munich, 1984), pp. 273~274 (17 February 1829).
13. 이 문제에 관한 정보로는 다음을 보라. E. Benz, 'Swedenborg und Lavater. Ueber die religiösen Grundlagen der Physiognomik', *Zeitschrift für Kirchengeschichte*, III Folge, LVII (1938), pp. 153~219, and B. M. Stafford, *Body Criticism: Imagining the Unseen in Enlightenment Art and Medicine* (Cambridge, MA, 1991), pp. 84~103; E. Shookman, ed., The Faces of Physiognomy: Interdisciplinary Approaches to Johann Caspar Lavater (Drawer/Columbia, 1993); K. Pestalozzi and H. Weigelt, *Das Antlitz Gottes im Antlitz des Menschen. Zugange zu Johann Kaspar Lavater* (Gottingen, 1994).
14. J. C. Lavater, *Physiognomische Fragmente zur Beförderung der Menschenkenntnis und Menschenliebe*, II (Leipzig and Winterthur, 1776) p. 132 (tranlator's version).
15. J. C. Lavater, *Essays on Physiognomy*, (*Physiognomische Fragmente zur Beförderung der Menschenkenntnis und Menschenliebe*), IV (Leipzig and Winterthur, 1778), p. 390.
16. J. C. Lavater, *Physiognomische Fragmente. Eine Auswahl*, p. 275 (translator's version).
17. 다음의 책에 실린 글을 보라. C. Steinbrucker, *Lavaters Physiognomische Fragmente im Verhaltnis zur bildenden Kunst* (Berlin, 1915), p. 168.
18. A. Cozens, *Principles of Beauty. Relative to the Human Head* (London, 1778), pp. 1~3 and 7~10.
19. E. Burke, *A Philosophical Enquiry into the Origins of our Ideas of the Sublime and Beautiful* (London,

1757), Part II, sections XIV~XVII.

20. Lavater, *Essays on Physiognomy*, p. 47.

21. Laveter, *Physiognomische Fragmente. Eine Auswahl*, pp. 377~394 (translator' s version).

22. G. Gessner, *Johann Kaspar Lavaters Lebensbeschreibung von seinem Tochtermann* G. G., 3 vols (Winterthur, 1802~10); R. C. Zimmermann, *Das Weltbild des jungen Goethe* (Munich, 1969~79), II, pp. 213~234.

23.다음을 참고하라. C. A. Peuschel, *Abhandlung der Physiognomie, Metoskopie und Chiromantie* (1769).

24. 다음을 참고하라. H. D. Kittsteiner, 'Die Abschaffung des Teufels im 18. Jahrhundert. Ein kulturhistorisches Ereignis und seine Folgen' , in A. Schuller and W. von Rahden, eds, *Die andere Kraft. Zur Renaissance des Bösen* (Berlin, 1993), pp. 55~92.

25. Anon. (C. W. Kindleben), *Ueber die Non-Existenz des Teufels. Als Antwort auf die demuthige Bitte um Belehrung an die grossen Männer, welche and keinen Teufel glauben*, (Berlin, 1776), pp. 4 and 17ff.

26. C. W. Kindleben, *Der Teufelein des achtzehnen Jahrhunderts letzter Akt*…… (Leipzig, 1779), p. 50.

27. H. D. Kittsteiner, 'Die Abschaffung des Teufels im 18. Jahrhundert' , p. 73.

28. J. C. Lavater, Von der *Physiognomik* (Leipzig, 1772), p. 79.

29. D. Diderot, *Elements de phychologie* (1778), ed. J. Mayer (Paris, 1964), p. 266. 이 논제에 관해서는 다음을 참고하라. B. M. Stafford, 'From "Brilliant Ideas" to "Fitful Thoughts": Confecturing the Unsee in Late Eighteenth-century Art' , *Zeitschrift für Kunstgeschichte*, XLVIII (1985), pp. 329~363 (here p. 345).

30. 이 문제에 대해서는 다음을 참고하라. W. Sauerländer, 'Überlegungen zu dem Thema Lavater und die Kunstgeschichte' , *Idea*, VII (1988), pp. 15~30.

31. J. C. Lavater, *Physiognomische Fragmente zur Befärderung der Menschenkenntnis und Menschenliebe*, I (Leipzig and Winterthur, 1775), (Lavater' s underlining) p. 134 (translator' s version).

32. 다음을 참고하라. Reference 7 above.

33. Adelbert von Chamisso, *Pierre Schlemihl* (Paris, 1822) (translator' s version). [역자 후기: 불어판에는 있는 서문이 이 책의 인용문들이 따르고 있는 영어판에는 게재되어 있지 않다]

34. 다음을 참고하는 것이 도움이 될 것이다. G. von Wilpert, *Der verlorence Schatten. Varianten eines literarischen Motivs* (Stuttgart, 1978); D. Walach, ed., *Adelbert von Chamisso. Peter Schlemihls wundersame Geschichte. Erläuterungen und Dokumente* (Stuttgart, 1987).

35. 모든 인용문구들은 *The Wonderful History of Peter Schlemihl* (London, 1954)에서 가져왔다.

36. Achim von Arnim, *Jemand und Niemand. Ein Trauerspiel (1813), Achims von Arnim Sämtliche Werke*, VI (Berlin, 1840), pp. 109~138.

37. 이러한 해석을 독일 학자들은 고려의 대상에 놓지 않는 것으로 보이고 또한 무시될 위기에 처해 있기 때문에, 나는 영어의 언어 체계가 페터 슐레밀의 줄거리에는 근본적인 것이라는 지적을 하고 싶다(우리 주인공의 주된 적 이름은 라스칼이다).

38. 이러한 내 견해의 출발점은 레만R. Lehmann의 다음 논문이다. *Der Mann ohne schatten in Wort und Bild. Illustrationen zu Chamissos 'Peter Schlemihl' im* 19. und 20. Jahrhundert (Frankfurt am Main, 1995), 비록 내가 그의 모든 결론을 수용하지는 않지만 말이다.

39. I. Kant, *Logik, Werke*, VIII (Berlin, 1923) p. 343. 또한 다음을 참고하라. M. Foucault, *Les Mots et les choses. Une archéologie des sciences humaines* (Paris, 1966) p. 352.

40. 보드리야르J. Baudrillard의 용어, *L'echange symbolique et la mort* (Paris, 1976), p. 216ff.

- 6 -

1. 이러한 문제제기는 다음에서 등장한다. Yve-Alain Bois, 'Malevich, le carré', le degré zéro', *Macula*, I (1976), pp. 28~49 (here p. 49).

2. El Lissitzky, 'New Russian Art: A Lecture', in Sophie Lissitzky-Küppers, *El Lissitzky* (London, 1969), p. 333.

3. K. Malevich, Manifesto of *Suprematism* (St Petersburg, 1915), Malevich's underlining. F. Ph. Ingold, 'Welt und Bild. Zur Begründung der suprematistischen Aesthetik bei Kazimir Malevi?', in G. Boehm, ed., *Was ist ein Bild?* (Munich, 1994), pp. 367~410.

4. 나는 전시 도록에 실려 있는 글의 독일어판을 사용하였다. Sieg uber die Sonne. Aspekte russischer Kunst zu Beginn des 20. Jahrhunderts (Berlin, 1983), pp. 53~73. C. Douglas, Swans of Other Worlds. Kazimir Malevich and the Origins of Abstraction in Russia (Ann Arbor, 1980), pp. 35~47; W. Sherwin Simmons, *Kasimir Malevich's Black Square and the Genesis of Suprematism* 1907~1915 (New York and London, 1981). J. A. Isaak, *The Ruin of Representation in Modernist Art and Texts* (Ann Arbor, 1986), pp. 75~85, and H. Günther, 'Die Erstaufführung der futuristischen Oper "Sieg uber die Sonne"', *Wallraf-Richartz-Jahrbuch*, LIII (1992), pp. 189~207.

5. 다음에서 인용된 편지 J. Kowtun, 'Sieg uber die Sonne. Materialien', in the cataloque Sieg *über die Sonne*, p. 49.

6. 이러한 예시들에 대해 가를라흐P. Garlach에 대해 감사를 표한다. 'Zeichenhafte Vermittlung von Innenwelt in konstruktivistischer Kunst', in H. Hollander and C. W. Thomsen, eds., *Besichtigung der Moderne: Bildende Kunst*, Architektur, *Musik, Literatur, Religion. Aspekte und Perspektive* (Cologne, 1986), pp. 157~190. 관련된 다른 예들을 보려면 다음을 책을 참고하시오. D. Riout, *La Peinture Monochrome. Histoire et archeologie d'un genre* (Nimes, 1996), pp. 167~245.

7. 가장 최근의 연구로는 다음과 같은 것들이 있다. Fr. Teja Bach, 'La Photographie de

Brancusi' in the exhibition catalogue *Constantin Brancusi photographe* (Paris, 1995), 그리고 A.-Fr. Penders, *Brancusi, la photographie* (Brussels, 1995). '태초' 와 말레비치의 절대주의에 관해서는 다음을 참고하라. F. Teja Bach, *Constantin Brancusi: Metamorphosen plastischer Form* (Cologne, 1987), p. 192.

8. R. Payne, 'Constantin Brancusi' , *World Review* (October 1949), p. 63.
9. Man Ray, *Self Portrait* (New York, 1979), p. 208.
10. From Nietzsche' s *The Gay Science*, trans. W. Kaufmann (New York, 1974), pp. 273~274. '플라톤적인 역전' 은 니체의 표현들(그리고 형이상학적 프로젝트들) 가운데 하나다. 유사성의 등장과 같은 '역전' 에 대해서는 다음을 보라. G. Deleuze, *Logique du sens* (Paris, 1969), pp. 292~307. 브랑쿠시와 플라톤에 관해서는 다음을 참고하시오. C.-R. Velescu, *Brancusi initiatul* (Buchrest, 1993).
11. M. Foresta u. a., *Perpetual Motif: The Art of Man Ray* (New York, 1988), p. 77.
12. 이러한 논의는 다음의 글에서 주어진 것이다. A. Schwarz, *The Complete Work of Marcel Duchamp* (New York, 1970), p. 471. <튀 엠>에 관해서는 다음의 자료를 참고하라. T. Lenain, 'Le Dernier tableau de Marcel Duchamp. Du trompe-l' oeil au regard Desabuse' , *Annales d' histoire de l' art et archeologie* [Brussels], VI (1984), pp. 79~104; R. Krauss, Le Photographique, pp. 70~87; K. Ludeking, 'Uber den schatten' , Tumult, XIV (1990). 더 최근의 책으로는 다음의 것이 있다. J. A. Ramirez, D*uchamp, el amor y la muerte, incluso* (Madrid, 1994), p. 62.
13. Schwarz, *The complete Work*, p. 471.
14. M. Duchamp, *The Essential Writings of Marcel Duchamp*, ed. M. Sanouillet and E. Peterson (London, 1975), p. 72.
15. 이러한 문제에 대해서는 다음을 보라. J. Clair, *Duchamp et la photographie* (Paris, 1977).
16. 다음을 참고하시오. Lüdeking, 'Ueber den Schatten' , p. 98.
17. Lenain, 'Le Dernier tableau de Marcel Duchamp' , p. 97.
18. Lenain, 'Le Dernier tableau de Marcel Duchamp' , p. 102, and Krauss, *Le Photographique*, p. 80.

- 7 -

1. C. Boltanski, *Inventar* (Hamburg, 1991), pp. 73~75.
2. 나는 다음의 책에 실려 있는 수집된 자료들을 참고하였다. P. S. Smith, *Andy Warhol' s Art and Film* (Ann Arbor, 1986), pp. 198~202.
3. 이러한 아이디어에 대한 더 심층적인 정보에 관해서는 배쉬만(Batschmann)의 책을 참고하시오(출간 예정).
4. C. Richey, in *Artforum*, XVII (April 1979), p. 73. 다른 저자들은 캔버스의 수(67 + 16)를 참

고하는 다른 방식을 가지고 있다는 점을 언급해야 할 것이다. 이에 관해서는 다음을 참고하라. D. Bourdon, Andy Warhol (New York, 1989), p. 372.

5. 워홀과 데 키리코의 관계에 대한 정보를 얻고자 한다면, 쿠스핏D. Kurspit의 다음 저서를 참고하라. *The Cult of the Avant-Garde Artist* (Cambridge and New York, 1993), pp. 67ff.

6. 'Industrial metaphysics. Interview with Andy Warhol by Achille Bonito Oliva', in A. Bonito Oliva, ed., *Warhol verso de Chirico* (Milan, 1982), p. 70.

7. 데 키리코가 그라츠F. Gratz에게 보내는 편지. G. Roos, 'Giorgio de Chirico und seine Malerfreunde Fritz Gratz, Georgios Busianis, Dimitrios Pikionis in München 1906~1909, in W. Schmied and G. Roos, *Giorgio de Chirico Munchen* 1906~1909 (Munich, 1994), p. 177에서 인용.

8. Soby, *Giorgio de Chirico*, p. 245.

9. Nietzsche, *Ecce Homo*, XV, 65.

10. Nietzsche, *Gaya Scienza*, 341.

11. G. Deleuze, *Logique du sens*, pp. 292~307. 또한 다음 책을 참고하시오. T. Lenain, *Pour une critique de la raison ludique. Essai sur la problematique nietzschéenne* (Paris, 1993), pp. 112~143.

12. P. S. Smith, *Andy Warhol's Art and Films*, p. 202에서 인용된 앤디 워홀의 말.

13. G. Bandman, 'Bemerkungen zu einer Ikonologie des Materials', *Städel Jahrbuch*, N. F. 2 (1969), pp. 75~100에서 나오는 표현. 또한 다음 책을 참고하시오. T. Raff, *Die Sprache der Materialien. Anleitung zu einer Ikonologie der Werkstoffe* (Munich, 1994), 특히 앤디 워홀에 대해서는 다음을 참고하시오. 'Do it Yoruself: Notes on Warhol's Techniques', in K. McShine, ed., *Andy Warhol. A Retrospective* (New York and Boston, 1986), pp. 63~80.

14. 이러한 문제에 대해서는 다음을 보라. C. F. Stuckey, 'Andy Warhol's Painted Faces', *Art in America*, 68 (May 1980), pp. 112~119 그리고 특히 다음이 참고가 될 것이다. R. A. Steiner, 'Die Frage nach der Person. Zum Realitätscharakter von Andy Warhols Bildern', *Pantheon*, XLII (1984), pp. 151~157.

15. 워홀은 데 키리코에 대해 다음과 같이 말했다. '나는 그를 볼 때마다 언제나 그를 알아 왔다고 느꼈다. 가도 나와 같은 방식으로 느낀다고 생각한다...... 언젠가 그는 우리 둘 다 흰 머리칼을 가지고 있다는 사실에 대해 말하기도 했다!' ('Industrial metaphysics', p. 70).

16. 우리는 보드리야르가 권고한 의문의 선을 따라가고 있다. Baudrillard, *L'Echange symbolique et la mort*, pp. 110~121 and 216~220.

17. 이 날짜는 브라운A. Brown이 발견하였다. A. Brown, *Andy Warhol: His Early Works*, 1947~1959 (New York, 1971).

18. 또한 다음 책을 참고하시오. G. Deleuze, *Différence et Répétition* (Paris, 1968), pp. 164~168 and Deleuze, *Logique du sens*, pp. 292~307.

19. 이 주제에 관해서는 작가 자신의 설명을 들을 수 있다. P. Klee, *Das bildnerische Denken.*

Form- und Gestaltungslehre, I (Basle and Stuttgart, 1971), pp. 94~96.

20. R. Brilliant, *Portraiture* (London, 1991), pp. 171~174, 또한 반 숀벡(C. van schoonbeek)의 견해를 참고하시오. 'Alfred Jarry un oublie de l' histoire de l' art, *Annales d' Histoire de l' Art et d' Archéologie. Universite Libre de Brucelles*, XVII (1995), pp. 94~96.

21. 다음 책을 참고하시오. J. Baudrillard, *L' Echange symbolique et la mort*, p. 113; R. A. Steiner, 'Die Frage nach der Person' .

22. G. Berg, 'Andy: My True Story' , *Los Angeles Free Press* (17 March 1967), p. 3에서 인용.

23. G. Berg, 'Andy: My True Story' , p. 3에서 인용. 다음의 연구도 참고하시오. B. H. D. Buchloh, 'Andy Warhol' s One-Dimensional Art: 1956~1966' , in K. McShine, ed., *Andy Warhol: A Retrospective* (New York and Boston, 1986), pp. 39~61.

24. 이러한 행위(날짜를 둘러싼 논쟁들을 포함하여)에 대한 완전한 기록으로는 다음을 보라. U. M. Schneede, *Joseph Beuys. Die Akionene. Kommentiertes Werkverzeichnis mit fotographischer Dokumentation* (Stuttgart, 1994), pp. 306~311.

25. U. Klophaus, *Sein und Bleiben. Photographie zu Joseph Beuys* (Boon, 1986), p. 57. 다음과 같은 다른 논의들도 있다. U. M. Scheede, Joseph Beuys. *Die Aktionen.*, pp. 306ff.

26. Ute Klophaus, in a letter addressed to the author, dated 4 March 1996.

27. L. Nochlin, 'Gustave Courbet' s "*Meaning*" : A Portrait of the Artist as a Wandering Jew' , *Art Bulletin*, (1967), pp. 209~222.

28. *Correspondance complète de Vincent van Gogh enrichie de tour les dessins originaux,* III (Paris, 1960), p. 173.

29. A. Gasten, 'Vincent van Gogh in Contemporary Art' , in K. Tsukasa and Y. Rosenberg, eds., *The Mythology Vincent van Gogh* (Asabi, 1993), pp. 100~108.

30. W. Unde, *Vincent van Gogh* (Vienna and London, 1936), p. 7.

31. J. Russell, *Francis Bacon* (London, 1971), p. 91에서 인용.

32. D. Ashton, *Twentieth-century Artists on Art* (New York, 1985), p. 139에서 인용.

33. L. B. Alberti, *De Pictura/On Painting* (Book I), pp. 55~56.

34. J. Masheck, 'Alberti' s "Window" : Art-historiographic Notes on and Antimodernist Misprision' , *Art Journal*, L (1991), pp. 34~41.

35. 슈타헬하우스R. Stachelhaus의 전기 *Joseph Beuys* (Dusseldorf, 1988), pp. 94ff에서 보면 보이스는 자신의 샤먼적 특성에 대해 잘 알고 있었고, 또한 그것을 공개적으로 말했다. 다음을 참고하라. K. Kuspit, *The Cult of the Avant-Garde Artist*, pp. 83~99.

36. 보이스가 알고 있었다는 책은 M. Eliade, *Le chamanisme et les techniques archaiques de l' extase* [1951] (Paris, 1983)이다. 보이스가 1957년 독일어판을 잘 알고 있었다는 이론은 다음의 책에 나오고 있다. S. Bocola, *Die Kunst der Moderne. Zur Struktur und Dynamik ihrer Entwicklung. Von Goya bis Beuys* (Munich and New York, 1994), p. 534.

37. Eliade, *Le chminisme*, pp. 151, 342, 369.

38. 다음을 보라. Scheede, *Joseph Beuys. Die Aktionen*, p. 307.

39. 슈네데Schneede가 작성한 1970년의 인터뷰 *Joseph Beuys. Die Aktionen*, p. 309에서 인용.

40. Eliade, *Le Chaminisem*, p. 135.

41. 슈네데가 반복하고 있는 이야기다. Schneede, *Joseph Beuys. Die Aktionen*, p. 306.

42. 예정론(*Überdeterminierheit*)의 개념에 대해서는 다음을 보라. S. Freud, *Die Traumdeutung* [The Interpretation of Dreams, 1900] (Studiensausgabe, II, Frankfurt am Main, 1972), pp. 286~308.

43. M. Mauss, A. *General Theory of Magic*, trans. from the French by Robert Brain (London, 1972), p. 19.

44. Eliade, *Le Chamanisme*, pp. 179ff.

45. Mauss, *A General Theory of Magic*, III; Eliade, *Le Chamanisme*, pp. 241~242.

도판 목록

그림 8 마리-루이즈 엘리자베스 비제-르브룅Marie-Louise Élisabeth Vigée-Lebrun, 〈자화상Self-portrai〉, 1790, 캔버스에 유채, 100x81, 우피치 미술관, 피렌체(이탈리아). 사진: Scala.

그림 9 앤디 워홀Andy Warhol, 〈아리아드네가 있는 이탈리아 광장Italian Square with Ariadne(after De Chirico〉, 캔버스에 합성수지 페인트와 실크스크린, 1982, 116x127, 앤디 워홀 미술관, 피츠버그(미국). 사진: ⓒ 1996 The Andy Warhol Foundation fro the Visual Arts/Ars, Ny and DACS London 1997.

그림 10 파블로 피카소Pablo Picasso, 〈여인 위에 드리워진 그림자The Shadow on the Woman〉, 1953. 12. 29, 캔버스에 유채, 130.8x97.8, 온타리오 미술관, 토론토, 샘 잭스 & 아얄라 잭스 기증, 사진: ⓒ Succession Picasso/DACS 1997.

그림 11 파블로 피카소Pablo Picasso, 〈그림자The Shadow〉, 1953. 12. 29, 캔버스에 유채와 목탄, 129.5x96.5, 피카소 미술관, 파리(프랑스). 사진: ⓒ Succession Picasso/DACS 1997.

그림 12 앤디 워홀Andy Warhol, 〈그림자들Shadows〉, 1978, 피츠버그의 앤디 워홀 미술관에 설치(뉴욕의 디아 예술재단으로부터 대여), 캔버스에 합성수지 페인트와 실크스크린, 102점의 캔버스들 중에 55점을 보여 주는 순회전, 각 193x132.1, 사진: The Andy Warhol.

그림 13 빈센트 반 고흐Vincent van Gogh, 〈타라스콘으로 가는 길 위에 있는 예술가-화가The Artist-painter on the Road to Tarascon〉, 1888, 캔버스에 유채, 48x44, 마크데부르크(독일)에 있는 카이저 프리드리히 미술관의 소장품이었으나 소실됨.

그림 14 프랜시스 베이컨Francis Bacon, 〈반 고흐의 초상화에 대한 습작 IIStudy for Portrait of Van Gogh II〉, 1957, 캔버스에 유채, 198x142, 개인 소장. 사진: Prudencd Cuming, courtesy Marlborough Gallery.

그림 15 앤디 워홀Andy Warhol, 〈그림자들Shadows〉, 1981, 종이에 실크스크린,

96.5x96.5. 로널드 펠트먼 미술 자료보관소, 뉴욕/©The Andy Warhol Foundation for the Visual Arts/ARS, NY and DACS London 1997.

* * * * *

도판 1 새벽에 무덤에서 나오는 영혼과 그림자, 기원전 1400경, 루브르 박물관, 파리(프랑스).

도판 2 검은 형상이 있는 아테네식 함, 기원전 580~570경, 높이 12.5cm, 루브르 박물관, 파리(프랑스).

도판 3 지롤라모 모체토Girolamo Mocetto, 〈연못가의 나르키소스Narcissus at the Pool〉 부분, 1531 이전, 나무판에 템페라, 자크마르 앙드레 미술관, 파리(프랑스). 사진: Photographie Bulloz.

도판 4 안토니오 템페스타Antonio Tempesta, 〈연못가의 나르키소스Narcissus at the Well〉, 판화, 97x115, 영국도서관, 런던(영국).

도판 5 샤넬 향수 에고이스트 플레티넘Égoïste Platinum 광고, 1994, 샤넬 자료보관소, 파리, © 1997 Chanel.

도판 6 지오르지오 바사리Giorgio Vasari, 〈회화의 기원The Origin of Painting〉, 1573, 프레스코, 바사리의 집Casa Vasari, 피렌체(이탈리아). 사진: Gabineto Fotografico, Soprintendenza per I Beni Artistici e Storici, Florence.

도판 7 바르톨로메 에스테반 무리요Bartolomé Esteban Murillo, 〈회화의 기원The Origin of Painting〉, 1660~65경, 캔버스에 유화, 115x169, 루마니아 국립미술관, 부쿠레슈티(루마니아).

도판 8 지오반니 디 파올로Gilvanni di Paolo, 〈이집트로의 피난The Flight into Egypt〉, 1436, 나무판에 템페라, 50x50.7, 시에나 국립회화관, 시에나(이탈리

아). 사진: Soprintendenza per I Beni Artistici e Storici, Siena.

도판 9 지오반니 디 파올로Gilvanni di Paolo, 단테의 《신곡La divina commedia》 중 〈천국편Paradiso〉 제2편의 삽화, 1450경, 영국도서관, 런던(영국).

도판 10 지오토 디 본도네Giotto di Bondone, 〈동방박사들의 경배Adoration of the Magi〉 부분, 1304~06, 프레스코, 스크로베니 교회(아레나 교회), 파두바(이탈리아). 사진: Istituto Centrale per il Catalogo e la.

도판 11 레오나르도 다 빈치Leonardo da Vinci, 그림자 투사 연구, Ms C fol. 9r, c. 에서, 1492경, 31.7x22, 프랑스학술원 도서관, 파리(프랑스). 사진: Photographie Bulloz.

도판 12 알브레히트 뒤러Albrecht Dürer, 그림자 투사 연구, 뒤러의 《측정을 위한 지침Underweysung der Messung》에서, 7.5x21.5, 뉘른베르크(독일), 1525.

도판 13 레오나르도 다 빈치Leonardo da Vinci, 그림자 투사 연구, Ms C fol. 9r, c 에서, 1492경, 14.5x22, 프랑스학술원 도서관, 파리(프랑스). 사진: Photographie Bulloz.

도판 14 레오나르도 다 빈치 화파, 그림자 투사 연구, 코덱스 후이겐스Codex Huyghens의 fol. 90r에서, 1500년 이후, 23.2x18.3, 피어폰트 모건 도서관, 뉴욕(미국). 사진: David A. Loggie.

도판 15 프라 필리포 리피Fra Filippo Lippi, 〈수태고지Annunciation〉, 1440경, 나무판에 템페라, 175x183, 산로렌초 교회, 피렌체(이탈리아). 사진: Gabineto Fotografico, Soprintendenza per I Beni Artistici e Storici, Florence.

도판 16 도판 15의 부분.

도판 17 피에르 마리아 페나치Pier Maria Pennacchi, 〈구세주의 축복The Redeemer

Blessing〉, 1500경, 나무판에 유채, 141x68, 파르마 국립미술관, 파르마(이탈리아). 사진: Gabineto Fotografico, Soprintendenza per I Beni Artistici e Storici, Florence.

도판 18 그림 7의 부분.

도판 19 지오반 피에트로 벨로리Giovan Pietro Bellori, 찰스 에런드의 판화, 〈이데아Idea〉, 벨로리의 〈현대 화가, 조각가, 건축가들의 생애Le Vite de' pittori, scultori e architetti moderni〉에서, 로마(이탈리아), 1672.

도판 20 치로 페리Ciro Ferri, 〈드로잉 학교The Drawing School〉, 1665~75경, 종이에 드로잉, 우피치 미술관, 피렌체(이탈리아).

도판 21 비첸테 카르두초Vicente Carducho, 〈타불라 라사Tabula Rasa〉, 카르두초의 《회화의 대화Dialogos de la Pintura》의 마지막에 실린 판화, 마드리드(스페인), 1633.

도판 22 가브리엘 롤렌하겐Gabriel Rollenhagen, 〈하루라도 선을 그리지 않은 날이 없었다Nulla dies sine linea〉, Nucleus Emblematum, 파리(프랑스), 1611. 사진: Séminaire d' histoire de l' art, Fribourg.

도판 23 비첸테 카르두초, 〈자화상Self-Portrait〉, 1633경, 캔버스에 유채, 91.9x85.1, 스털링 맥스웰 컬렉션, 폴록 하우스, 글래스고(영국). 사진: Glasgow Museums and Art Galleries.

도판 24 니콜라 푸생Nicolas Poussin, 〈자화상Self-Portrait〉, 1650, 캔버스에 유채, 98x74, 루브르 박물관, 파리(프랑스). 사진: Agence Photographique de la Réunion des Musées Nationaux.

도판 25 세바스티앙 르 클레르 2세Sébastien Le Clerc II, 〈그림Painting〉, 1734, 캔버스에 유채, 발데크 성城, 졸로투른(스위스). 사진: Schweizerische

Landesmuseum, Switzerland/Kantonale Denkmalpflege Solothurn/Jürg Stauffer/Historisches Museum Basel.

도판 26 피에르 오귀스트 르누아르Pierre Auguste Renoir, 〈퐁데자르Pont des Arts〉, 1867~68, 캔버스에 유채, 62x103, 노턴 사이먼 미술관, 패서디나(미국 캘리포니아). 사진: The Norton Simon Foundation, Pasadena, CA.

도판 27 클로드 모네Claude Monet, 〈릴리 연못 위에 드리워진 모네의 그림자 Monet' s Shadow on the Lily-Pond〉, 1920경, 사진, 4x5, 필리프 피게 컬렉션, 파리(프랑스).

도판 28 클로드 모네, 〈수련Water-lilies〉, 1906, 캔버스에 오일, 87.6x92.7, 시카고 미술원, Mr & Mrs 마틴 A. 라이어슨 컬렉션. 사진: ⓒ 1996, The Art Institute of Chicago, all rights reserved.

도판 29 앨프리드 스티글리츠Alfred Stieglitz, 〈호수의 그림자들-스티글리츠와 발코비츠Shadows on the Lake-Stieglitz and Walkowitz〉, 1916, 젤라틴 실버 포토그래프, 11.8x8.9. 사진: National Gallery of Art, Washington, DC, Alfred Stieglitz Collection.

도판 30 앙드레 케르테스André Kertész, 〈자화상Self-Portrait〉, 1937, 젤라틴 실버 포토그래프, 20x19.8, 폴 게티 미술관, 로스앤젤레스(미국); ⓒ Estate of André Kertész

도판 31 파블로 피카소Pablo Picasso, 〈피카소의 실루엣과 울고 있는 여자 아이 Silhouette of Picasso and Young Girl Crying〉, 1940, 캔버스에 유채, 162x130, 개인 소장. 사진: ⓒ Succession Picasso/DACS 1997.

도판 32 파블로 피카소Pablo Picasso, 〈슬픔에 빠진 어린 소녀Young Girl Struck by Sadness〉, 1939, 캔버스에 유채, 92x60, 개인 소장. 사진: ⓒ Succession Picasso/DACS 1997.

도판 33　파블로 피카소Pablo Picasso, 〈화가와 모델Painter and Model〉, 1928, 캔버스에 유채, 130x163, 뉴욕 현대미술관, 뉴욕(미국), 시드니 앤드 해리어트 재니스 컬렉션. 사진: ⓒ Succession Picasso/DACS 1997.

도판 34　알브레히트 뒤러Albrecht Dürer, 〈화가The Draughtsman〉, 뒤러의 《측정을 위한 지침Underweysung der Messung》 제3판 및 개정판에서, 7.5x21.5, 뉘른베르크(독일), 1538. 사진: Séminaire d' histoire de l' art, Fribourg.

도판 35　요한 야코프 잔드라르트Johann Jacob Sandrart, 〈회화의 발명The Invention of Painting, 요아힘 폰 잔드라르트Joachim von Sandrart의 〈고급 회화 예술 아카데미Academia nobilissimae artis pictoriae〉의 43쪽에 실린 판화, 뉘른베르크(독일), 1683. 사진: Séminaire d' histoire de l' art, Fribourg.

도판 36　아고스티노 베네치아노Agostino Veneziano, 〈바초 반디넬리의 아카데미The Academy of Baccio Bandinelli, 1531, 판화. 메트로폴리탄 미술관, 뉴욕(미국).

도판 37　사무엘 반 호그스트라텐Samuel van Hoogstraten, '그림자 춤The Shadow Dance', 호그스트라텐의 〈Inleyding tot de Hooge Schoole der Schilderkonst〉의 260쪽에 실린 판화, 로테르담(네덜란드), 1675. 사진: Séminaire d' histoire de l' art, Fribourg.

도판 38　아타나시우스 키르허Athanasius Kircher, 〈자가발전 기계Parastatic Machine〉, 《빛과 그림자의 위대한 예술Ars Magna Lucis et Umbrae》의 905쪽 판화, 로마(이탈리아), 1656, 뮌헨 국립도서관, 뮌헨(독일).

도판 39　자크 드 헨 2세Jacques de Gheyn II, 〈숨겨진 보물을 찾는 세 마녀Three Witches Looking for Buried Treasure〉, 펜과 잉크(부분적으로 회갈색 담채), 1604, 28x40.8, 애슈몰린 박물관, 옥스퍼드(영국).

도판 40　비탈리 코마르 & 알렉산드르 멜라미드Vitaly Komar & Aleksandr Melamid, 〈사회주의 리얼리즘의 기원Origin of Socialist Realism〉('향수 어린 사회주의 리얼리

즘Nostalgic Socialist Realism' 연작에서), 1982~83, 캔버스에 유채, 72x48, 개인 소장. 사진: Ronald Feldman Fine Arts, Inc., New York/D. James Lee.

도판 41 에두아르트 다예게Eduard Daege, 〈회화의 발명The Invention of Painting〉, 1832, 캔버스에 유채, 176x135.5, 베를린 국립미술관, 베를린(독일). 사진: Staatliche Museen zu Brelin Bildarchiv Preussischer Kulturbesitz.

도판 42 요한네스 삼부쿠스Johannes Sambucus, 〈죄책감Guilty Conscience〉, 삼부쿠스의 《엠블레마타Emblemata》 판화, 안트웨르펜(벨기에), 1564. 사진: Séminaire d'histoire de l'art, Fribourg.

도판 43 모리스 & 고시니Morris & Goscinny, 〈럭키 루크Lucky Luke〉, 1996. ⓒ Lucky Production, 1996.

도판 44 윌리엄 리머William Rimmer, 〈도망과 추격Flight and Pursuit〉, 1872, 캔버스에 유채, 45.7x66.7, 보스턴 미술관, 보스턴(영국), 에디트 니콜라스Miss Edith Nisolas의 유품

도판 45 지오르조 데 키리코Giorgio de Chirico, 〈거리의 우수와 신비Melancholy and Mystery of a Street〉, 1914, 캔버스에 유채, 87x71.5, 개인 소장. ⓒ DACS 1997.

도판 46 장 뒤브뢰이Jean Dubreuil, 〈그림자 습작Study of Shadows〉, 《원근법 실습La Perspective practique》 1권 135쪽 판화, 파리(프랑스), 1651. 사진: Séminaire d'histoire de l'art, Fribourg.

도판 47 헤이라르트 더 라이레서Gerard de Lairesse, 〈그림자 습작Study of Shadows〉, 《회화총서Le Grand Livre des peintres》, 파리(프랑스), 1787. 사진: Séminaire d'histoire de l'art, Fribourg.

도판 48 로베르트 비네Robert Wiene & 빌리 하마이스터Willy Hameister의 영화 《칼리가리 박사의 밀실Das Kabinett des Dr Caligary》(1920) 스틸.

도판 49 F. W. 무르나우F. W. Murnau의 영화 《노스페라투, 새벽의 심포니Nosferatu, Eine Symphonie Des Grauens》(1922) 스틸.

도판 50 안-루이 지로데-트리오종Anne-Louis Girodet-Trioson, 〈드로잉의 기원The Origins of Drawing〉, 《유고집Œuvres posthumes》의 판화, 파리(프랑스), 1829. 사진: Séminaire d' histoire de l' art, Fribourg.

도판 51 토머스 할러웨이Thomas Holloway, 〈실루엣을 드로잉하기 위한 기계Machine for Drawing Silhouettes〉, 라바터의 《관상학에 관한 에세이들Essays on Physiognomy》 영문판 제2권 제1부 179쪽 판화, 런던(영국), 1792. 사진: Séminaire d' histoire de l' art, Fribourg.

도판 52 작자 미상, 〈인간의 영혼The Soul of Man〉, 〈그림의 세계Orbis Sensualium Pictus〉, 뉘른베르크(독일), 1629. 사진: Séminaire d' histoire de l' art, Fribourg.

도판 53 요한 카스파르 라바터Johann Caspar Lavater, 〈관상학적 습작Physiognomical Study〉, 라이프치히와 빈터투어, 1776. 사진: Séminaire d' histoire de l' art, Fribourg.

도판 54 알렉산더 커즌스Alexander Cozens, 〈단순한 아름다움Simple Beauty〉, 《Principles of Beauty, Relative to the Human Head》, 런던(영국), 1777~78. 사진: Séminaire d' histoire de l' art, Fribourg.

도판 55 요한 카스파르 라바터Johann Caspar Lavater, 〈벨베데레의 아폴로에 대한 관상학적 습작Physiognomical Study of the apollo belvedere〉. 사진: Séminaire d' histoire de l' art, Fribourg.

도판 56 토머스 할러웨이Thomas Holloway, 〈예수의 실루엣Silhouettes of Christ〉, 라바터의 《관상학에 관한 에세이들》 영문판 제2권 제1부 212쪽 판화, 1792, 런던(영국). 사진: Séminaire d' histoire de l' art, Fribourg.

도판 57 요한 카스파르 라바터Johann Caspar Lavater, 〈실루엣들 앞에 있는 사티로스Satyr in front of Silhouettes〉, 판화.

도판 58 조지 크룩생크George Cruikshank, 〈페터 슐레밀의 그림자를 빼앗는 회색의 남자The Man in Grey Seizes Peter Schlemihl' s Shadow〉, 《페터 슐레밀Peter Schlemihl》(런던, 1824, 제2판 1827)의 판화, 《페터 슐레밀의 아름다운 이야기Peter Schlemihls wundersame Geschichte》(아델베르트 폰 샤미소)의 영문판(존 브라우닝 번역) 판화, 1814.

도판 59 아돌프 슈뢰터Adolf Schrödter, 〈페터 슐레밀의 그림자를 빼앗는 회색옷의 남자The Man in Grey Seizes Peter Schlemihl' s Shadow〉, 샤미소의 《페터 슐레밀의 아름다운 이야기Peter Schlemihls wundersame Geschichte》의 판화, 라이프치히(독일), 1836. 사진: Séminaire d' histoire de l' art, Fribourg.

도판 60 아돌프 멘첼Adolf Menzel, 〈페터 슐레밀의 그림자를 빼앗는 회색옷의 남자The Man in Grey Seizes Peter Schlemihl' s Shadow〉, 샤미소의 《페터 슐레밀Peter Schlemihl》 삽화, 뉘른베르크(독일), 1839. 사진: Séminaire d' histoire de l' art, Fribourg.

도판 61 월트 디즈니의 《피터 팬Peter Pan》, 1953. © Disney, by special permission.

도판 62 조지 크룩생크George Cruikshank, 〈영혼의 대가로 그림자를 페터 슐레밀에게 돌려주는 회색옷의 남자The Man in Grey Offers Peter Schlemihl his shadow in exchange for his soul〉, 《페터 슐레밀Peter Schlemihl》의 런던 발행판(1827) 판화. 사진: Séminaire d' histoire de l' art, Fribourg.

도판 63 아돌프 멘첼Adolf Menzel, 〈그림자의 추격Pursuit of the Shadow〉, 《페터 슐레밀Peter Schlemihl》의 뉘른베르크 발행판(1839) 판화. 사진: Séminaire d' histoire de l' art, Fribourg.

도판 64 조지 크룩섕크George Cruikshank, 〈그림자의 추격Pursuit of the Shadow〉, 《페터 슐레밀Peter Schlemihl》의 런던 발행판(1827) 판화. 사진: Séminaire d' histoire de l' art, Fribourg.

도판 65 아돌프 슈뢰터Adolf Schrödter, 〈그림자와 벌이는 싸움The Struggle with the Shadow〉, 《페터 슐레밀Peter Schlemihl》의 라이프치히 발행판(1836) 판화. 사진: Séminaire d' histoire de l' art, Fribourg.

도판 66 조지 크룩섕크George Cruikshank, 〈돈주머니를 심연에 던지는 페터 슐레밀Peter Schlemihl throws the Purse into the Abyss〉, 《페터 슐레밀Peter Schlemihl》의 런던 발행판(1827) 판화. 사진: Séminaire d' histoire de l' art, Fribourg.

도판 67 조지 크룩섕크George Cruikshank, 〈바다 위를 나는 페터 슐레밀Peter Schlemihl flies over the Seas〉, 《페터 슐레밀Peter Schlemihl》의 런던 발행판(1827) 판화. 사진: Séminaire d' histoire de l' art, Fribourg.

도판 68 조지 크룩섕크George Cruikshank, 〈북극에 있는 페터 슐레밀Peter Schlemihl at the North Pole〉, 《페터 슐레밀Peter Schlemihl》의 런던 발행판(1827) 판화. 사진: Séminaire d' histoire de l' art, Fribourg.

도판 69 아돌프 슈뢰터Adolf Schrödter, 〈돈주머니를 심연에 던지는 페터 슐레밀Peter Schlemihl throws the Purse into the Abyss〉, 《페터 슐레밀Peter Schlemihl》의 라이프치히 발행판(1836) 판화. 사진: Séminaire d' histoire de l' art, Fribourg.

도판 70 아돌프 멘첼Adolf Menzel, 〈테바이드 동굴 안의 페터 슐레밀Peter Schlemihl in the Grotto in the Thebaïd〉, 《페터 슐레밀Peter Schlemihl》의 뉘른베르크 발행판(1839) 판화. 사진: Séminaire d' histoire de l' art, Fribourg.

도판 71 요한 에렌프리트 슈만Johann Ehrenfried Schumann, 〈실루엣을 연구하는 괴테Goethe Studying a Silhouette〉, 1778, 캔버스에 유채, 51.5x40, 괴테 박물관, 프랑크푸르트(독일). 사진: Ursula Edelmann.

도판 72 프란시스코 데 고야Francisco de Goya, 〈디오게네스Diogenes〉, 잉크 담채 드로잉, 1814~23, 20.5x14, 프라도 미술관, 마드리드(스페인).

도판 73 카지미르 말레비치Kazimir Malevich, 〈검은 사각형Black Square〉, 1915, 캔버스에 유채, 79.5x79.5, 트레티야코프 미술관, 모스크바(러시아).

도판 74 '챔CHAM: Amédée de Noë' 《조바르씨 이야기L' Histoire de Monsieur Jobard》의 27-28쪽에 실린 판화, 파리(프랑스), 1839. 사진: Séminaire d' histoire de l' art, Fribourg.

도판 75 콘스탄틴 브랑쿠시Constantin Brancusi, 〈세계의 시작(태초)The Beginning of the World / Le commencement du monde〉, 1920경. 사진: Documentations Photographiques des Collections du Musee National d' Art Moderne, 파리(프랑스). © ADAGP, Paris and DACS, London 1997.

도판 76 콘스탄틴 브랑쿠시Constantin Brancusi, 〈프로메테우스Prometheus〉, 1911, 사진: Documentations Photographiques des Collections du Musée National d' Art Moderne, 파리(프랑스). © ADAGP, Paris and DACS, London 1997.

도판 77 만 레이Man Ray, 〈사람Man〉, 1917~18, 실버 프린트 포토그래프, 국립 현대미술관, 파리(프랑스). © Man Ray Trust/ADAGP, Paris and DACS, London 1997.

도판 78 마르셀 뒤샹Marcel Duchamp, 〈튀 엠Tu m' 〉, 캔버스에 병닦는 솔, 세 개의 안전핀, 볼트 부착, 유화, 1918, 69.8x313, 예일대학교 미술관, 뉴헤이번(미국). 사진: Joseph Szaszfai.

도판 79 (?)마르셀 뒤샹Marcel Duchamp, 〈레디메이드의 그림자Shadows of a Readymade〉, 1918, 뉴욕 67번가 뒤샹의 스튜디오에서 촬영한 사진, 뉴욕(미국).

도판 80 크리스티앙 볼탕스키Christian Boltanski, 〈그림자들Shadows〉(1986), 독일

함부르크 전시, 1991. 사진: courtesy of the artist.

도판 81 앤디 워홀Andy Warhol, 〈그림자Shadow〉, 함께 설치된 102점의 캔버스들 중 하나, 193x132.1, 디아 예술재단, 뉴욕(미국). 사진: ⓒ The Andy Warhol Foundation for the Visual Arts/ARS, NY and DACS London 1997.

도판 82 지안프란코 고르고니Gianfranco Gorgoni, 〈앤디 워홀과 지오르조 데 키리코Andy Warhol and Giorgio de Chirico, N.Y.C.〉, 1974경, 사진.

도판 83 앤디 워홀Andy Warhol, 〈자화상Self-portrait〉, 1978, 캔버스에 합성수지 페인트와 실크스크린, 두 개의 패널이 이어짐, 각 102.6x102.6, 디아 아트센터, 뉴욕(미국). 사진: Paul Hester; ⓒ The Andy Warhol Foundation for the Visual Arts/ARS, NY and DACS London 1997.

도판 84 앤디 워홀Andy Warhol, 〈이중 미키 마우스Double Mickey Mouse〉, 캔버스에 합성수지 페인트와 실크스크린, 77.5x109.2.로널드 펠트먼 미술 자료보관소, 뉴욕; 사진: ⓒ The Andy Warhol.

도판 85 파울 클레Paul Klee, 〈관상학적 섬광Physionomischer Blitz〉, 1927, 수채화, 25.4x25.4, 개인 소장. 사진: Paul-Klee-Stiftung, Kunstmuseum Bern ⓒ DACS 1997.

도판 86 지오르조 데 키리코Giorgio de Chirico, 〈자화상Self-portrait〉, 1920, 캔버스에 템페라, 60x50.5, 개인 소장. ⓒ DACS 1997.

도판 87 아놀드 뵈클린Anold Böcklin, 〈스튜디오에 있는 자화상Self-portrait in the Studio〉, 1893, 캔버스에 디스템퍼로 채색 후 바니시, 120.580.5, 바젤 공립미술관, 바젤(스위스). 사진: Martin Bühler.

도판 88 마르셀 뒤샹Marcel Duchamp, 〈지명수배: 현상금 2,000달러Wanted: $2,000 Reward〉 복사본, 1923, 화첩 《부아탕 발리즈Boîte-en-Valise》에서, 필라델피아 미술

관, 루이즈 & 월터 아렌스버그 컬렉션.

도판 89 마르셀 뒤샹Marcel Duchamp, 로버트 레벨Robert Lebel의 《마르셀 뒤샹을 넘어서Sur Marcel Duchamp》 표제지, 파리(프랑스), 1959.

도판 90 마르셀 뒤샹Marcel Duchamp, 〈옆모습 자화상Profile Self-portrait〉, 1959.

도판 91 빅터 옵사츠Victor Obsatz, 마르셀 뒤샹의 합성사진, 1953.

도판 92 우테 클로파우스Ute Klophaus, 〈액션 데드 마우스Action Dead Mouse〉, 1970년 11월 24일 뒤셀도르프에서 있었던 요셉 보이스와 테리 폭스의 퍼포먼스 〈격리 단위Isolation Unit〉를 찍은 사진 연작 중 하나. ©Ute Klopaus © Prolitterris, Zurich

도판 93 폴 가바니Paul Gavarny, '방랑하는 유태인', 외젠 쉬Eugène Sue의 소설 《방랑하는 유대인Le Juif Errant》의 삽화, 파리(프랑스), 1845

도판 94 구스타브 쿠르베Gustave Courbet, 〈만남(쿠르베씨, 안녕하세요The Meeting/Good Morning, Mr Courbet!〉, 1854, 캔버스에 유채, 129x149, 파브르 미술관, 몽펠리에(프랑스). 사진: Frederic Jaulmes.

도판 95 마르셀 뒤샹Marcel Duchamp, 〈신선한 과부Fresh Widow〉, 1920, 프랑스식 창(좌우로 열리는 유리창)의 미니어처, 채색된 나무틀, 검은 가죽을 댄 여덟 개의 판유리, 77.5 x 44.8. 현대미술관, 뉴욕, 캐더린 S. 드라이어Katherine S. Dreier의 유품.

옮긴이의 말

이 책은 빅토르 I. 스토이치타Victor I. Stoichita의 《A Short History of the Shadow》를 완역한 것이다. 그림자의 역사는 최초로 그림자를 인식했던 인간의 역사와 함께 시작되었을 것이므로 결코 짧게 기술될 만한 것이 아니다. 그러나 저자는 그림자의 역사라는 애매하고도 방대한 주제를, 인간의 의미심장한 행위 중의 하나인 미술의 역사라는 틀을 기초로 하여 기술하고 있다.

우연치 않게 서양에서는 그림자의 그림이 최초의 그림이라는 이야기로 미술의 기원을 설명하고 있다. 따라서 이 책은 미술의 시작(이라고 옛 이야기가 설명하는) 지점부터 우리가 살고 있는 시대에 만들어지고 있는 이미지들까지를 그 대상으로 하고 있다. 오늘날 우리가 경험하는 이미지가 미술의 틀로 한정되어 있지 않듯이, 저자가 분석의 대상으로 삼은 이미지들도 미술뿐 아니라 광고, 영화, 만화, 문학에 이르기까지 다양하다. 이 책이 목표로 하고 있는 지점은 이미지의 전체 역사 속에서 그림자의 도상학에 관한 대략의 지도를 그리고자 하는 것이다.

저자가 서문에서 밝히고 있듯이 미술의 역사를 기술함에 그림자의 지위는 간과되거나 회피되어 왔다. 그러나 로마시대 《박물지》의 기록자 플리니우스가 설명하는바, 그림은 사람의 그림자를 선으로 그린 것에서 시작되었다고 한다. 코린트에 살았던 한 도공의 딸이 전장에 나가는 연인의 모습을 담아내고자 램프의 빛에 비추어진 연인의 옆모습 그림자를 동굴의 벽에 그린 것이 그림의 시작이라는 것이다. 그것이 실제로 일어났던 사건에 대한 이야기인지 아니면 모든 것의 기원을 설명하고자 하는 신화적 속성의 이야기인지는 확실치 않지만, 그럼에도 불구하고 이 아름답고 낭만적인 이야기는 최소한 미술이 시작된 심리적 동기와 더불어 방법적인 동기를 담고 있다. 저자는 이 이야기에서 그림자의 역사 기술을 시작하고 있다.

인간은 자신의 그림자나 타인의 그림자를 본다. 때로는 무감하게, 때로는 실재의 증거로, 때로는 섬뜩한 느낌으로, 또 때로는 그 속에 초월적인 의미를 가득 담아. 그림자는 눈에 보이기는 하지만 손에 잡히지 않는 것이기에, 자연스럽게 그 그림자를 드리우게 한 존재와의 이분법적 대립쌍을 형성하게 된다. 따라서 그림 속에 나타나는 인간과 그림자는 존재와 유사존재, 존재와 비존재, 존재와 섬뜩한 존재, 존재와 그 증거 등으로 설명할 수 있는 다양한 해석의 양상을 보여 왔다. 저자는 그러한 양상의 큰 줄기들을 따라 그림자가 등장하는 그림들을 묵상하고, 그 속에서 작품 하나하나의 의미를 캐내고 있다.

이 책에서 언급되는 구체적인 작품들은 혼돈스러운 이미지들의 깊은 강을 건너 그림자의 의미로 이르게 하는 징검다리의 돌과도 같다. 독자들이 밟고 건너야 하는 이 돌들은 시대순으로 착착 놓여 있는 것도 아니고 미술사에서 잘 알려져 있는 작품들만으로 구성되어 있지도 않다. 이집트 벽화에서 샤넬의 광고에 이르기까지, 중세 말기의 성화聖畵에서 마르셀 뒤샹의 수수께끼같은 작품까지, 니콜라 푸생의 자화상에서 요제프 보이스의 퍼포먼스 사진까지, 성모를 그리는 성 누가에서 스탈린을 그리는 사회주의의 요정에 이르기까지, 그림자를 팔아버린 슐레밀 이야기에서 잃어버린 그림자를 다시 꿰매는 피터팬 이야기까지, 평이한 미술사 기술의 맥락에서 벗어나 있는 저자의 설명을 따라 이 작품들을 따라가다 보면 숨이 찰 지경이다.

더군다나 저자는 익숙하게 접하지 못했던 고대 사가들의 글이나 옛 화가들의 비망록을 자주 인용해 논지에 구체성을 부여하고 있는데, 자칫 이러한 특성 때문에 접근하기 어려운 딱딱한 인상을 남기기 쉬울 것 같다는 생각이지만, 이 책은 결코 우리들 자신의 존재와 동떨어진 먼 시대의 이야기가 아니라는 점을 강조하고 싶다. 그림자는 언제나 인간 자신에게 속한 분신이면서 결코 붙들 수 없는 타자다. 언제나 함께하는 친근한 존재이면서 언제든 섬뜩한 배신을 예고할 것만 같은 알 수 없는 존재인 것이다. 인간은 어느 시대에나 손으로 잡을 수 없는 대상, 이를테면 별이나 태양 등에 모종의 의미를 부여해 왔으며, 이 책의 저자는 그림자도 역시 그러한 인간의 의식이 부여된 대상임을 역설하고 있다. 따라서 그림자의 역사를 따라가 보는 것은 인간 의식의 역사에 대한, 우리 자신의 의식에 대한 성찰이기도 하다. 의미와 신호로 가득 찬 그림자의 세계는 이제껏 수면 아래 잠겨 있었던 인간 의식의 이면을 드러내주는 계기가 되는 것이다.

이 책의 원문에는 영어와 함께 라틴어나 독일어가 병기된 경우가 많았고, 또한 라틴어나 독일어, 프랑스어가 영어 해석 없이 등장하는 경우도 있었는데, 특히 라틴어가 많이 삽입된 지면을 읽을 때는 그것이 이해를 돕기보다 어쩐지 그것 때문에 발목이 잡히는 기분이 들었다. 따라서 이 번역서에서는 지면의 가독성을 위해, 병기된 라틴어, 독일어 등의 경우 그것이 함축적인 개념어이고 원어를 표기하는 것이 내용의 이해에 도움을 준다고 판단되는 경우에만 표기를 해 주었다.

이 책이 번역되어 나오기까지 많은 분들의 도움을 받았다. 먼저 이 책의 번역을 제안해 주고 꼼꼼하게 교정을 보아준 송연승 씨와, 급한 일정에도 자주 마감을 미루는 옮긴이의 사정을 이해해 주신 현실문화연구의 좌세훈 차장님께 특별한 감사를 표하고 싶다. 그리고 미욱한 제자를 항상 걱정해 주시는 옛 스승님, 오진경 선생님께도 지면을 빌어 언제나 마음에 지닌 감사의 마음을 전하고자 한다. 끝으로, 이 책이 앞으로 나의 딸 민이가 자라서 읽어도 좋을 책으로 남기를 바란다.

2006년 2월

이윤희

그림자의 짧은 역사

지은이 __ 빅토르 I. 스토이치타
옮긴이 __ 이윤희

펴낸곳 __ 현실문화연구
펴낸이 __ 김수기

편집 __ 좌세훈 송연승
디자인 __ 강수돌
마케팅 __ 오주형
제작 __ 이명혜

첫 번째 찍은날 __ 2006년 2월 20일
등록번호 __ 제22-1533호
등록일자 __ 1999년 4월 23일
주소 __ 서울시 서대문구 충정로2가 190-11 반석빌딩 4층 현실문화연구
전화 __ 02)393-1125
팩스 __ 02)393-1128
전자우편 __ hyunsilbook@paran.com

값 __ 15,800원
ISBN __ 89-87057-95-X 03900